BIBLIOTHÈQUE MORALE

DE

LA JEUNESSE

PUBLIÉE

AVEC APPROBATION

—

1re SÉRIE GR. IN-8° JÉSUS.

LE BONHEUR

DU

FOYER

PAR

C. VÉRIOT

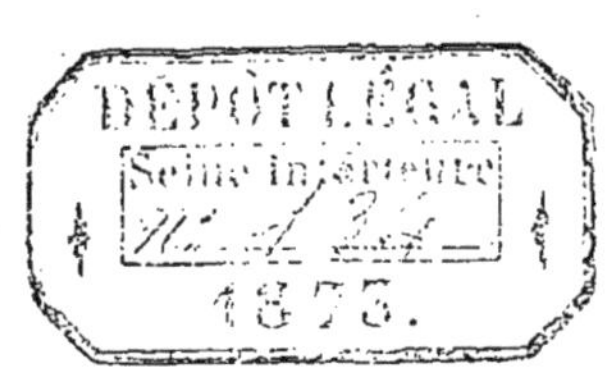

ROUEN

MÉGARD ET Cie, LIBRAIRES-ÉDITEURS

1873

APPROBATION.

Les Ouvrages composant la **Bibliothèque morale de la Jeunesse** ont été revus et **ADMIS** par un Comité d'Ecclésiastiques nommé par SON ÉMINENCE MONSEIGNEUR LE CARDINAL-ARCHEVÊQUE DE ROUEN.

AVIS DES ÉDITEURS.

Les Éditeurs de la **Bibliothèque morale de la Jeunesse** ont pris tout à fait au sérieux le titre qu'ils ont choisi pour le donner à cette collection de bons livres. Ils regardent comme une obligation rigoureuse de ne rien négliger pour le justifier dans toute sa signification et toute son étendue.

Aucun livre ne sortira de leurs presses, pour entrer dans cette collection, qu'il n'ait été au préalable lu et examiné attentivement non-seulement par les Éditeurs, mais encore par les personnes les plus compétentes et les plus éclairées. Pour cet examen, ils auront recours particulièrement à des Ecclésiastiques. C'est à eux, avant tout, qu'est confié le salut de l'Enfance, et, plus que qui que ce soit, ils sont capables de découvrir ce qui, le moins du monde, pourrait offrir quelque danger dans les publications destinées spécialement à la Jeunesse chrétienne.

Aussi tous les Ouvrages composant la **Bibliothèque morale de la Jeunesse** sont-ils revus et approuvés par un Comité d'Ecclésiastiques nommé à cet effet par SON EMINENCE MONSEIGNEUR LE CARDINAL-ARCHEVÊQUE DE ROUEN. C'est assez dire que les écoles et les familles chrétiennes trouveront dans notre collection toutes les garanties désirables et que nous ferons tout pour justifier et accroître la confiance dont elle est déjà l'objet.

LE BONHEUR DU FOYER

I.

Le 3 novembre, jour où les chasseurs fêtent le grand saint Hubert, il y avait nombreuse réunion chez M. Granval, un des plus fervents disciples de ce glorieux patron. Pendant que les convives prenaient place autour d'une table somptueusement servie, une foule de curieux se pressaient dans la grange où l'on venait de déposer un vieux sanglier et un énorme loup, tués le matin même par le maître de la maison.

M. Granval était maire de sa commune, membre du conseil d'arrondissement; il parlait du conseil général en homme sûr d'y arriver; en attendant qu'il eût à s'occuper des intérêts du département, il se donnait autant de distractions qu'on en peut trouver dans une petite ville qui ne compte pas plus de deux mille habitants.

L'hiver il chassait ; au printemps il devenait horticulteur, et dépensait des sommes folles pour faire admirer à ses amis les primeurs et les beaux fruits de son jardin. Il jouait même à l'agriculteur. Après avoir construit près du bois un pavillon qui servait de rendez-vous de chasse, il avait acheté les terrains environnants, ajouté au pavillon de vastes bâtiments et créé la ferme de Constantine, que le public avait aussitôt appelée la Folie.

Le public ne s'était pas trompé : la ferme, située sur une hauteur, manquait d'eau ; et dans les années sèches les prairies artificielles ne donnaient qu'une chétive récolte. On ne pouvait donc avoir que peu de bétail ; et les vieux cultivateurs du pays disaient tout haut : « Point de bêtes, point de fumier ; point de fumier, point de grain. » Puis le voisinage de la forêt, très-agréable pour un chasseur, ne l'était guère pour un fermier : les sangliers venaient la nuit retourner les champs de pommes de terre ; et les renards, se glissant audacieusement dans la cour, enlevaient en plein jour les poules et les canards.

Nous allions oublier de dire que M. Granval était notaire. Mais il y pensait si peu lui-même, que notre oubli eût été bien pardonnable. Son étude l'avait d'abord uniquement occupé ; mais peu à peu il l'avait négligée ; et, depuis deux ou trois ans, il avait fini par en laisser la direction à son premier clerc, qu'on désignait déjà comme son successeur. Toutefois on trouvait singulier que M. Granval, qui était jeune encore et qui avait deux filles, songeât à vendre sa place plutôt que de la réserver à l'un de ses gendres. Les malins pensaient qu'il n'avait pas du tout l'intention de céder son étude ; que s'il le disait, c'était pour que les clients regardant son maître clerc comme un autre lui-même, il fût dispensé de les attendre et de leur répondre.

Il est juste d'ajouter qu'en son absence, Mme Granval faisait bon accueil aux paysans, qu'elle s'entendait mieux que personne à gagner leur confiance, et qu'elle ne craignait pas de se mettre en frais d'amabilité quand il s'agissait d'amener de nouveaux clients à l'étude ou d'y retenir les anciens.

Puisque nous parlons de Mme Granval, faisons tout de suite son portrait. Elle avait été belle ; elle passait pour l'être encore, quoiqu'elle eût quarante ans sonnés ; mais elle seule savait ce qu'il lui fallait de temps et de soins pour conserver cette beauté ; car on disait qu'il ne fallait pas, pour la trouver jeune, la voir avant qu'elle eût passé deux heures à sa toilette.

Ses bonnes amies prétendaient lui avoir vu des cheveux blancs. Mais ce devait être une calomnie ; car ses bandeaux soufflés étaient d'un noir brillant, et une lourde natte s'enroulait autour de sa tête comme une couronne de jais.

Elle portait en été des robes de mousseline blanche semées de fleurettes roses, lilas ou bleues, et l'hiver des vêtements de couleurs éclatantes, dont elle indiquait elle-même la coupe et inventait les ornements. Elle adoptait les modes nouvelles en les exagérant ou en les modifiant ; ce qui lui composait une mise originale, dont le bon goût ne pouvait être contesté.

Chaque fois qu'elle allait à l'église, elle donnait aux dames de grandes distractions.

On ne s'entretenait en sortant de la messe que des excentricités de Mme Granval ; on la critiquait, on haussait les épaules en la voyant passer ; mais on lui portait une secrète envie et on la trouvait bien heureuse de pouvoir satisfaire toutes ses fantaisies.

Il n'y avait rien de trop beau, rien de trop élégant pour elle : jamais le prix d'un objet qui lui plaisait ne lui paraissait exorbitant. A l'entendre cependant, elle poussait l'économie jusqu'à l'avarice et elle savait s'interdire toute dépense inutile. Elle disait cela le plus sérieusement du monde, tout en portant pour la première fois une riche toilette, et elle s'excusait de faire faire maigre chère à ses convives quand sa table était chargée de mets rares et de vins précieux.

Le jour où commence notre histoire, elle s'était surpassée pour offrir aux invités de M. Granval, presque tous chasseurs comme lui, un festin digne d'une si grande solennité. Elle en faisait les honneurs avec un gracieux entrain ; elle provoquait le récit des prouesses de chacun, semblait prêter à tous un vif intérêt, et ne ménageait à personne les applaudissements ; mais ses plus délicates attentions étaient pour un vieux bonhomme, vêtu d'une blouse bleue et chaussé de gros sabots, qu'elle avait fait asseoir auprès d'elle et qui, malgré le feu qui flambait derrière lui, tenait sur sa tête un chapeau graisseux et déformé.

Elle le servait avec un soin extrême, lui choisissait les meilleurs morceaux, et remplissait elle-même son verre d'un vieux vin de Bordeaux, pour lequel il n'avait pas caché sa prédilection. Le bonhomme la laissait faire ; il buvait et mangeait, ne cachant pas le plaisir qu'il éprouvait à se voir si bien choyé.

— Et vous, monsieur Henry, lui dit Mme Granval, quand elle vit que son appétit se ralentissait, n'avez-vous pas à nous faire aussi l'histoire de quelque beau coup de fusil ?

— Ma foi, non, madame, répondit-il ; je n'ai jamais été un homme de bon temps comme tous ces messieurs. Quand j'étais jeune, j'étais pauvre, et il fallait travailler.

— Mais aujourd'hui que vous êtes si riche....

— Aujourd'hui l'habitude est prise, et je travaille encore. Je ne m'en trouve pas plus mal, et je suis aussi content d'avoir conduit la charrue toute la journée que M. Granval l'est d'avoir tué les deux vilaines bêtes qui sont là.

— Vous ne pensez cependant pas que j'aie mal fait ? demanda le notaire en souriant.

— Au contraire. Je dis que c'est un bonheur qu'il y ait des gens comme vous qui négligent leurs intérêts pour empêcher que nos récoltes soient dévorées, et peut-être bien nous aussi.

— Ne vous mettez pas en peine de nos intérêts, monsieur Henry, dit Mme Granval ; on ne les néglige pas autant que vous le croyez.

— Ce n'est pas pour vous que je parle, madame Granval. On sait bien que vous êtes une rusée commère, et que s'il y a des pièces de cent sous dans la caisse de votre mari, c'est vous qui les y faites tomber.

— Bah ! on dit cela ? Et moi qui me figurais qu'on m'accusait de le ruiner.

— L'un n'empêche pas l'autre : quand vous auriez une montagne d'or, si elle appartient à Pierre et à Paul, vous n'en êtes pas plus riches.

— Dites-vous cela parce que nous avons dix ou douze mille francs à vous ?

— Vingt mille, madame, vingt mille ; mais ils sont placés sur première hypothèque : je suis bien tranquille.

— Le seriez-vous donc moins si nous seuls en répondions ?

— Pourquoi me demandez-vous ce que vous savez aussi bien que moi ? dit le bonhomme avec malice. Si, là, à votre table, et quelle table ! j'allais vous dire des choses que vous n'aimeriez pas à entendre, vous me prendriez pour un rustre, et, ma foi, c'est bien assez d'en avoir l'habit.

— Je vous prendrais pour un honnête homme, incapable de déguiser sa pensée, et je ne vous en aimerais que mieux.

— On dit pourtant que vous n'aimez pas les conseils.

— Je n'en recevrais pas de tout le monde ; mais de quelqu'un que j'estime autant que vous, ils seraient toujours écoutés.

— Ah ! c'est que, voyez-vous, il y a des conseils difficiles à donner, et j'ai déjà reconnu bien des fois que toute vérité n'est pas bonne à dire.

— Entre amis, cela n'a pas d'inconvénients, et nous sommes amis, n'est-ce pas, monsieur Henry ?

— C'est bien de l'honneur pour un paysan comme moi, madame, et j'en serais encore plus fier si les mauvaises langues du pays ne disaient pas que M. Granval a besoin d'une quarantaine de mille francs pour rembourser des créanciers trop exigeants.

— Parce qu'un notaire de Verdun a fait faillite il y a deux mois, chacun veut ravoir ses fonds, et l'on s'étonne de ce que nous ne soyons pas prêts à les verser, comme si nous les avions reçus pour les laisser dormir entre nos mains. C'est stupide, vous en conviendrez.

— J'en conviens ; mais celui qui tremble pour ses écus n'entend pas raison. Il a prêté de l'argent, il veut le ravoir. Si vous ne le lui donnez pas, il ira crier sur tous les toits que vous n'en avez pas, et dix autres viendront après lui frapper à votre porte.

— Nous n'en sommes pas là, Dieu merci ! Nous pouvons faire face aux réclamations sans le secours de personne.

— Tant mieux ! Ça m'aurait fait de la peine de vous refuser, et je n'ai pas le sou dans ce moment-ci.

— Monsieur Henry, vous êtes décidément un accapareur, dit le garde général, placé en face du vieillard. Non-seulement vous achetez tout le blé du pays, mais encore vous gardez pour vous tout seul les bonnes grâces de Mme Granval. Si j'étais à votre place, mon cher notaire, je me sentirais un peu jaloux.

— Et le cher notaire n'aurait pas tort, répondit gaîment Mme Granval. M. Henry, trouvant qu'il s'occupe trop peu de son étude, me consultait, de préférence à lui, sur le placement d'une somme importante.

— C'est Crésus en personne que ce brave père Henry, dit M. Granval. Il devrait bien nous apprendre comment il a fait pour devenir si riche.

— Oui, oui, votre secret, père Henry, nous demandons votre secret, s'écrièrent les chasseurs, mis en gaîté par le récit de leurs exploits.

— Mon secret est bien simple, répondit le bonhomme : je ne me suis jamais permis de dépenser 6 fr. quand je n'en avais gagné que 5, et c'est ce que beaucoup de gens font par le temps qui court.

— On sait pourtant que ce jeu-là ne peut pas toujours durer, reprit M. Granval, avec un peu d'embarras.

— On le sait, mais on ferme les yeux, et l'on va son train, sans réfléchir, sans compter, jusqu'à ce qu'on arrive au bout du fossé. Et on fait la culbute.... Mais il y en a tant de ces culbutes-là, qu'on finit par n'y plus faire attention.

— Excepté ceux qui en sont les victimes, dit le percepteur. J'ai vu tant de braves gens désespérés d'une ruine imméritée, que, si j'étais magistrat, j'aurais plus d'indulgence pour un voleur de grand chemin que pour un banqueroutier.

— Moi aussi, répondit le père Henry. Le voleur vous arrache votre bourse à ses risques et périls, tandis que le banqueroutier vous la soutire sans courir aucun danger. J'ai vendu hier un demi-sac de grain à un pauvre diable qui s'est défait l'année dernière de deux ou trois champs qu'il avait, pour acheter une petite maison où il comptait finir ses jours. Il a versé les fonds entre les mains du notaire chargé de l'acquisition. Le notaire a fait faillite sans avoir payé la maison, si bien que notre homme n'a plus un pouce de terre et peut coucher à la belle étoile.

— Je suis bien sûre que vous ne lui avez pas fait payer votre blé trop cher, dit Mme Granval.

— Ma foi, non : il avait derrière lui deux enfants qui grelottaient et qui n'avaient pas l'air de manger de la soupe tous les jours. Vous croyez que celui qui a dépensé l'avoir de ces gens-là pour faire durer son train deux ou trois jours de plus, n'est pas un misérable indigne de toute pitié ?

— En effet, répondit Mme Granval, il mérite les peines les plus sévères.

— Il a peut-être avec cet argent acheté une toilette à sa femme ou donné une fête à ses amis, dit le percepteur en jetant un furtif regard sur M. Granval, qui, pâle et soucieux, ne s'apercevait pas qu'il découpait une magnifique nappe de toile de Saxe.

Le malin percepteur allait en faire la remarque tout haut, quand l'attention des convives fut attirée par le bruit d'une voiture qui, après avoir roulé bruyamment sur la terre gelée, venait de s'arrêter devant le perron.

— Qui peut nous arriver à cette heure ? dit M. Granval.

— Quelque importun qui vient vous parler d'affaires, répondit le père Henry.

— Quelque mourant qui vous appelle pour faire son testament, ajouta le percepteur. Parbleu ! ce n'est pas toujours amusant d'être notaire.

M. Granval n'eut pas le temps de répondre : la porte de la salle à manger s'ouvrit, et un homme de haute taille et de fière mine entra sans être annoncé.

— Marcel ! s'écria M. Granval, en s'élançant vers lui. Toi, ici, Marcel ! Quel bonheur !

— Oui, c'est moi, Eugène ! répondit le nouveau venu, en le serrant dans ses bras. Si tu es heureux de me revoir, je le suis encore plus que toi. Mais où donc est ta femme ?

Mme Granval fit quelques pas à sa rencontre et lui tendit la main ; mais il l'embrassa sur les deux joues.

— J'arrive un peu tard, dit-il ; mais enfin j'arrive.

— Fort à propos, vous le voyez, répondit-elle en désignant d'un geste ses nombreux convives. Messieurs, permettez-moi de vous présenter le colonel Lefebvre, notre cousin.

— Mon plus proche parent et mon meilleur ami, ajouta le notaire. A mon tour, Marcel, je te présente les plus endiablés chasseurs du canton.

Tout le monde s'était levé ; le colonel salua, en s'excusant de n'avoir pu, malgré toute sa diligence, arriver quelques heures plus tôt.

— Nous aurions fait connaissance avant de nous mettre à table, dit-il, et je n'aurais dérangé personne.

— N'êtes-vous pas toujours sûr d'être le bienvenu, colonel ? répondit la maîtresse de la maison, en lui offrant une place entre son mari et le percepteur, le seul des convives qu'il se souvînt d'avoir déjà vu.

Le père Henry faisait mine de céder la sienne à l'officier ; mais d'un coup d'œil Mme Granval retint le vieillard auprès d'elle.

— Que tu as donc bien fait de venir, Marcel ! dit le notaire. Je pensais encore à toi ce matin ; mais je ne comptais guère sur la bonne surprise que tu nous gardais.

— Comment ! tu ne m'attendais pas ?

— Non certes. Tes visites sont si rares !

— J'ai beaucoup à faire ; mais tu devais bien penser qu'à moins d'obstacles insurmontables, je ne répondrais pas par un refus à ton invitation.

— Je t'ai donc invité ? demanda M. Granval stupéfait.

— Non pas toi, mais ma chère cousine ; ce qui vaut encore mieux.

— Comment ! Louise, vous avez écrit à Marcel et vous ne m'en avez rien dit ?

— Ma cousine craignait sans doute qu'il ne me fût impossible d'accepter, et elle ne voulait pas te causer une fausse joie.

— Moi, je vous ai écrit, colonel ?

— Quelques lignes seulement, pour m'engager à venir fêter saint Hubert avec vous et vos amis.

— Mon cher cousin, je suis enchantée de vous voir ; mais je suis obligée d'avouer que je ne vous ai pas écrit. Je n'aurais pas osé vous prier d'interrompre vos travaux pour une cause aussi futile que celle-là.

— Ah ! madame, prenez garde, vous offensez saint Hubert ; et si monsieur votre cousin est chasseur comme nous, je suis certain que le but de notre réunion ne lui semble pas aussi futile que vous paraissez le croire, dit un des invités.

— Le colonel a chassé le lion en Algérie. Jugez si vos chasses de France peuvent avoir pour lui quelque attrait, reprit Mme Granval.

— La chasse au sanglier a bien aussi ses émotions, dit le notaire. Celui que j'ai tué ce matin a failli me faire payer cher une première blessure, et je me suis trouvé bien heureux de grimper sur un baliveau pour me soustraire à ses longues défenses.

— Vous ne m'avez pas parlé de cela ! s'écria Mme Granval.

— Pardon, chère amie, j'aurais dû me taire encore, pour vous épargner de l'inquiétude à l'avenir. Je me l'étais bien promis ; mais en vous voyant dédaigner nos chasses de France, j'ai parlé sans prendre la précaution de tourner sept fois ma langue dans ma bouche, comme la sagesse le prescrit. Mais rassurez-vous ; j'ai couru un danger aujourd'hui pour la première fois, et sans doute ce sera la dernière.

— Tu es donc toujours grand chasseur? demanda le colonel.

— Toujours. C'est une passion dont je ne voudrais pas me guérir.

— C'est à peu près le seul plaisir qu'on puisse se procurer dans les campagnes ; tu aurais tort de te le refuser, si tu n'y es pas forcé par le soin de tes affaires, dit le colonel.

— Vous ne songez donc pas à mes frayeurs quand Eugène ne rentrera pas à l'heure où je l'attendrai ? Ne feriez-vous pas mieux de l'engager à se priver d'un passe-temps si dangereux? dit Mme Granval.

— Vous vous exagérez, ma chère cousine, l'influence que je puis avoir conservée sur votre mari. Si je lui disais de ne plus chasser, il ne m'écouterait pas. J'en appelle à tous ces messieurs.

— Non, non, répondit-on de tous côtés, les chasseurs sont incorrigibles.

— Je m'épargne donc le déplaisir d'exiger ce qui ne me serait point accordé, et à Eugène le déplaisir encore plus grand de me désobliger. Mais soyez sans crainte, ma chère cousine, Granval fête trop bien saint Hubert pour qu'il lui retire sa protection.

— Bien parlé, Marcel. Tu es toujours le plus indulgent des amis. Je me rappelle encore que c'est toi qui m'as donné mon premier fusil, et qui m'as obtenu la permission de m'en servir. Et vous ne savez pas, messieurs, ce qu'il lui a fallu de patience, d'adresse, de douces flatteries, de solennelles promesses, pour obtenir cette permission d'une bonne grand'mère qui m'aimait comme la prunelle de ses yeux. Aussi quelle joie, quel triomphe quand je pus sortir enfin armé de ce beau fusil, et que je rentrai le soir avec deux perdreaux!

— Ah! le bon temps que la jeunesse! Le grand jour que celui d'une première chasse! Ce sont des émotions qu'on n'oublie jamais, dit le percepteur.

— Quant à moi, reprit le colonel, j'ai ressenti moins de plaisir en tuant un lion qu'en ramassant mon premier lièvre.

Les convives se récrièrent; l'officier protesta et dut, pour contenter les chasseurs, leur raconter quelques-unes de ses prouesses contre le terrible animal que les Arabes appellent le seigneur du désert. L'attention de tous était vivement excitée; on ne savait ce qu'on devait le plus admirer du courage de l'officier ou de sa rare modestie, et l'on se réunit pour remercier Mme Granval de l'heureuse idée qu'elle avait eue d'inviter cet intrépide chasseur.

— Je ne mérite pas tant de reconnaissance, messieurs, dit-elle; car, je vous le répète, je n'ai pas écrit au colonel.

— Mais alors comment ce cher Marcel s'est-il cru invité par vous? Explique-nous cela, mon ami, reprit M. Granval.

— Je n'en sais pas là-dessus plus que toi. Tout ce que je puis te dire, c'est que j'ai trouvé chez moi, hier au soir, une lettre dans laquelle j'ai reconnu ou du moins cru reconnaître l'écriture de ma cousine. Mais attends donc: je dois l'avoir mise dans mon portefeuille.

— Je suis curieuse de la voir, dit Mme Granval, en se penchant vers le portefeuille ouvert.

Elle y vit deux photographies d'enfants et divers

papiers au milieu desquels elle distingua, sans pouvoir conserver le moindre doute, un billet sorti de l'étude de son mari. Elle changea de couleur ; mais ce fut l'affaire d'un instant, et elle reprit avec gaîté :

— Mon cher cousin, vous avez oublié votre carte d'entrée ; mais votre présence ne nous en est pas moins agréable.

— Ah ! pardon, dit-il, elle est restée dans ma tunique. Je suis en habit de voyage, et j'étais en uniforme quand je l'ai reçue.

— Mais vous vous en rappelez le contenu ? demanda Mme Granval.

— Parfaitement. Elle ne renfermait que peu de mots ; mais eût-elle été plus longue, que je n'en aurais rien oublié. La voici donc : « Nous réunissons quelques amis pour fêter saint Hubert. Vous êtes chasseur ; soyez des nôtres. Ce sera une occasion de terminer nos petites affaires. »

— C'est tout ? fit M. Granval.

— Que fallait-il de plus ? Je n'avais garde de manquer à cette gracieuse invitation, et tout en regrettant que ce ne soit pas ma chère cousine qui me l'ait adressée, je me félicite de l'avoir cru, puisque j'y gagne le plaisir de vous voir et d'assister à une charmante réunion.

— Quel que soit l'auteur de cette lettre, dit Mme Granval, il a été mieux inspiré que moi. Soyez sûr, mon cousin, que si vous en recevez une semblable l'année prochaine, elle portera ma vraie signature.

— A quoi bon tant de façons ? ajouta M. Granval. Marcel va prendre l'engagement de venir tous les ans, à pareille époque, sans attendre aucune invitation. Ces messieurs en feront autant, et celui qui manquera au rendez-vous sera déclaré traître et félon.

— Je le promets, dit le colonel en se levant.

— Nous le jurons ! s'écrièrent les convives.

M. Granval remplit les verres, et, soulevant le sien, il dit :

— Que nous soyons encore tous ici dans dix ans !

— Dans vingt ans ! répondirent plusieurs invités, en lui faisant raison.

— Et que dans vingt ans vous puissiez encore faire une belle chasse comme aujourd'hui, dit le père Henry, dont le verre choquait à son tour celui du notaire. Je ne verrai pas cela ; mais je le souhaite tout de même de bon cœur.

— Merci ! répondit M. Granval ; mais je crois, monsieur Henry, que vous vivrez plus longtemps que moi.

— A l'amende, le père Henry ! s'écria le percepteur.

— Oui, oui, vous avez raison, à l'amende le vieux hibou qui s'avise de parler de la mort au milieu d'un festin, dit le bonhomme un peu confus. Je ne songeais qu'à moi, mes beaux messieurs ; vous êtes jeunes, et j'ai presque le double de votre âge. Mais bah ! vivent le bon vin et la gaîté !

— Vivent le bon vin et la gaîté ! répéta-t-on tout d'une voix.

Mme Granval était sortie depuis quelques instants. Elle était montée à sa chambre, et, ouvrant ses armoires, elle avait retourné les poches de toutes ses robes, après s'être assurée que ce qu'elle cherchait n'était pas dans un joli pupitre en bois de rose placé sur sa table. Ce qu'elle cherchait, c'était une lettre toute semblable à celle qu'avait reçue le colonel Lefebvre. Elle l'avait écrite quelques jours auparavant, et elle l'avait gardée parce qu'elle avait appris que le cousin auquel cette invitation était destinée venait de tomber malade.

Ne trouvant rien dans les robes, elle revint au pupitre, qu'elle bouleversa de nouveau. La lettre n'y était pas; l'enveloppe qu'elle avait préparée pour la recevoir manquait aussi, et elle vit qu'on s'était servi d'un bâton de cire verte encore intact deux jours auparavant.

Elle redescendit, ne doutant plus que quelqu'un n'eût envoyé au colonel la lettre écrite pour un autre. Mais qui avait fait cela, et dans quel but l'avait-on fait? Elle n'avait pas le temps d'y songer; aussi, rappelant sur ses lèvres son plus gracieux sourire, elle rentra dans la salle à manger, et disposa elle-même le dessert, en adressant quelques paroles aimables à chacun des convives.

Le colonel reçut de ses mains une corbeille de fruits qu'elle le pria de placer. Il ne put s'empêcher de s'extasier sur leur merveilleuse beauté.

— Ils coûtent assez cher pour être beaux, lui dit-elle tout bas. On n'a pas plus écouté vos conseils que les miens.

— Soyez tranquille, madame, je n'ai plus l'intention d'en donner, répondit M. Lefebvre.

— Pensez-vous qu'il soit trop tard?

— Je le crains. Mon cher Granval, ajouta-t-il tout haut, tu as manqué ta vocation. Au lieu des paperasses sur lesquelles tu as pâli, il t'aurait fallu le grand air, le soleil, de beaux arbres à diriger et la gloire de donner ton nom à quelque fruit savoureux obtenu par tes soins.

— Sans compter que mon jardin convenablement

exploité m'aurait rapporté plus que mon étude, tout en me laissant une complète liberté.

— C'est pourtant vrai, fit le père Henry. Chacun veut des places par le temps qui court, et personne ne songe que l'homme qui cultive la terre est plus heureux et plus libre que les autres, quoiqu'il exerce le plus rude de tous les métiers. Quant à moi, j'ai deux fils que je fais instruire de mon mieux ; mais s'ils veulent m'obéir, ils ne feront pas autre chose que ce qu'a fait leur père.

— Monsieur, dit le colonel au vieillard, je n'ai pas l'honneur de vous connaître ; mais vous êtes un homme sage et, j'en suis sûr, un honnête homme. Permettez-moi de vous serrer la main.

— De tout mon cœur, mon officier. Je ne suis qu'un paysan ; mais les braves gens se devinent, et votre figure me revient tout à fait.

— Vous avez du bonheur, colonel, dit Mme Granval ; tout le monde n'a pas la chance de plaire à mon cher voisin, M. Henry, le millionnaire.

— Je m'incline devant un si beau titre, reprit en riant l'officier ; mais je l'ignorais quand j'ai voulu donner à monsieur un témoignage de cordiale estime.

— Et ma foi, vous auriez été bien adroit de le deviner, ajouta le bonhomme en jetant sur son costume un coup d'œil narquois. Si vous me faites accueil et si l'on me reçoit bien dans la maison, je ne dirai pas comme un monsieur dont je lisais quelque chose l'autre jour : « Oh ! mon habit, que je vous remercie ! »

— Ce monsieur-là s'appelait Sedaine, dit le percepteur. Vous avez oublié son nom, père Henry. C'est égal, je ne vous croyais pas si lettré ; mais entre nous, vous pourriez, quand ce ne serait que pour favoriser le commerce, faire un petit brin de toilette. Ça relève un homme, ça le rajeunit. Si l'habit ne fait pas le moine, il le pare, et vous pouvez être certain que le colonel est encore mieux dans son bel uniforme tout doré que dans ses vêtements bourgeois.

Le colonel avoua que c'était la vérité. Mme Granval ajouta qu'un peu de coquetterie ne gâtait jamais rien, et chacun fut de son avis.

On rit, on plaisanta ; la conversation, d'abord assez sérieuse, s'anima, comme il arrive toujours au dessert, et bientôt les joyeux propos s'échangèrent de tous côtés, au bruit des bouchons qui sautaient et des verres qui s'entrechoquaient.

A minuit, on buvait, on riait encore, et l'on ne se sépara pas sans renouveler l'engagement de se réunir l'année suivante pour honorer saint Hubert, en battant les bois toute la journée et en célébrant ensuite dans un joyeux festin les exploits dus à sa puissante protection.

II.

Après le départ de ses invités, M. Granval conduisit le colonel à la chambre qu'on lui avait préparée et lui souhaita une bonne nuit.

— Es-tu donc trop fatigué pour que nous causions un peu ? demanda celui-ci. Allume un cigare, prends un fauteuil, et les pieds sur les chenets, devant ce feu qui flambe si bien, tu me raconteras ce que tu as fait depuis que je ne t'ai vu. Sais-tu qu'il y a cinq ans, et que je n'ai presque point passé de jour sans penser à toi ?

— J'ai bien envie de ne pas te croire. Si tu pensais à moi, qui t'empêchait de venir plus tôt ?

— Tu oublies, Granval, que nous nous étions quittés un peu froidement.

— Si cela est, tu as raison, je l'ai tout à fait oublié.

— Comment ! tu ne te rappelles pas que je t'ai grondé à propos des dépenses que tu faisais dans ta ferme, dans ta maison, et du peu de soin que tu prenais de tes affaires ?

— Je me le rappelle fort bien ; mais je ne pouvais

t'en vouloir de cela, c'était une preuve d'amitié que tu me donnais. Je t'ai vu partir avec regret, comme toujours, et il n'y a jamais eu contre toi la moindre rancune dans mon cœur.

— Je le sais. Aussi je m'exprime mal en disant que nous nous sommes quittés froidement. Nous aurions eu une grave querelle, que je serais venu sans hésiter te revoir dès que je l'aurais pu. D'anciens amis comme nous se connaissent trop bien pour jamais se brouiller. C'est de Mme Granval que je veux parler. J'ai eu des torts envers elle, et je réponds que ceux-là ne sont point oubliés.

— Mais ces torts, quels sont-ils? Je t'assure qu'elle ne m'en a pas parlé.

— Je te crois sans peine; mais tu t'es aperçu plus d'une fois qu'elle ne m'aime pas, et tu as pu remarquer ce soir encore qu'elle n'éprouvait à me revoir qu'un bien médiocre plaisir.

— Que veux-tu? les femmes ont leurs caprices, et la mienne en a plus que personne. A cela près, je n'ai pas à me plaindre d'elle. J'aurais pu tomber plus mal.

— Cela n'est pas douteux.

— Il est vrai aussi que j'aurais pu tomber mieux; ma femme et moi n'ayant pas les mêmes goûts, nous ne pouvions marcher en paix côte à côte, dans le même chemin. J'aimais la campagne, le sans-gêne, le chez moi; j'étais un paysan, un sauvage, un ours; elle me l'a dit assez souvent pour que je le sache. Elle, au contraire, avait reçu une brillante éducation, et, douée de tout ce qu'il fallait pour briller, elle détestait la vie simple et monotone que j'avais à lui offrir. Ce n'est pas sa faute, Marcel; je ne lui fais pas de reproche, et je n'ai pas le droit de lui en faire ; car, si je n'ai pas été heureux, elle n'a pas été plus heureuse que moi.

— Pourtant, mon ami, vous avez eu et vous avez encore bien des envieux.

— Oui. Il y a des gens qui se figurent que le bonheur consiste à n'être pas obligé de gagner son pain par de durs travaux, et j'ai entendu plus d'une fois, quand je passais l'âme navrée, ceux qui piochaient ou moissonnaient exprimer le désir d'être à ma place.

— La fortune ne fait pas le bonheur, sans doute ; mais elle n'y est pas non plus un obstacle, comme tu parais le croire. Il y a chez les pauvres, aussi bien que chez les riches, des unions mal assorties ; et là l'opposition des caractères amène des résultats encore plus fâcheux que dans les positions plus élevées.

— Tu veux dire qu'il y a des scènes violentes, des querelles, des coups peut-être, tandis qu'un homme à peu près bien élevé se permet à peine de laisser voir sa souffrance ; mais le soin même qu'il prend de la cacher la rend plus cruelle ; et de peur qu'un jour son secret ne lui échappe, il se crée une existence à part, s'éloigne de sa maison, néglige ses affaires et compromet par mille folies l'avenir de ses enfants.

— Ces idées sombres étaient-elles donc au fond des bouteilles que tu nous as fait vider ? dit le colonel, plus attristé qu'étonné de ces confidences.

— Ne ris pas, Marcel. Mes idées ne sont ni plus ni moins tristes quand je sors de table que quand j'y prends place. Je ne crois pas à l'amitié de ceux qui s'y asseient avec moi ; je resserre les cordons de mon masque pour qu'ils ne voient pas le peu d'estime et de confiance qu'ils m'inspirent ; je regrette l'argent dépensé pour les attirer, et l'amabilité déployée pour les retenir me mécontente et m'irrite. Il me fallait si peu à moi : le plus frugal repas m'eût semblé délicieux, animé par la douce gaîté de ma femme et le babil de mes enfants. Un intérieur paisible et modeste, voilà ce que j'avais rêvé, et ce que je regretterai toujours de n'avoir pas rencontré.

— Il me semble, mon ami, que tu as fait avec trop de résignation le sacrifice de tes goûts à ceux de Mme Granval. Je n'ai pas besoin de t'apprendre que le mari est le chef de la communauté, tu as étudié le code ; mais il est fâcheux qu'on ne t'ait pas dit plus tôt que ce chef a le droit d'exprimer ses légitimes désirs, et qu'il peut et doit même au besoin imposer ses volontés.

— Tu en parles bien à ton aise, toi qui n'as jamais été marié. J'ai fait ce que j'ai pu d'abord ; mais je me suis bientôt lassé de passer pour un tyran, et de me faire haïr par une femme que j'aimais. J'ai cédé sur tous les points pour avoir la paix. Ai-je eu tort, ai-je eu raison ? Ce n'est pas à moi d'en décider.

— Ni à moi ; car tu me rappelles à propos que, n'ayant pas eu de femme, je ne puis parler de leur caractère que comme un aveugle parle des couleurs. Je commence à croire qu'elles sont très-aimables quand on fait tout ce qu'elles veulent.

— Cela ne suffit pas toujours ; il faut encore avoir l'air de partager leurs goûts et se ranger de bonne grâce à leurs opinions.

— Alors il est tout simple que j'aie eu le malheur de déplaire à Mme Granval ; car je t'avoue, cher ami, qu'ayant deviné il y a longtemps ce que tu me confies, j'ai eu l'audace de lui dire nettement ce qu'elle devrait faire pour assurer à la fois ton bonheur et la prospérité de ta maison.

— Que t'a-t-elle répondu ?

— Que tu étais le plus heureux des hommes et que tes affaires marchaient à merveille ; que si tu croyais pouvoir te dispenser de t'en occuper beaucoup, elle y veillait assidûment ; et que si elle passait pour une femme vaine et coquette, il lui importait peu d'être mal jugée, puisque c'était dans ton propre intérêt et celui de ses enfants qu'elle recherchait le monde dont on l'accusait d'être affolée. Elle parlait avec tant de franchise apparente, que je me sentis presque convaincu, et que je l'aurais été tout à fait si je ne m'étais bientôt aperçu qu'elle me gardait rancune. Elle me fit cependant promettre, avant mon départ, de ne pas tarder à revenir te voir ; mais il y a de cela cinq ans bien sonnés, et ni elle ni toi ne m'avez depuis ce moment donné signe de vie.

— Je t'ai fait faire des compliments chaque fois que j'en ai trouvé l'occasion ; mais tu sais que je n'écris jamais.

— Oui, c'est Mme Granval qui chez vous est chargée de la correspondance ; aussi ai-je été plus joyeux que surpris de recevoir, signée de sa main, la lettre qu'elle dit ne m'avoir point adressée.

— Il faut la laisser dire. Je parlais, il y a quelques jours, de notre vieille amitié, et je me plaignais de ta longue absence. Elle a cédé, en te rappelant, à un bon mouvement, et elle est un peu confuse d'avoir fait les premiers pas au-devant de toi.

— Je me contente de cette explication, faute d'en trouver une meilleure ; car je ne vois pas qui pouvait avoir intérêt à imiter l'écriture de Mme Granval pour m'inviter tout simplement à une joyeuse réunion. S'il s'agissait de quelque mystification ou de quelque calomnie bien noire, cela serait plus vraisemblable.

— Une seule chose peut me faire douter que cette lettre vienne de Louise, c'est qu'il y est dit que nous terminerons nos petites affaires. Il n'y a rien à terminer entre nous, à moins que tu ne sois inquiet de l'argent que tu m'as confié.

— Si j'avais eu de l'inquiétude, je n'aurais pas tant tardé à te prier de me rassurer.

— Que font ces deux chers enfants ? Tu dois trouver bien étrange que je ne t'en aie pas encore parlé ?

— Tu n'en as pas eu le temps.

— J'aime mieux t'avouer que je n'y ai pas songé. En vérité, j'ai honte de moi : je suis maintenant d'un égoïsme....

— C'est que tu as trop d'ennuis, mon pauvre ami. Henri et Charles sont au lycée Charlemagne ; ils travaillent bien et ne me donnent que de la satisfaction.

— Tu leur sers vraiment de père ; et si jamais mes filles devenaient orphelines, je ne leur souhaiterais pas d'autre tuteur que toi.

— A quoi vas-tu songer ? Je suis ton aîné de dix ans au moins ; quand tu mourras, elles auront chacune un bon mari qui les dispensera de tout autre tuteur.

— On ne sait ce qui peut arriver. Je ne me porte pas trop bien depuis quelque temps.

— Il faut consulter....

— J'ai consulté ; mais je ne veux pas obéir au docteur, ou plutôt je ne le puis pas. Il veut que je renonce à la chasse, il prétend que je me fatigue trop : mais il ne sait pas que je mourrais d'ennui, si je ne chassais plus.

— Ne pourrais-tu donc chasser modérément ? Se promener en plaine, avec le carnier au dos, le fusil au bras, en compagnie d'un bon chien, est moins une fatigue qu'un exercice salutaire, et je réponds qu'on ne te le défendrait pas.

— Peut-être bien ; mais ce n'est pas ainsi que j'entends la chasse. Je passe mes journées au bois, la tête sous la pluie, les pieds dans la neige, mangeant à la hâte une bouchée de pain arrosée d'une gorgée d'eau-de-vie. Je marche sans relâche, et je suis quelquefois tellement épuisé, que je me demande s'il me sera possible de regagner ma maison.

— Voilà ce que tu as fait encore ce matin, et tu ne me dis pas que tu as besoin de repos ?

— J'ai encore plus besoin d'épanchement ; ça fait tant de bien de causer avec un ami !

— Nous aurons le temps de causer, j'ai une permission de huit jours. Va te coucher bien vite et pardonne-moi de t'avoir retenu.

— A demain donc, puisque tu le veux.

— Oui, à demain ! Bonne nuit, dit le colonel, en serrant dans les siennes les mains de M. Granval.

Resté seul, il se rassit près du feu, jeta son cigare dans les cendres et demeura longtemps plongé dans des réflexions qui finirent par amener des larmes à ses yeux.

C'était un homme plein de courage que le colonel Lefebvre ; il avait vu plus d'une fois la mort de près, car il avait gagné tous ses grades à la pointe de l'épée, sur cette terre d'Afrique arrosée du sang de tant de braves. Mais ni la vue des champs de bataille ni les souffrances de toutes sortes ne lui avaient endurci le cœur ; en retrouvant son plus ancien ami, en le retrouvant malheureux, il s'était involontairement reporté aux belles années de son enfance et de sa jeunesse, et ces souvenirs lui avaient causé une émotion pleine de tristesse.

Marcel Lefebvre et Eugène Granval étaient cousins germains. Orphelins tous deux, ils avaient été élevés par leur grand'mère, une digne femme qui les chérissait plus encore qu'elle n'avait aimé leurs parents. Grâce à ses soins, à son indulgente tendresse, ils ne s'étaient jamais aperçus de la perte qu'ils avaient faite.

Marcel, plus âgé qu'Eugène, quitta le premier la maison de son aïeule pour le collége ; mais il y revenait aux vacances et y retrouvait avec joie le petit Eugène, pour lequel il éprouvait une affection quasi paternelle. De son côté, Eugène n'était jamais si content que lorsqu'il voyait arriver son grand cousin, dont il était tout à la fois le protégé et le tyran. Marcel redevenait enfant pour partager les jeux de son ami, et, persuadé que c'est toujours le plus raisonnable qui doit céder, il n'avait pas d'autre volonté que celle de ce jeune étourdi.

Quand Eugène, à son tour, dit adieu à sa bonne grand'mère pour prendre place sur les bancs du collége, Marcel le consola, l'encouragea au travail, lui en aplanit les difficultés, et lui épargna une foule d'ennuis en le présentant à ses condisciples comme son frère bien-aimé.

A dix-huit ans, Marcel s'engagea. Ce fut le premier chagrin d'Eugène ; il se promit de le rejoindre aussitôt qu'il le pourrait. Il n'y eût pas manqué si la grand'mère, devenue vieille et infirme, ne l'eût supplié de ne pas l'abandonner. Marcel, consulté par Eugène sur ce qu'il devait faire, lui dit que son devoir était de céder au vœu de cette bonne mère ; et il ajouta que lui-même renoncerait à la carrière militaire si Granval persistait à vouloir l'embrasser.

C'eût été grand dommage : Marcel était déjà lieutenant, et un bel avenir lui était promis. L'aïeule était bien fière de ce brillant officier ; mais elle avait toujours eu un faible pour le plus jeune des deux cousins, et elle lui dit en confidence que le retour de Marcel ne la consolerait pas de son départ.

Ses études achevées, Eugène rentra chez sa grand'-mère et y vécut dans une complète liberté. La chasse, la pêche, la lecture, le soin des fleurs que la bonne dame aimait, occupaient tous ses instants. Il avait peu d'amis, n'allait pas dans le monde, et se trouvait très-heureux de n'en être pas recherché.

Les années se passaient ainsi sans qu'il y songeât ; et l'aïeule, qui sans doute l'eût engagé à se créer une position si sa raison n'eût point été obscurcie par l'âge, ne lui en parlait jamais. Elle avait oublié que Granval était un homme et devait chercher à se rendre utile ; pour elle c'était toujours le petit Eugène, un enfant auquel on ne pouvait demander que des caresses et des bouquets.

Un soir qu'il la promenait dans son jardin, elle se trouva fatiguée et s'arrêta sous la tonnelle. Eugène s'assit auprès d'elle, et lui appuya la tête sur son épaule.

— Que je suis bien ainsi ! dit-elle. Je vais dormir un instant.

Elle se tut, ferma les yeux et s'endormit pour ne plus se réveiller.

Marcel accourut pour lui rendre les derniers devoirs. Ce fut lui qui engagea son cousin à commencer une vie plus sérieuse et plus occupée. Ils examinèrent ensemble les diverses carrières auxquelles Granval pouvait prétendre ; mais le jeune homme n'en aimait aucune, et il ne s'était pas encore prononcé quand le capitaine Lefebvre dut retourner en Algérie.

Il partit à regret, devinant bien qu'Eugène allait reprendre ses habitudes. En effet, une année se passa sans que les lettres de Marcel pussent le décider à prendre un parti. A toutes les instances de l'officier il répondait invariablement : « Pourquoi veux-tu que je change quelque chose à mon existence, puisqu'elle me suffit? Je n'ai pas d'ambition ; je ne connais d'autre bonheur que celui d'être libre, et je le suis. »

Mais un jour, Marcel reçut une longue lettre ainsi conçue :

« Demande un congé, Marcel, et hâte-toi d'arriver. Ce n'est pas toi qui m'as converti ; mais qu'importe, puisque je le suis ? Je me marie, et bientôt je serai notaire. Je vois d'ici ta surprise et ta joie ; car tu es content, n'est-ce pas ? Ce qui ne t'empêche pas d'être bien curieux de savoir comment je suis sorti de ce que tu appelais ma léthargie. C'est bien simple, va. Invité par un de mes amis à une partie de chasse dans les Ardennes, j'ai rencontré chez lui une charmante personne, qu'on m'a dit être la fille du notaire de Longpré. Je ne sais si tu te rappelles Longpré, quoique nous y soyons passés plusieurs fois. C'est un gros village auquel on donne le nom de ville, quoiqu'il ne le mérite guère. Mais ce n'est pas de cela qu'il s'agit.

« Ne t'impatiente pas, m'y voici. Nous avions projeté pour le lendemain de notre arrivée une grande chasse au sanglier ; mais la pluie ne cessa pas un instant de tomber à torrents, au grand déplaisir de mes compagnons. Quant à moi, j'étais fort en colère le matin ; mais, contre mon attente, je ne m'ennuyai pas du tout de la journée ; et ce qui va t'étonner encore davantage, c'est que je la passai presque tout entière au salon, à causer avec les dames et à écouter de la musique.

« M. Sertier, le notaire de Longpré, arriva pour souper avec nous. Il venait chercher sa fille ; on la retint, en promettant de la reconduire deux jours après. M. Sertier consentit à la laisser, à la condition toutefois que mon ami et moi nous irions le dimanche suivant chasser avec lui. Tu ne vas pas croire ce que je te dirai, pourtant c'est l'exacte vérité : le dimanche, à cinq heures du soir, je demandais au notaire de Longpré la main de sa fille, Mlle Louise Sertier.

« Je reconnus alors toute la sagesse de tes conseils. M. Sertier a été très-lié avec notre oncle Lefebvre ; il a vu souvent chez lui notre grand-père. La famille lui convient, et il ne m'a pas même demandé quelle peut être ma fortune ; mais quand il a su que j'étais sans position, il m'a dit très-sérieusement que je ne devais point songer à sa fille, qu'il aimerait mieux la donner à un simple ouvrier qu'à un désœuvré, si riche qu'il fût.

« Je t'assure qu'en ce moment j'ai bien expié le tort de ne t'avoir pas écouté. Je lui demandai s'il était trop tard pour essayer d'embrasser quelque carrière qui lui plût, et je lui affirmai qu'aucun effort ne me coûterait pour me rendre digne de sa confiance. Il me répondit que j'avais perdu beaucoup de mes chances en différant de travailler à mon avenir, mais que pourtant il se reprocherait de me décourager complétement.

« — Réfléchissez, dit-il ; vous me ferez connaître vos projets ; et si Louise veut vous attendre, ce n'est pas moi qui la presserai de me quitter.

« On prétend que la nuit porte conseil. Je passai celle-là sans dormir, et je me trouvai tout aussi avancé le lendemain. Par bonheur, les réflexions de M. Sertier n'avaient pas été aussi inutiles que les miennes.

« — Si vous voulez vous contenter d'être notaire à Longpré, me dit-il, tout pourra s'arranger. Vous travaillerez pendant deux ou trois ans dans mon étude, puis je vous la laisserai.

« — Mais d'ici-là? murmurai-je.

« — Vous craignez que d'ici-là Louise ne change d'avis. Eh bien ! qui nous empêche de célébrer le mariage dans trois ou quatre mois ?

« C'était déjà beaucoup ; mais, après avoir fait mes preuves en l'étude de maître Sertier, j'ai obtenu dispense de ce dernier délai. Dès que je saurai la date de ton arrivée, nous fixerons le jour de la cérémonie. Tu penses bien qu'elle ne se fera pas sans toi, Marcel ; tu es presque mon seul parent, et tu seras toujours pour ton Eugène un ami comme il n'y en a point.

« Je ne te ferai pas le portrait de Louise ; à quoi bon ? Tu ne croirais pas la moitié du bien que je t'en dirais. J'aime mieux que tu la juges. Deux mots seulement : elle a trente ans, 50,000 fr. de dot, sans compter l'étude, estimée au moins le double. Si je te parle de chiffres, c'est que je te regarde comme le chef de la famille, et qu'à ce titre tu as le droit de songer à mes intérêts. Quant à moi, tu sais que je tiens peu à la fortune. Ce n'est pas pour son argent que je recherche Mlle Sertier, mais pour ses rares qualités.

« Elle est à cent coudées au-dessus de moi pour l'esprit et les manières, Elle a reçu une brillante éducation ; mais loin d'être pédante, elle est aimable, enjouée, naïve parfois, charmante toujours. Ah ! voilà que je fais son éloge après t'avoir dit que je ne le ferais pas. Ne te moque pas de moi, Marcel ; je ne peux pas me taire, parce que je suis heureux. Je le suis d'autant plus, que je sais que tu vas être content. Cet insouciant, ce flâneur, ce désœuvré, ce cousin dont on avait quasi honte, trouve tout à la fois une femme de mérite et une belle position.

« Ecris-moi sans retard : j'irai au-devant de toi jusqu'à Paris, et je rapporterai la corbeille de mariage. Viens vite, je t'attends. »

Marcel répondit sans perdre de temps :

« Une expédition se prépare contre les Kabyles, et mon régiment est désigné pour en faire partie. Demander un congé est impossible, tu le comprends, cher Eugène. Marie-toi donc sans m'attendre ; je serai de cœur avec vous, et mes vœux pour votre bonheur n'en seront pas moins sincères. Dis à ta fiancée et à ton futur beau-père que je les aime tous les deux, puisqu'ils ont deviné tout ce que tu vaux. Tu seras un excellent mari et un notaire loyal, je m'en porte garant.

« Dès que l'expédition sera terminée, j'irai faire connaissance avec ma nouvelle cousine. Ne t'inquiète pas des dangers que j'y pourrai courir : je suis sûr qu'il ne m'arrivera rien de fâcheux ; j'espère même rentrer en France avec un grade de plus. Il me faudra bien cela pour m'indemniser d'une privation aussi grande que celle de ne pas assister à tes noces. Que mon absence ne t'attriste pas ; si tu pouvais l'attribuer à un refroidissement de mon amitié, je comprendrais qu'elle te fît de la peine ; mais l'honneur nous impose à tous deux ce sacrifice, il faut le faire sans regret.

« Pour te consoler, je t'assure que je crois tout le bien que tu me dis de ta fiancée, et que je n'ai pas besoin de la voir pour la juger digne de toi. Parle-lui un peu de ton vieil ami quand elle sera ta femme, afin qu'elle me reconnaisse et m'accueille quand j'irai frapper à ta porte. Ce sera bientôt, n'en doute pas. En attendant, sois heureux et ne m'oublie pas. »

Il y avait déjà six mois qu'Eugène était marié lorsque Marcel, devenu chef d'escadron, tint la promesse qu'il lui avait faite de venir le voir après la campagne. Il trouva le jeune ménage fort bien installé dans la maison de M. Sertier, qui commençait à se reposer sur son gendre du soin de son étude. Le notaire lui parut un brave homme, d'un caractère doux et facile, avec lequel il semblait impossible de n'être pas toujours d'accord.

Mme Granval lui plut moins : elle était belle, gracieuse, aimable, spirituelle ; mais elle le savait trop bien. On sentait, en la voyant, qu'elle se croyait de tous points supérieure à son mari, et qu'après lui avoir fait la grâce de l'épouser, elle n'avait point à s'occuper du soin de le rendre heureux. Privée de sa mère dès le berceau, elle avait été gâtée par son père, dont la tendresse était une aveugle adoration. Enfant, elle avait vu tous ses caprices satisfaits ; jeune fille, elle avait imposé ses volontés à son faible père, et donné libre carrière à son goût pour le plaisir et la toilette. Elle était charmante, tout le monde en convenait, mais plus d'une sage mère avait empêché son fils de se laisser séduire par la fortune et les brillants dehors de Mlle Sertier.

Arrivée à trente ans, elle commençait à craindre de coiffer toute sa vie sainte Catherine, et déjà on lui donnait, à son grand déplaisir, le surnom de vieille fille, quand elle crut avoir rencontré dans Eugène Granval le mari qu'il lui fallait. Il n'était pas du pays, et ne savait pas quelle était sa réputation de coquetterie ; elle se fit douce et modeste, se promettant bien de cesser de se contraindre aussitôt qu'elle le pourrait sans danger ; et pour que ce jeune homme sans position lui dût tout ce qu'il serait, elle persuada à son père, qui redoutait d'ailleurs de se voir séparé d'elle, que M. Granval serait pour lui une aide précieuse, en attendant qu'il devînt son successeur.

Marcel avait assez de pénétration pour deviner tout cela ; mais il rejeta bien loin ces idées, en se les reprochant comme d'injustes préventions contre une femme si bien douée. Il résolut de l'étudier avant de se prononcer sur son compte ; et comme elle était fort adroite, elle sut aller au-devant de ses idées en lui avouant franchement qu'elle était un peu capricieuse, un peu coquette, parce qu'elle avait été trop gâtée. L'officier fut obligé, pour n'être pas impoli, de lui dire que ces défauts étaient de son âge, et qu'elle s'en corrigerait assurément lorsqu'elle serait mère de famille.

Eugène était présent à cet entretien ; c'était une raison de plus pour que Marcel se montrât indulgent. Lorsqu'ils se retrouvèrent seuls, il lui demanda si les défauts dont Mme Granval s'accusait étaient réels. Eugène en convint, mais de manière à persuader à Marcel qu'il n'en souffrait nullement. C'était la vérité : il admirait sa femme, et son amour-propre trouvait une grande satisfaction à ce que tout le monde l'admirât comme lui.

M. Lefebvre comptait passer six mois en France ; mais à peine était-il depuis trois semaines à Longpré, qu'il reçut l'ordre de rejoindre son corps. Eugène le vit partir avec chagrin. Mme Granval en témoigna au moins autant que son mari ; mais elle se réjouit au fond du cœur d'être délivrée d'un censeur trop clairvoyant pour qu'on pût espérer de le tromper longtemps.

— Promettez-nous de revenir aussitôt que vous le pourrez, lui dit-elle en recevant ses adieux.

— Où irait-il ? demanda Granval. Il est ici chez lui, puisque nous sommes toute sa famille.

— C'est ce que je voulais dire, reprit Mme Granval. J'espère, mon cousin, que vous ne l'oublierez pas.

Malgré l'aimable sourire et la bonne poignée de main dont Louise accompagna ces paroles, le commandant vit bien qu'elles ne partaient pas du cœur. Son amitié pour Eugène le ramena cependant à Longpré ; mais il s'arrangea de manière à n'y rester que peu de jours.

Quand il y revint, M. Sertier était mort depuis deux ans, et Mme Granval commençait à donner libre carrière à son goût pour la dépense. Elle n'avait jamais beaucoup craint son père ; elle savait d'un mot apaiser ses plus grandes colères ; mais le vieux notaire connaissait le prix de l'argent ; quand il le voyait gaspiller, il retrouvait pour gronder toute l'énergie dont on le croyait dépourvu ; aussi la jeune femme s'observait un peu pour n'être pas continuellement fatiguée de ses sermons.

Louise pleura son père ; mais peut-être la certitude d'être enfin maîtresse de gouverner à son gré sa maison l'aida-t-elle à se consoler. Son deuil venait de finir quand Marcel arriva. Quoiqu'il répétât chaque jour que le plaisir d'être avec elle et Eugène lui suffisait, sa présence fut pour Mme Granval l'occasion de donner des dîners et des soirées, d'organiser des parties de campagne ; en un mot, d'avoir toujours du monde.

— Cette vie-là te plaît-elle ? demanda Marcel à son ami.

— Non, dit-il ; mais je ne veux pas contrarier ma femme. Si cela m'ennuie trop, je saurai bien me créer d'autres distractions. Je me suis jusqu'à présent privé de la chasse, que j'aime avec passion ; en la reprenant, je serai libre tout l'hiver ; l'été j'aurai la pêche et le jardinage ; et comme ce n'est pas moi que tous ces gens-là recherchent, ils ne s'apercevront pas de mon absence.

— Mais toutes ces réunions coûtent cher, objecta Marcel.

— Louise est riche, répondit Eugène ; elle ne dépense que ce qui lui appartient. N'aurais-je pas mauvaise grâce à l'en empêcher ? Elle prétend d'ailleurs qu'en ouvrant son salon, elle amène des clients à l'étude, et elle n'a pas tout à fait tort. Ah ! si nous avions des enfants, ce serait un devoir pour moi de recommander l'économie, et je te prie de croire que je saurais le remplir.

L'année suivante, la naissance de deux petites filles fut regardée par Eugène comme le plus grand des bonheurs. Louise aussi en témoigna beaucoup de joie ; mais ne pouvant à elle seule élever ces deux enfants, et ne voulant pas, disait-elle, en garder une et éloigner l'autre, elle les mit en nourrice dans un village voisin. M. Granval insistait pour qu'elle les gardât, en se faisant aider autant qu'elle le voudrait, rien ne pouvant, à son avis, remplacer les soins d'une mère. Elle répondit que si les chers petits anges restaient auprès d'elle, il lui serait impossible de les voir dans les bras d'une étrangère, qu'elle ne se résignerait à les quitter ni jour ni nuit ; que, pour ne pas les laisser pleurer, elle se tuerait de fatigue ; et que, tout bien considéré, il valait mieux pour elle s'en séparer tandis qu'elle le pouvait encore sans trop de chagrin. Eugène n'était pas dupe de ces prétextes ; mais il ne savait qu'y répondre, et une dernière raison triompha de ses velléités de résistance : le village où Mme Granval voulait placer les petites filles était dans une situation bien plus salubre que Longpré, où depuis quelques années il mourait beaucoup d'enfants.

Le notaire n'eut pas à se repentir d'avoir cédé : les deux jumelles, parfaitement soignées, poussèrent à vue d'œil ; et ce fut pour lui une si grande joie de les voir, qu'il prit l'habitude d'y aller tous les jours. Louise ne l'y accompagnait pas ; elle dormait encore lorsqu'il faisait cette excursion ; mais elle dirigeait souvent aussi ses promenades de ce côté-là.

Emma et Gabrielle avaient deux ans quand Mme Granval se décida à les reprendre. C'étaient deux charmants lutins blonds et roses, deux mignonnes poupées que leur mère s'ingéniait à parer et dont elle se plaisait à faire admirer la gentillesse. Eugène en était fou ; il eût trouvé fort mauvais que quelqu'un se permît de les contrarier en quoi que ce fût ; et comme Mme Granval avait horreur des cris et des larmes, les petites filles furent bientôt les maîtresses de la maison.

On rit de leurs caprices, de leurs colères enfantines ; on cita comme des saillies spirituelles leurs réponses inconvenantes ; en un mot, on en fit des enfants gâtés.

M. Granval commençait à s'apercevoir de leurs défauts quand le colonel Lefebvre vint le voir pour la dernière fois avant de se croire invité à célébrer la Saint-Hubert en famille. Marcel adorait les enfants ; cependant il ne put s'empêcher de trouver qu'Emma et Gabrielle étaient mal élevées ; s'autorisant de son titre d'ami pour dire la vérité à Mme Granval, il l'engagea à voir moins de monde, à réduire les dépenses de sa maison, à s'occuper un peu plus du bonheur de son mari et de l'éducation de ses enfants.

Quoiqu'il se fût gardé de présenter toute nue cette vérité peu agréable, Louise ne lui sut point gré de ses précautions oratoires ; elle le trouva bien hardi d'oser censurer sa conduite ; et si elle ne le lui dit pas, elle lui témoigna tant de froideur, que, deux jours après cette conversation, le colonel se réjouit d'être obligé de retourner à Paris.

Il y arriva pour voir mourir un capitaine qui avait été son ami et celui d'Eugène, lorsqu'ils étaient encore chez leur grand'mère. Il avait retrouvé cet officier dans le régiment dont il avait été nommé colonel, et il ne put lui refuser la consolation de se charger de la tutelle de ses enfants.

Marcel écrivit à M. Granval pour lui annoncer la mort de leur ancien camarade et lui demander s'il voulait recevoir, pour la placer sûrement, une somme de 150,000 fr. appartenant à Henri et à Charles Lenglet, ses pupilles.

« Tu t'acquitteras de ce soin mieux que moi, lui disait-il. Tu sais que je n'ai jamais été embarrassé de mes économies, et que je n'ai pas voulu vendre ma part du petit bien de notre aïeule. Je serais donc fort embarrassé de cette grosse somme qui ne m'appartient pas, si je n'avais la ressource de la remettre entre les mains du plus honnête notaire que je connaisse. »

M. Granval hésita un instant à accepter ce dépôt ;

mais Louise dit que Marcel serait très-mécontent d'un refus que rien ne justifiait, et qui pourrait avoir pour ses pupilles de fâcheuses conséquences; car le colonel, étant la probité même, pourrait être dupé par quelque intrigant. Eugène avoua qu'elle avait raison. La semaine suivante, il encaissa les 150,000 fr., en échange desquels il remit au porteur le simple billet que Mme Granval reconnut dans le portefeuille du colonel, pendant qu'il y cherchait sa lettre d'invitation.

III.

Avant de se mettre au lit, le colonel Lefebvre descendit au jardin. Il avait pour habitude de ne pas se coucher sans avoir fait une petite promenade au grand air ; et, l'hiver comme l'été, par la neige ou par la bise, aussi bien que par une belle soirée de printemps, il arpentait le pavé tant que durait sa dernière cigarette.

La nuit était sombre ; une couche de neige assez épaisse étouffant le bruit des pas dans les allées, personne ne pouvait ni voir ni entendre le promeneur. Il fit le tour du jardin, et sa cigarette était éteinte depuis longtemps lorsqu'il songea à rentrer.

Tout le monde ne dormait pas encore dans la maison ; les fenêtres de la salle à manger et de la cuisine étaient éclairées ; on entendait le cliquetis des assiettes et des verres que les servantes étaient occupées à ranger. Marcel s'approcha de la lumière pour regarder l'heure à sa montre ; la voix bien connue de la femme de confiance de Mme Granval arriva jusqu'à lui.

— Tu conviendras, Jeannette, disait-elle, que nous

faisons un métier de galérien. Il faut être sur pied avant le jour, et cinq fois au moins par semaine on se couche à deux heures du matin.

— Oh ! vous, Charlotte, vous n'avez pas à vous plaindre : vous êtes bien payée ; si j'avais vos gages, la besogne ne me pèserait pas.

— Trois cents francs par an, pas davantage. J'en gagnerais bien le double à Paris.

— Et toutes les robes de madame, et les pièces des beaux messieurs qu'on reçoit à chaque instant ?

— Peuh ! qu'est-ce que c'est que ça ? Les robes, je ne les vends pas ; il est vrai que j'en aurai pour toute ma vie quand je sortirai d'ici. Quant aux pièces, les beaux messieurs ne sont pas si généreux que tu le crois.

— Vous dites pourtant que le colonel....

— Ah ! celui-là ne me donne jamais moins de 20 fr. ; mais il vient si rarement.

— Monsieur a pourtant l'air de l'aimer beaucoup.

— Monsieur l'aime plus que madame, je t'en réponds.

— Et vous ne savez pas pourquoi ?

— J'en sais plus long qu'on ne croit, sur cela et sur beaucoup d'autres choses.

— Il a l'air bien comme il faut, ce monsieur-là, et pas fier du tout. J'étais dans le corridor quand il est arrivé ; il m'a dit : « Bonjour, ma fille ! » le plus honnêtement du monde. Qu'est-ce qu'il peut avoir fait à Mme Granval pour qu'elle ne l'aime pas ?

— Est-elle curieuse, cette petite Jeannette ? Si on te le demande, tu diras que tu n'en sais rien.

— Mais puisque vous le savez, Charlotte, il ne tient

qu'à vous que je le sache aussi. Je ne le répéterai pas, allez : je ne suis pas bavarde.

— Eh bien ! ma chère, il paraît que l'officier a beaucoup d'argent à l'étude, et que, comme il a eu peur de ne pas être payé, il a trouvé à redire aux grandes dépenses de madame ; et comme madame n'est pas endurante, ma foi ! ils se sont brouillés ; ce qui est cause qu'il y a je ne sais combien d'années qu'on ne l'a pas vu à Longpré.

— On lui a donc rendu son argent, puisqu'il est revenu ?

— Non. Je croirais même volontiers qu'il vient le chercher.

— Est-ce que c'est vrai ce qu'on dit dans le village, que M. Granval doit peut-être plus qu'il n'a ?

— Dame ! il est notaire ; ceux qui ont des économies à placer viennent le trouver. Il doit 2,000 fr. à l'un, 10,000 fr. à l'autre ; tous les gens du pays ont affaire à lui. Je crois bien qu'il a de gros comptes à débrouiller ; mais madame était fille unique, et son père était un des plus riches du canton.

— C'est égal, si j'avais de l'argent de trop, je le mettrais à la caisse d'épargne plutôt qu'à la caisse de mon maître. Par malheur, je n'en ai pas ; et si économe que je sois, je n'en aurai jamais assez pour n'avoir plus besoin de servir.

— Le fait est qu'il vaudrait mieux être chez ses parents, quand on n'aurait qu'une pauvre soupe au lard à manger, reprit Charlotte.

— Oui ; mais quand il y a six enfants à nourrir, il faut bien que les aînés tâchent d'aller vivre ailleurs, pour faire de la place aux autres.

— Et quand il y a dans la maison une belle-mère qu'on n'aime pas, il faut bien qu'on s'en aille aussi.

— Mais vous, Charlotte, vous n'êtes quasi pas servante ; madame vous traite comme son égale, elle vous raconte toutes ses petites affaires.

— Oui, quand elle est de bonne humeur, tout va bien : je suis une fille adroite, laborieuse, intéressée ; on peut se fier à moi, on n'a pas besoin de me commander ni de s'inquiéter de ce que je fais ; mais quand on est contrariée par une chose ou par l'autre, je suis gauche, paresseuse, prodigue, je ne m'entends à rien, je gâte tout, je gaspille tout ; il faut qu'on ait les yeux à ce que je fais, comme si je venais d'entrer en service. Et Dieu sait si la bonne humeur est rare ici depuis un bout de temps.

— Si rare, qu'on peut dire qu'il n'y en a plus. Madame n'entre à présent dans la cuisine que pour gronder, et j'ai cru l'autre jour qu'elle allait me chasser, parce que les œufs que je battais ne voulaient pas prendre en neige.

— Tu devais lui donner le saladier ; elle les aurait peut-être mieux battus. A ta place, je l'aurais fait.

— J'en avais bien envie ; mais je n'ai pas osé.

— Oh ! moi, quand elle gronde mal à propos, je ne me gêne pas pour lui répondre.

— Et si elle me renvoyait....

— Je ne crains pas d'être renvoyée. Je sais trop de choses pour qu'on me mette à la porte. Peut-être bien qu'elle a plus peur de moi que je n'ai peur d'elle ; et ma foi ! elle n'a pas tout à fait tort : j'ai plus d'une ruse dans mon sac, et je lui ai encore joué un bon tour cette semaine sans qu'elle s'en doute.

— Qu'est-ce que vous lui avez donc fait?

— Aimes-tu monsieur, toi, Jeannette?

— Beaucoup. C'est un bon maître, toujours le même, lui. Quand il a quelque chose à commander, c'est doucement, honnêtement; et quand on a oublié d'obéir, il le dit sans se mettre en colère.

— Moi aussi, je tiens à lui, pour plusieurs raisons. D'abord, c'est un brave homme, qui n'est pas plus content de son sort que nous.

— Ah! bah! est-ce qu'il s'en plaint?

— Lui? On voit bien que tu ne le connais pas comme moi. Il souffrirait le martyre sans dire un mot. Eh bien! ma mie, je n'étais pas contente de madame, et j'ai trouvé le moyen de la punir tout en faisant plaisir à monsieur.

— Et monsieur te l'a permis?

— Es-tu sotte! Monsieur est joyeux comme un pinson, madame se donne à tous les diables, et ni l'un ni l'autre ne savent que Charlotte en est cause.

— Vous avez fait d'une pierre deux coups, je comprends bien ça; mais je ne vois pas ce que c'est que cette pierre-là.

— Si tu me promets d'être discrète, je te le dirai.

— Muette comme une carpe, je le promets.

— Eh bien! ma fille, je me suis passé la fantaisie d'inviter quelqu'un à la Saint-Hubert.

— Et quand ce quelqu'un-là s'en ira, Charlotte aura une belle pièce d'or?

— Peut-être bien; mais je t'assure que ce n'est pas pour les 20 fr. Madame m'avait fait un train terrible jeudi, parce que les manchettes qu'elle voulait n'étaient pas repassées. Elle en avait plus de vingt autres paires;

mais c'étaient celles-là qu'il lui fallait. Le soir même, je vois sur son pupitre une lettre qui disait : « Mon cousin, venez faire la Saint-Hubert avec nous. » Je la plie, et je l'adresse au colonel Lefebvre.

— Comment donc avez-vous fait tout cela, puisque vous ne savez ni lire ni écrire ?

— Je l'ai dit une fois à madame ; c'était pour rire ; mais elle l'a cru ; et comme j'ai vu que ça pouvait servir de passer pour une ignorante, je n'ai pas dit qu'à douze ans j'étais la première de l'école.

— Mais puisque madame avait écrit à son cousin ?

— Ce n'était pas à celui-là ; c'était à M. Edouard Sertier. Elle a su qu'il s'était donné une entorse à la chasse et elle n'a pas envoyé la lettre.

— Et si elle la cherchait ?

— Qu'elle la cherche tant qu'elle voudra ! Est-ce que ça me regarde ? Toutes les lettres du monde peuvent traîner sous mes yeux : pour moi c'est du noir sur du blanc, pas autre chose, puisque je ne sais pas lire.

— Je savais que vous étiez rusée, Charlotte ; mais vous l'êtes encore plus que je ne le pensais.

— Quand j'entre à l'étude, on ne cache aucun papier ; aussi je connais les affaires de bien des gens qui ne s'en doutent pas. Mais je garde pour moi ce que je sais, parce que je serais bien fâchée de faire du tort à M. Granval. Il peut laisser sur son bureau autant de lettres qu'il voudra sans que j'en touche une seule, quand je serais sûre qu'il ne s'en doutera jamais.

— Pourquoi donc ça ?

— Parce qu'il a été bon pour ma pauvre mère pendant sa dernière maladie, qui a duré plus d'un an. Il la voyait toute pâle, assise sur le banc ou près de la fenêtre, quand il passait par notre village en revenant de la chasse. Il s'arrêtait pour lui demander si elle allait mieux, et il lui donnait à chaque instant quelque pièce de son carnier : une grive, une caille, deux ou trois alouettes, un perdreau. Vois-tu, Jeannette, pour rien au monde je ne voudrais manquer à cet homme-là, ni laisser perdre un centime de ce qui lui appartient. Ainsi, voilà notre ouvrage fini ; trois heures vont sonner, nous mangerons bien un peu avant d'aller nous coucher....

— Oh ! oui, j'ai faim, interrompit Jeannette.

— Moi aussi. Je voulais te dire que s'il n'y avait que madame, je couperais pour toi et pour moi deux beaux morceaux de ce gros baba qui n'est pas entamé ; mais à cause de monsieur, nous nous contenterons d'une croûte de pain et du reste de la salade.

— J'aime autant ça que du gâteau, pourvu qu'on puisse s'asseoir pour manger. Je suis si lasse, que je n'en peux plus.

— Je vas te servir ; et si tu t'endors sur la table, je te réveillerai, ma pauvre petite. Tu n'es pas encore brisée à la fatigue ; ça viendra, sois tranquille.

Le colonel avait appris bien des choses qu'il désirait savoir et qu'il ne pouvait demander à personne. Il s'éloigna sans bruit et rentra chez lui ; mais le jour vint sans qu'il pût trouver le sommeil.

Ce que les deux servantes avaient dit des bruits qui couraient sur l'état des affaires de son ami lui revenait sans cesse à l'esprit. Mme Granval était riche sans doute ; mais elle dépensait au delà de ses revenus, et il fallait que l'étude rapportât beaucoup pour couvrir les frais qu'Eugène faisait de son côté. Marcel se demanda pour la première fois s'il avait bien fait de confier la fortune de ses deux pupilles au notaire de Longpré. Quelque raisonnement qu'il pût faire pour se persuader qu'il avait agi sagement, son inquiétude, éveillée tout à coup, grandissait au lieu de s'apaiser.

Il n'avait pour garantie de cette somme qu'un simple billet, et ce billet, suffisant si la situation de M. Granval était bonne, devenait nul s'il ne pouvait faire face à ses engagements. Se faire rembourser une somme aussi importante, c'était porter une atteinte grave et peut-être mortelle au crédit déjà ébranlé du notaire ; et ce n'était pas d'une main amie que devait partir un coup si funeste.

Pourtant le colonel ne pouvait transiger avec son devoir : les intérêts des deux jeunes gens étaient sous sa responsabilité, il ne lui était pas permis de les compromettre par une fausse délicatesse. Si cet argent lui eût appartenu, son parti eût bientôt été pris ; mais c'était un dépôt sacré sur lequel il avait juré de veiller. Il n'avait pas demandé à Eugène de le placer sur hypothèque ; avec tout autre il eût pris cette précaution ; mais avec son ami, son frère, sur lequel il savait pouvoir compter comme sur lui-même, il n'y avait pas songé. Mais peut-être M. Granval n'avait-il pas eu besoin de cette recommandation pour mettre les choses en ordre. Oh ! oui, sans doute, il l'avait fait, et déjà Marcel se reprochait ses inquiétudes comme une injustice ; mais un instant après il y retombait.

Il s'agitait sur son lit comme si les matelas eussent été rembourrés d'épines ; et s'il lui eût encore été possible de compter ses cheveux blancs, il en eût assurément trouvé le lendemain quelques-uns de plus que la veille.

Ceux qui n'ont jamais eu d'insomnies ne savent pas combien les ténèbres prêtent de tristesse aux idées, d'amertume aux regrets, d'angoisses cruelles à des craintes par elles-mêmes assez légères ; mais ceux qui ont éprouvé tout cela comprendront ce que devait éprouver Marcel en face d'une situation aussi difficile. Le grand jour lui apporta un peu de calme. Cédant à la fatigue, il s'assoupit ; mais ce fut pour tomber dans des rêves plus pénibles encore que l'insomnie. Il se vit chargé de mettre les menottes à Granval, que deux gendarmes emmenaient malgré sa résistance ; et sur le seuil de la prison, il rencontra Henri et Charles, ses pupilles, qui, vêtus de haillons et les traits amaigris par un long jeûne, tendaient la main à l'aumône des passants.

Il fut tiré de cet odieux cauchemar par la voix d'Eugène, qui venait d'entrer dans sa chambre et qui le secouait vertement.

— C'est toi ! s'écria-t-il, en reconnaissant son ami. C'est bien toi ! Quel bonheur !

— Cher Marcel ! répondit Eugène. Moi aussi, va, je suis heureux de te voir. Mais lève-toi vite, paresseux. On a détourné deux sangliers, une laie et un vieux solitaire, au bois de la Grande-Montagne. Tu seras bien aise d'en tuer un, n'est-ce pas ? Je t'apporte un pantalon de velours, une blouse et des guêtres. Cinq minutes pour t'habiller, un quart d'heure pour déjeuner, et nous voilà partis.

— C'est bien ! On sera prêt, dit Marcel, tout en se promettant de profiter de cette sortie pour parler d'affaires à son cousin.

Mais il comptait sans la présence de cinq des convives de la veille, qui prirent place autour des débris du festin et qui ne les laissèrent pas seuls un instant avant d'arriver au bois. Granval assigna à chacun son poste ; les chiens furent découplés et la chasse commença.

Elle durait depuis une demi-heure à peine, quand Marcel entendit un bruit de branches brisées qui annonçait l'approche d'un des deux sangliers. Une forme noire se dessina à sa droite et se dirigea en courant vers lui, suivie de près par les deux plus vaillants chiens de la meute.

— A toi, Marcel, à toi ! cria Eugène, qui, pouvant abattre la bête, avait voulu en laisser l'honneur à son ami.

Marcel épaula et fit feu après avoir visé si bien, que le solitaire, atteint au défaut de l'épaule, roula sur la neige et y resta sans mouvement.

Granval sonna l'hallali ; mais pendant que les chasseurs accouraient pour féliciter le colonel, la voix des chiens se fit entendre de nouveau, et la laie parut dans une direction opposée à celle qu'avait suivie le solitaire.

— A toi encore ! A toi tous les deux ! s'écria Granval, en se rejetant dans le fourré.

L'animal, effrayé par le bruit, fit un brusque arrêt. Marcel n'avait plus qu'un coup à tirer, et il devait rester désarmé devant la laie, s'il ne faisait que la blesser ; mais il avait autant de résolution que d'adresse, et, profitant de l'hésitation de la bête, il lui logea sa balle entre les deux yeux.

Ce double succès eut à peine le pouvoir de chasser un moment les préoccupations du colonel ; mais Granval triomphant emboucha sa trompe et fit retentir le bois de ses plus joyeuses fanfares, non sans avoir d'abord embrassé Marcel avec une véritable effusion.

Les chasseurs félicitèrent l'officier ; ils ne se rappelaient pas avoir vu dans l'espace d'un quart d'heure deux si beaux coups de fusil. On échangeait encore de cordiales poignées de main quand Eugène se laissa tomber, hors d'haleine, sur le tronc d'un arbre renversé.

— Qu'as-tu donc ? s'écria Marcel en courant à lui. Comme te voilà pâle !... Où souffres-tu ?

— Ce n'est rien, répondit Granval en portant la main à sa poitrine. C'est cette maudite trompe....

— Aussi tu sonnes à pleins poumons.... Je crois, Dieu me pardonne ! que tu veux être clairon dans mon régiment.

— Je le voudrais : nous ne nous quitterions plus.

— En attendant, bois un peu, reprit Marcel, en lui présentant la gourde qui complétait son costume de hasard. T'arrive-t-il souvent de te trouver ainsi ? ajouta-t-il.

— Oui ; mais cela ne dure pas. Tiens, voilà qu'il n'y paraît plus.

— Il faudra renoncer à la trompe. On peut fort bien chasser sans cela.

— Est-ce bien la trompe ? N'est-ce pas plutôt l'émotion que j'ai ressentie quand tu t'es trouvé en face de la laie, ou la joie de t'en voir vainqueur ? Que veux-tu ? Tout le monde n'est pas de fer comme toi, et je commence à voir que je ne suis plus jeune. Allons, messieurs, la chasse est finie. On tuerait bien quelques lièvres ; mais la neige nous le défend, et le maire de Longpré ne se pardonnerait pas de donner le mauvais exemple à ses administrés, dit Granval avec une apparente gaîté.

Sa pâleur s'était dissipée ; mais en se levant, il s'appuya au bras de Marcel, le garda tant que la largeur du chemin le lui permit, et le reprit à la sortie du bois.

— Je pourrais me passer de ton aide, lui dit-il ; je me sens tout à fait bien, mais j'aime à être ainsi près de toi.

— Restes-y donc et causons comme deux bons amis. Cette indisposition sitôt dissipée n'a rien qui doive m'inquiéter ; cependant, si tu ne me promettais pas de ne plus tant te fatiguer, de te soigner un peu, en un mot, d'obéir au docteur, je ne serais pas tranquille là-bas.

— Une promesse coûte peu ; mais il est plus difficile de la tenir que de la faire. Si seulement le docteur me disait ce qu'il craint, je verrais si la chose est sérieuse ; mais c'est un homme qui prend le plus petit bobo pour une maladie grave. Puis, s'il faut t'avouer toute la vérité, j'aime autant mourir que de me condamner à passer le reste de ma vie au coin du feu, en compagnie d'une demi-douzaine de fioles contenant des sirops et des potions.

— Voilà bien le langage d'un honnête homme, répondit Marcel. On a deux petites filles charmantes, auxquelles il faudra choisir des maris dans dix ans d'ici, et dont il faut, en attendant, amasser la dot ; on a une étude dans laquelle de nombreux intérêts sont engagés ; mais comme on se sent parfois accablé d'une si grande responsabilité, on cherche à s'étourdir, et plutôt que d'accepter sérieusement sa tâche de notaire et de père de famille, on consentirait sans peine à se voir débarrassé de ce double fardeau. C'est la preuve d'un grand courage et d'une parfaite loyauté.

— Est-ce bien toi qui me parles ainsi, Marcel ?

— Oui, c'est moi. As-tu songé à ce que deviendraient tes enfants, si tu leur étais enlevé ?

— J'y ai pensé, puisque je te demandais cette nuit de leur servir de père.

— As-tu pensé aussi au sérieux embarras dans lequel ta mort laisserait tes clients ?

— Tu veux dire mes créanciers. J'y ai pensé, Marcel, et j'ai regretté bien souvent d'avoir accepté le dépôt que tu m'as confié.

— Tu n'as rien à regretter ; car tu l'as placé sûrement, je n'en doute pas.

— On ne trouve pas facilement à placer sur hypothèque une somme de cette importance ; je l'ai employée à l'achat d'excellentes valeurs, et tu as paru satisfait du revenu qu'elles ont donné.

— Je t'avais laissé libre d'en disposer comme tu l'entendrais ; seulement je te ferai observer que les valeurs qu'on croit et qui sont en effet les meilleures peuvent perdre de leur prix par suite de circonstances imprévues ou du moins impossibles à conjurer. Ainsi, il ne faut qu'une révolution, une guerre, et même bien moins que cela, pour amener la ruine de ceux qui ont leur fortune en portefeuille. Je préfère donc que l'avoir de mes pupilles rapporte moins et soit à l'abri de toute dépréciation.

— Le moment de réaliser ces valeurs serait mal choisi : elles ont été achetées beaucoup plus cher qu'on ne les cote aujourd'hui.

— Entendons-nous, mon ami : je désire que cette opération se fasse, ou plutôt je te demande s'il ne te paraît pas prudent de la faire ; mais je ne prétends pas qu'il faille se hâter. Malgré mon langage un peu sévère, ma confiance en toi est ce qu'elle était quand je t'ai fait remettre cet argent. J'ajouterai même que s'il m'appartenait, je ne songerais pas à t'en parler.

— Puisque tu me donnes du temps, j'arriverai certainement à terminer cette affaire à ta complète satisfaction.

— Tu vois donc bien que tu n'as pas le droit de te résigner à mourir plutôt que de te décider à rétablir ta santé, au prix même des plus grands sacrifices.

— Est-ce bien pour arriver à cette conclusion que tu m'as parlé de mes clients ?

— Quel autre motif me supposes-tu ? dit Marcel, répondant par une question à cette question embarrassante.

— Ecoute, Marcel, j'ai beaucoup d'envieux, par conséquent beaucoup d'ennemis. On travaille à détruire mon crédit, je le sais, et l'idée m'est venue tout à l'heure qu'on avait pu chercher à te prévenir contre moi.

— Je te donne ma parole que personne ne m'a jamais dit un mot de cela. Mais permets-moi d'ajouter que si la confiance que tu avais d'abord inspirée aux gens de ce pays te paraît quelque peu ébranlée, c'est qu'on sait que tu ne t'occupes guère de tes affaires. Tu as un bon clerc, je veux le croire ; mais on aimerait encore mieux s'adresser à toi qu'à lui.

— Je me le suis dit souvent ; mais j'ai toujours différé l'instant de me remettre la chaîne au cou. Je n'ai jamais été travailleur ; tu te souviens de tous les sermons que m'ont valus mes habitudes de flânerie.

— Je m'en souviens ; mais tu avais embrassé gaîment le métier ; comment donc t'en es-tu dégoûté ?

— Parce que j'aurais eu besoin d'être soutenu, encouragé. Il y a des hommes vaillants qui marchent sans aide, si rude que soit le chemin ; je les admire, mais je n'ai pas la force de les imiter. Ah ! si Louise avait voulu être la femme modeste et dévouée, la bonne mère de famille que je rêvais, le travail ne m'aurait pas rebuté ; mais pourquoi, je te le demande, me rendrais-je esclave ? Si je gagne 100 fr., Mme Granval en dépensera 200.

— Mais si tu ne gagnes rien et qu'elle dépense autant, le déficit ne sera-t-il pas encore plus grand ?

On était arrivé aux premières maisons du village assis au pied de la Grande-Montagne. M. Granval, enchanté de rompre une conversation qui lui devenait de moins en moins agréable, serra la main de Marcel.

— Nous reparlerons de cela un autre jour. Entrons ici, dit-il en désignant une auberge d'assez belle apparence. Nos compagnons nous y attendent et s'impatientent peut-être déjà. Nous avons marché si lentement.

Les chasseurs étaient réunis dans la grande salle de l'établissement, autour d'une table sur laquelle était planté, dans une haute potiche de vieux grès, un énorme bouquet de laurier, dont les branches étaient réunies par des rubans de toutes les couleurs.

Dès que le colonel parut, le plus jeune des chasseurs prit le bouquet, marcha à sa rencontre avec force salutations, et lui débita, d'un ton emphatique, un compliment dans lequel les plus grands éloges étaient prodigués au héros de la journée. Ce que Marcel comprit le mieux, ce fut la recommandation qu'on lui fit d'arroser le bouquet d'un punch colossal ou d'un panier de vin de Champagne.

Le vainqueur n'eut pas l'embarras de choisir : les caves de l'auberge ne possédant plus qu'une seule bouteille d'aï mousseux, il fallut se contenter du punch demandé. Après le punch, on apporta des cigares, des cartes, de la bière ; et la nuit était tombée depuis longtemps quand les chasseurs rentrèrent à Longpré, escortant une charrette qu'on avait envoyée au bois, et qui ramenait les deux animaux abattus.

Mme Granval savait déjà que le colonel avait eu les honneurs de la chasse ; elle vint au-devant de lui jusque sur le perron, pour le féliciter. Ses deux petites filles l'avaient suivie malgré elle ; le colonel les prit dans ses bras et les couvrit de baisers. Il ne les avait pas encore vues : elles étaient déjà couchées lorsqu'il était arrivé, et n'étaient pas encore levées lorsqu'il était parti.

Elles voulaient le faire entrer au salon ; mais il alla tout droit à la cuisine, pour se réchauffer avant de procéder à sa toilette, et elles s'établirent sans façon sur chacun de ses genoux. Charlotte, en ce moment très-occupée de ses casseroles, essaya de les renvoyer.

— Vous savez bien, leur dit-elle, que madame vous défend de venir à la cuisine. On n'y attrape que des taches.

— Qu'est-ce que cela nous fait? Quand nos robes seront salies, maman nous en achètera d'autres. C'est toi qui n'aimes pas qu'on vienne te déranger. Quant à maman, elle veut tout ce que nous voulons, répondit Emma.

— Quand notre oncle s'en ira, nous nous en irons avec lui, ajouta Gabrielle. Il doit être gentil notre oncle ; car il ressemble à papa.

— Papa n'a point de moustaches, reprit Emma. C'est dommage, j'aurais tant de plaisir à les tirer.

Et, joignant le geste à la parole, elle fit faire au colonel une grimace significative.

— Votre papa a raison de ne pas porter de moustaches, dit-il ; ce serait un passe-temps plus agréable pour vous que pour lui. Prenez garde, mignonne, vous me faites mal.

— Veux-tu finir, Emma? reprit Charlotte. Si tu ne finis pas tout de suite, je vais te tirer les cheveux.

— Elle n'obéira pas, dit Gabrielle en se penchant à l'oreille de l'officier, elle est si entêtée.

— Pourquoi me faites-vous du mal, Emma? demanda Marcel.

— Pour m'amuser, répondit-elle.

— Si, pour m'amuser, j'avais la fantaisie de vous battre, qu'est-ce qui pourrait m'en empêcher, puisque je suis plus fort que vous ?

— Tu n'oserais pas. Et puis maman te chasserait. Elle ne t'aime pas déjà tant, va ! Elle l'a dit tantôt à Charlotte.

— J'étais là aussi, moi, dit Gabrielle.

— N'en croyez rien, monsieur, fit Charlotte, dont les joues devinrent rouges comme deux cerises mûres.

— Soyez tranquille, ma fille, répondit en riant le colonel. Je sais quelle importance il faut ajouter aux propos des enfants.

— Papa dit toujours que la vérité est dans la bouche des enfants, répliqua Gabrielle.

— Je pense bien, mes chères petites, que vous ne voudriez pas mentir ; mais les enfants comprennent souvent tout autre chose que ce qu'on dit en leur présence.

— Nous ne sommes pas si bêtes que cela, reprit Emma ; et puisque tu ne veux pas nous croire, tiens !

Elle se disposait à tirer de nouveau les longues moustaches du colonel ; mais avant qu'elle les eût saisies, il la porta dans le corridor et referma derrière lui la porte de la cuisine.

— Elle va se mettre en colère, dit Gabrielle ; elle sera malade, et maman te chassera.

— Et toi, Gabrielle, tu ne te mets jamais en colère ?

— Oh ! moi, je pleure tout bas. Maman ne veut pas que je fasse du tapage comme Emma.

— Ta maman a raison, car c'est fort laid, reprit le colonel, entendant les cris et les trépignements de la petite volontaire.

— Ce n'est pas moins laid pour Emma que pour moi ; mais on l'aime, elle, et moi, on me gronde toujours.

— On te gronde quand tu le mérites, petite jalouse, dit Mme Granval, en ramenant Emma par la main.

— Ma cousine, vous répondez absolument comme j'allais le faire, reprit le colonel, en secouant les cendres de sa pipe et en se hâtant de la cacher dans la poche de sa blouse.

— Fumez votre pipe en toute liberté, cher cousin, fumez, ou je me retire sans avoir fait votre paix avec Emma, qui me paraît fort mécontente de vous.

— Moi, je ne veux pas faire la paix ! s'écria la petite fille. Je lui ai dit que tu ne l'aimes pas ; il a cru que je mentais ; pour le punir, j'ai voulu lui tirer les moustaches, et il m'a chassée. C'est pourtant vrai que tu as dit tantôt : « Quand donc s'en ira ce vilain homme, que je ne peux pas supporter ? »

— Mais ce n'était pas de ton oncle que je parlais, fit Mme Granval.

— Si, si, c'était de lui, puisque tu as dit : « Il voudrait nous commander comme il commande à ses soldats. »

— Es-tu folle, Emma, ou bien as-tu rêvé tout cela ?

— Je n'ai pas rêvé ; c'est toi qui ne te souviens plus. Tiens ! tu arrangeais ta fausse natte en parlant de ce vilain monsieur.

— Mon cousin, je serais au désespoir si vous pouviez croire un seul mot de ce que dit cette petite sotte, murmura Mme Granval.

— Laissez-la causer, ma chère cousine ; son babillage m'amuse beaucoup, et vos sentiments me sont trop bien connus pour que tout ce qu'elle peut dire m'en fasse douter un seul instant, répondit le colonel avec une nuance d'ironie qui n'échappa point à Louise. Venez m'embrasser, petite espiègle, ajouta-t-il, en voyant Emma se rapprocher de lui, et n'oubliez pas qu'une gentille enfant comme vous ne doit jamais répéter ce que dit sa maman ni la contrarier en quoi que ce soit.

IV.

Le lendemain, quand le colonel descendit de sa chambre, Charlotte lui apprit que M. Granval était depuis plus de deux heures dans son étude, quoique les clercs ne fussent pas encore arrivés. Elle voulait appeler son maître ; Marcel s'y opposa, trop heureux de penser qu'Eugène, profitant des conseils qu'il lui avait donnés la veille, allait essayer de se remettre au travail. Quant à Mme Granval, elle n'était pas encore habillée, et Charlotte se dispensa d'engager le colonel à entrer dans la salle à manger, où elle était occupée à déballer une caisse de desserts.

Marcel sortit de la maison, en disant qu'il reviendrait à l'heure du déjeuner. Le temps était clair, le soleil brillait ; et quoiqu'il n'eût pas assez de force pour fondre la neige durcie, il faisait une de ces belles et rares journées d'hiver qui invitent à la promenade. Le colonel ne rencontra dans la rue que des enfants qui jouaient ; il gagna la campagne et se dirigea du côté opposé à la Grande-Montagne, théâtre de ses exploits. Il suivit un chemin bordé de haies et gravit une colline sur laquelle s'élevaient de vastes bâtiments qu'il ne se rappelait pas avoir vus dans ses précédents voyages à Longpré.

Arrivé à mi-côte, il aperçut devant lui deux énormes voitures de fumier, qui la gravissaient à grand renfort de chevaux, qu'aiguillonnaient sans cesse de bruyants coups de fouet. De temps en temps les conducteurs laissaient souffler l'attelage, et, ramassant de grosses pierres au bord du chemin, ils les plaçaient sous les roues de derrière.

Ces haltes fréquentes permirent à l'officier de rejoindre les paysans. Marcel reconnut sans trop d'étonnement, dans le vieillard qui conduisait la première voiture, le père Henry, le millionnaire. Il s'approcha de lui, serra cordialement sa rude main cachée dans un épais gant de laine, et continua de marcher à son côté.

— Vous vous promenez donc tout seul, mon colonel ? dit le père Henry. D'aventure que M. Granval n'est pas avec vous.

— Il travaille, répondit Marcel ; et vous, monsieur Henry, vous travaillez aussi, comme si vous aviez votre fortune à faire.

— Que voulez-vous, monsieur ? Le travail, c'est la santé, c'est la gaîté, c'est le bonheur de la vie. On me dit souvent que je devrais me reposer ; mais à quoi bon, quand on ne se sent pas fatigué ? N'aura-t-on pas le temps de se reposer quand on sera couché tout de son long dans le cercueil ? Et, ma foi ! autant vaudrait s'y mettre que de rester à rien faire depuis le matin jusqu'au soir.

— Vous avez raison : l'homme qui ne fait rien est un être inutile, à charge à lui-même et aux autres.

— Et puis, si on ne profite pas d'une belle gelée comme celle-ci pour mener le fumier là-haut, quand est-ce qu'on ira?

— En effet, ce chemin doit être très-mauvais lorsqu'il pleut.

— Dites qu'il est impraticable. Il est si mal empierré, que les chevaux glissent et que les roues s'embourbent.

— C'est donc à vous cette belle ferme qu'on voit là-haut ?

— A moi ? Sauf votre respect, mon colonel, j'en serais bien fâché ; vous ne savez donc pas que c'est la ferme de la Folie ?

— Pourquoi lui a-t-on donné ce nom-là ?

— Si vous étiez un paysan comme moi, vous vous en douteriez bien, rien qu'en nous voyant y conduire du fumier.

— J'avoue que je ne vous comprends pas.

— Et l'été, combien de voitures de foin j'y ai menées !

— La ferme ne produit donc pas de quoi nourrir son bétail ?

— Ah ! vous y êtes, mon officier. La ferme n'a point de prairies ; un peu de luzerne et du trèfle, voilà tout. Dans les années humides ça passe encore ; mais quand il fait sec, adieu la récolte ! Il faut acheter le foin bien cher ; et pour éviter trop de frais, on n'a que deux ou trois bêtes, tandis qu'il en faudrait un troupeau, si l'on voulait fumer les terres comme elles doivent l'être. Les prairies sont la richesse des fermes : avec du foin on nourrit du bétail, avec du bétail on a de l'engrais, et avec de l'engrais on fait produire à la terre tout ce qu'on veut. C'est si vrai, qu'un cultivateur devrait toujours calculer la quantité de terres qu'il achète sur celle du fumier dont il peut disposer. Un champ bien cultivé et bien fumé produit plus que deux autres sur lesquels on est obligé de ménager l'engrais.

— Ce que vous dites me désenchante de cette ferme dont j'admirais les beaux bâtiments.

— Oui, oui, il y a des écuries magnifiques, des granges et des greniers sans fin ; mais toute la jeunesse de Longpré y pourrait danser ; car il y a de la place libre.

— Et tout cela est neuf, bien bâti, et sans doute bien distribué ?

— Aussi bien que si tous les architectes du département y avaient passé. Ç'a coûté les yeux de la tête et ça ne rapportera jamais rien. Voilà ce que c'est que de vouloir se mêler de ce qu'on ne connaît pas. Allez, monsieur, le proverbe a bien raison de dire : Chacun son métier. Me voyez-vous à la tête de votre régiment ou jetant là mon fouet pour prendre la plume de M. Granval ! Je n'en serai pas tenté, il peut y compter ; pourquoi donc s'avise-t-il de créer une ferme plutôt que de faire des contrats et des testaments ?

— Comment ! ceci appartient à Granval ?

— Ne vous a-t-il donc jamais parlé de sa ferme de Constantine ? Il en était pourtant bien entiché ; mais il pensait peut-être que vous ne le seriez pas autant que lui.

— Granval est parfaitement libre de faire ce qu'il veut, et c'est vous qu'il aurait dû consulter plutôt que moi.

— Bah ! les avis ne lui ont pas manqué ; mais il a

cru que c'était la jalousie qui les inspirait, et il a passé outre. Encore aujourd'hui, s'il faisait bien, il vendrait Constantine pour le prix qu'on lui en offrirait.

— Encore faudrait-il trouver un amateur, et puisque l'affaire est si mauvaise....

— Est-ce que vous ne savez pas qu'une folie, quelle qu'elle soit, peut avoir des admirateurs?

— Oui, « un sot trouve toujours un plus sot qui l'admire. »

— Eh bien! monsieur, moi qui vous parle, j'ai un cousin riche et sans enfants qui offrirait au moins 60,000 fr. de cette ferme-là. Ce n'est pas ce qu'elle a coûté, tant s'en faut; mais c'est le double de ce qu'elle vaut.

— Et vous laisseriez votre cousin en faire l'acquisition?

— Je ne lui ai pas caché ma façon de penser; mais je n'ai pas insisté pour l'en détourner. Mes enfants ou mes petits-enfants doivent être ses héritiers, et il aurait pu penser que je me croyais déjà des droits sur son bien.

— En a-t-il parlé à M. Granval?

— Il y a trois ans, il lui en a touché quelques mots; mais le notaire l'a renvoyé bien loin.

— Pensez-vous qu'il n'en serait pas de même aujourd'hui?

— Les idées changent avec les circonstances. Pourtant, il ne serait peut-être pas bon pour M. Granval de vendre Constantine dans ce moment-ci. On croirait qu'il a besoin d'argent; et au lieu de lui en apporter, tout le monde viendrait lui en demander.

— On sait cependant qu'il est riche, objecta Marcel,

désireux de connaître l'opinion d'un homme aussi sensé que le père Henry.

— Dame ! les gens se mêlent de ce qui ne les regarde pas : on prétend qu'il a été plus riche qu'il ne l'est, et que si tous ceux qui lui ont confié de l'argent le lui réclamaient, il serait peut-être bien embarrassé de les payer. Ah ! c'est que, voyez-vous, monsieur, dans les petites villes comme la nôtre, on cause à tort et à travers, et l'on n'épargne personne.

— Mais si je vous priais de me dire ce que vous pensez, monsieur Henry, en vous donnant ma parole de garder pour moi votre confidence.

— Je vous le dirais, monsieur le colonel, parce que vous êtes un honnête homme et un véritable ami de M. Granval.

— Parlez donc, je vous en prie.

— Eh bien ! la vérité est que je ne sais rien des affaires de notre notaire, et je crois qu'il n'en sait pas plus que moi. Il ne fera jamais volontairement de tort à personne ; mais quand on veille de près à ses intérêts, on a du mal de les bien diriger ; jugez de ce que c'est quand on ne s'en occupe pas.

— C'est absolument ce que j'ai dit hier à Granval.

— Vous avez bien fait. S'il veut vous écouter, tout peut encore se réparer. Qu'il reprenne la conduite de son étude, qu'il reçoive et conseille lui-même ses clients, la confiance reviendra ; mais s'il continue à faire ce qu'il fait depuis quatre ou cinq ans, je parierais qu'il ne durera pas plus de quinze à dix-huit mois.

— Vous m'effrayez ! J'aime Granval comme un frère, et je n'épargnerai rien pour l'arracher à une si pernicieuse indifférence.

Tout en causant, tout en suant et soufflant, bêtes et gens étaient arrivés au sommet de la colline. Une avenue de jeunes tilleuls les conduisit jusqu'à la ferme, où les deux voitures de fumier furent déchargées.

— Voyez, dit le père Henry au colonel, comme du petit au grand tout est mal ordonné : au lieu de nous faire mener ce fumier sur les terres qui en ont besoin, on nous dit de le déposer ici. Il faudra le recharger et peut-être le redescendre à mi-côte, sans compter que s'il passe l'hiver là, il aura perdu la moitié de sa valeur. Quand je vous disais que pour bien faire un métier, il faut le connaître.

— Je suis de votre avis, monsieur Henry; et si je puis le faire partager à Granval, ce sera un bonheur pour lui que je vous aie rencontré. Je vous remercie de la confiance avec laquelle vous m'avez parlé, et je vous prie de me regarder comme un de vos amis.

Le colonel visita la ferme, et put se convaincre de la vérité de tout ce qu'avait dit le brave homme. Il demanda au fermier combien il rendait annuellement à M. Granval, et il apprit que c'était au contraire M. Granval qui le payait.

— Nous avions fait un bail de trois, six ou neuf ans, à raison de 800 fr. Ce n'était pas cher, et c'était encore trop; car au bout de trois ans, j'avais perdu plus de 1,000 fr. Aujourd'hui, je fais valoir les terres de mon mieux; si elles ne rapportent pas grand'chose, tant pis pour le maître. Il a le moyen de perdre plutôt qu'un pauvre diable comme moi.

Un joli pavillon, des fenêtres duquel la vue s'étendait au loin, tenait à la ferme et donnait sur un jardin dont la neige ne permettait pas de suivre la disposition, mais où s'élevaient plusieurs tonnelles et un épais massif d'arbustes, cachant un monticule couronné d'un kiosque élégant.

La fermière avait une clef du pavillon ; elle la remit sans défiance au colonel, que le père Henry lui dit être le parent et l'ami de M. Granval. Une cuisine et une salle à manger en occupaient le rez-de-chaussée. Rien ne manquait dans ces deux pièces, ni les larges fourneaux, ni les casseroles brillantes, ni les vieux bahuts remplis de cristaux et de porcelaine, ni les meubles en chêne sculpté, ni les trophées de chasse, ni même plusieurs tableaux de prix.

— Cette petite habitation doit être fort gaie pendant la belle saison, dit le colonel.

— Oh ! oui, monsieur, répondit la fermière. On y a déjà bien ri, allez ! et bien chanté, et bien dansé.... On y a fait de fameux repas.... Dans les premiers temps surtout, madame y venait si souvent, et elle n'y venait jamais qu'en bonne compagnie. Mais elle commence bien sûr à en avoir assez ; car nous n'avons pas vu grand monde l'été dernier. Moi, j'en suis fâchée : ça me donnait de l'ouvrage, mais madame me payait bien. Et puis nous n'étions pas seuls comme à présent. Nous sommes si loin de la route, que c'est un vrai désert, et que nous passons quelquefois toute une semaine sans voir âme qui vive.

— Cette solitude ne déplairait pas à tout le monde, dit le colonel. Quant à moi, si j'étais retiré du service, j'aimerais à y partager mon temps entre la chasse, la lecture et le travail. Il n'y a d'ailleurs qu'une promenade d'ici à Longpré ; et si Granval songeait à vendre cette ferme, il pourrait compter sur un amateur.

— Je ne crois pas qu'il y pense, répondit le père Henry ; mais si quelque jour il s'y décidait, vous auriez un concurrent sérieux dans la personne dont je vous ai parlé.

— Tout ce qui est nouveau est beau, reprit la fermière. M. Granval n'aurait pas voulu autrefois entendre parler de vendre Constantine ; mais à cette heure il ne s'agirait que d'y mettre le prix, et, soit dit sans l'offenser, de beaux écus bien sonnants vaudraient mieux pour lui que des terres qui coûtent plus qu'elles ne rapportent.

— M. Granval a déjà tant d'écus, qu'il n'en sait que faire, objecta le millionnaire, en jetant un coup d'œil au colonel.

— Ah ! dit la fermière avec une surprise évidente. Ma foi ! j'en suis bien aise pour lui. C'est un brave homme et un bon maître. Ça me ferait de la peine s'il lui arrivait malheur. Quant à nous, il nous a toujours payés rubis sur ongle ; nous n'avons rien à lui réclamer.

Le colonel comprit que les bruits fâcheux qui circulaient sur les affaires de M. Granval étaient arrivés jusqu'à la ferme, quoiqu'on n'y vît jamais personne. Il en sortit plus triste et plus préoccupé qu'il n'y était entré, et c'est à peine si, en redescendant la colline, il échangea quelques paroles avec le père Henry. Celui-ci ne se permit pas de l'interroger ; mais, voyant sa préoccupation, et craignant de l'importuner, il prétexta le besoin d'aller voir comment on distribuait le fumier sur ses propres champs et il laissa l'officier retourner seul à Longpré.

L'heure du déjeuner était sonnée. M. Granval n'avait pas encore quitté son cabinet. Marcel alla l'y rejoindre, et le trouva si pâle, qu'il le crut encore souffrant comme la veille.

— Je n'ai plus l'habitude du travail, dit Eugène en montrant les papiers épars sur son bureau, et je me sens un peu fatigué.

— Ne peux-tu donc rien faire avec modération ? répliqua Marcel. Tu me ferais repentir de t'avoir donné des conseils, si tu les suivais avec une telle ardeur.

— Tes conseils sont sages, je le reconnais. Ils viennent peut-être bien tard, mais ce n'est pas ta faute.

— Mieux vaut tard que jamais, mon ami. Ce n'est pas moi qui le dis, c'est la sagesse des nations.

— Je meurs de faim, et Louise n'aime pas qu'on la fasse attendre, reprit Eugène.

— Un dîner refroidi ne valut jamais rien, dit Mme Granval en se montrant. Bonjour, colonel, ajouta-t-elle avec son plus agréable sourire. Qu'avez-vous donc fait ce matin ?

— J'ai fait une promenade charmante ; et, sans savoir où j'allais, je suis arrivé à la ferme de Constantine.

— A la ferme de la Folie, reprit Granval. Ne sais-tu pas que c'est ainsi qu'on la nomme ?

— Peu importe le nom qu'on lui donne. J'ignore si les terres qui l'environnent sont de bon rapport ; mais les bâtiments sont beaux et bien situés. Il y a surtout un pavillon que j'admire et où un sauvage comme moi aimerait à finir ses jours. C'est là sans doute que tu comptes te retirer quand tu auras vendu ton étude ?

— C'est dans cette intention que je l'ai fait bâtir.

— Mais oui, dit Mme Granval en ricanant ; nous pourrons y couler une vieillesse paisible, si l'on admet toutefois que la paix et le silence soient synonymes.

— Ne vous alarmez pas, reprit Eugène ; nous ne sommes pas assez riches pour songer au repos.

— Avez-vous donc fait quelque sérieuse perte ? Vous avez l'air sombre, je dirais volontiers lugubre. Est-ce vrai, mon cousin ?

— Eugène était souffrant hier ; cependant il a faim, ce qui me fait supposer que cette indisposition n'aura pas de suites, répondit Marcel.

On se mit à table. Quoique Mme Granval se mît en frais d'amabilité, le déjeuner fut triste. Le notaire mangea du bout des dents et dit à peine quelques paroles ; ce qui ne contribua pas à éloigner les préoccupations du colonel.

Dès que le café fut apporté, Mme Granval se retira.

— Maintenant que nous voilà seuls, dit Marcel, tu vas me dire ce qui te chagrine ; car ta femme a raison, Eugène, tu as quelque peine que tu nous caches.

— Pourquoi le nierais-je, à toi surtout ? Je ne le pourrais pas d'ailleurs sans être un malhonnête homme. Pour t'obéir, Marcel, j'ai jeté un coup d'œil sur mes affaires trop longtemps négligées : elles sont loin d'être brillantes.

— Cela ne doit pas t'étonner ; mais si tu t'en occupes désormais, la situation changera bientôt.

— Dis qu'elle s'aggravera chaque jour. On me réclame déjà de tous côtés des fonds qu'il m'est difficile de me procurer. Si je refuse de rembourser un seul client, mon crédit sera perdu sans retour.

— Mais si tu dois beaucoup, on te doit sans doute encore davantage.

— On me doit certainement ; mais je n'ai jamais tourmenté mes débiteurs, il m'en coûte de commencer.

— Je te crois ; cependant à qui demanderas-tu de l'argent, si ce n'est à ceux qui t'en doivent, à moins que tu ne puisses compter sur tes amis ?

— Mes amis.... Ne profane donc pas ce nom, toi qui sais ce que c'est qu'un ami. Je n'en ai pas d'autre que toi, Marcel.

— Et par malheur, je suis trop pauvre pour te venir en aide.

— Je ne te demande rien que de m'indiquer un moyen de m'acquitter envers toi ou plutôt envers tes pupilles. Ma position est pénible, elle est inquiétante; toutefois elle n'est pas désespérée. Si j'avais assez de résolution pour être le maître chez moi, je pourrais réaliser des économies et rétablir mon crédit, que mon incurie et les prodigalités de ma femme ont ébranlé. Cette résolution, je me promets de l'avoir ; il me semble que je l'aurai ; mais je me connais si bien, que je ne suis pas sûr de vouloir demain ce que je veux aujourd'hui.

— Tais-toi, Eugène, tu te calomnies.

— Hélas ! non.

— Quoi ! pour assurer l'avenir de tes enfants, pour leur laisser un nom sans tache, tu ne serais pas capable des plus grands sacrifices ? S'il en était ainsi, je ne te reconnaîtrais plus.

— Dis tout ce que tu penses : c'est misérable, c'est lâche, n'est-ce pas ? Va, tu ne peux pas être plus sévère pour moi que je ne le suis ; tu ne peux pas me mépriser plus que je ne me méprise moi-même.

— Le mépris tue l'amitié, et je t'aime plus que jamais, parce que tu es malheureux. Ta franchise d'ailleurs me prouve que tu es toujours digne d'estime ; car je suis un de ceux que tu aurais intérêt à tromper. Cesse donc de te méfier de toi-même, reprends courage et mets-toi sérieusement à l'œuvre. Je t'y aiderai : je t'écrirai souvent ; tu me tiendras au courant de tes efforts et de leurs résultats ; et chaque fois que tu auras besoin de me voir, je viendrai. Tu me disais l'autre jour que, pour marcher dans le rude chemin de la vie, tu sentais le besoin de t'appuyer sur un bras ami ; le mien ne te fera pas défaut.

— Ah ! Marcel, que tu es bon, que tu es généreux ! Au lieu de m'accabler, tu essaies de me relever à mes propres yeux.

— Il n'y a pas de générosité là-dedans. J'ai confiance en toi, voilà tout.

— Tu me l'as prouvé. Cependant je doute que cette confiance soit encore aussi entière qu'elle l'était quand tu m'as remis les fonds que je veux te rendre.

— Et moi, je ne veux pas les reprendre. Si je te les laisse, tu feras, j'en réponds, tout ce qu'il faudra faire pour ne pas m'entraîner dans ta ruine et dans ton déshonneur.

— Mais, quoi qu'il arrive, mon déshonneur ne saurait t'atteindre : nous ne portons pas le même nom et nous ne sommes pas du même monde.

— Tu ne songes pas, mon pauvre ami, que j'ai contracté une dette d'honneur en acceptant la tutelle de deux enfants, et que, ne pouvant leur rendre ce qu'une catastrophe leur ferait perdre par ma faute, je ne serais plus réellement qu'un banqueroutier.

— Toi, un banqueroutier !... Ah ! Marcel, ce mot, qui a déjà retenti à mon oreille dans la solitude, ne m'a jamais fait frissonner comme en ce moment. Non, je ne t'envelopperai pas dans mon déshonneur. Il doit y avoir un moyen de sortir de ce terrible pas ; si tu ne veux pas m'aider à le chercher, je le trouverai sans toi. Es-tu bien sûr, d'ailleurs, d'avoir le droit de laisser entre mes mains ce qui ne t'appartient pas ? Je suis ton ami, tu ne veux pas précipiter ma ruine ; mais les fils du capitaine Lenglet ne pourraient-ils pas te reprocher un jour d'avoir sacrifié à l'amitié le devoir sacré de veiller au dépôt que t'a remis leur père mourant ? Interroge ta conscience et fais ce qu'elle te dira.

Le colonel n'eut pas besoin d'attendre longtemps la réponse de cette voix intérieure dont les conseils, si sévères qu'ils soient, doivent être suivis sans hésitation. Il essayait de se tromper lui-même, en se disant que, pour ne pas le perdre avec lui, Granval aurait le courage de se sauver. Il ne le croyait pas, et il ignorait s'il restait encore au notaire quelque chance de salut. Il avait obéi au premier mouvement de son cœur en refusant de mettre ses pupilles à l'abri d'un malheur que personne peut-être ne pouvait plus conjurer, et la réflexion devait le faire repentir de cet entraînement.

— Tu ne dis rien ? reprit Eugène, après un silence de quelques instants.

— Si 20,000 fr. peuvent t'être de quelque utilité, garde 20,000 fr. C'est à peu près le chiffre de mes économies ; je puis en disposer, et j'en dispose avec joie. Quant au reste, rends-le-moi, puisque tu crois qu'il est de mon devoir de le reprendre. Ce sont des valeurs en portefeuille, m'as-tu dit ; elles ne pourraient que servir de garantie à un banquier qui t'avancerait de l'argent...

— Que vas-tu penser de moi, Marcel ? Ces valeurs, je ne les ai plus. J'ai profité, pour les vendre, d'une hausse subite, et je ne les ai pas remplacées. J'étais riche alors ;

l'étude rapportait de beaux bénéfices ; mais, à force d'attendre une occasion favorable, les choses ont changé ; il m'est survenu des embarras, et je me suis servi de ton argent, persuadé qu'il me serait toujours facile de te le rendre, quand tu me le réclamerais. N'ai-je pas l'air de vouloir me jouer de toi, Marcel, quand je te prie de reprendre ce que je ne puis te donner ? Ah ! Dieu sait pourtant si je désire m'acquitter envers un si digne ami et si j'expie cruellement mon imprévoyance !

— Mais tu ne m'apprends rien, Eugène. Où serait la difficulté de me remettre ces valeurs, si elles étaient encore dans ta caisse ?

— Je n'aurais pas dû y toucher ; mais j'avais acheté les terrains de cette maudite ferme, il fallait construire ; je croyais faire une excellente affaire ; et quand tout le monde m'aurait dit que je me ruinais, j'aurais pensé que tout le monde avait tort.

— Si tu la vendais, tu rentrerais dans une partie de tes fonds.

— Tu ne songes pas que si je la vendais, mes créanciers fondraient sur moi comme des vautours. Pour trouver de l'argent par le temps qui court, il ne faut jamais paraître en avoir besoin. Mais écoute donc, il me vient une idée. Ces terrains, ces bâtiments ont une valeur bien inférieure sans doute à ce qu'ils ont coûté ; mais enfin c'est toujours une valeur ; pourquoi ne les achèterais-tu pas ? La vente resterait entre nous ; mon crédit, par conséquent, n'en recevrait aucune atteinte, et une partie de la somme que tu m'as confiée serait déjà garantie. Si je parviens à rétablir mes affaires, et que tu ne tiennes pas à garder ma Folie, je la reprendrai aux mêmes conditions que tu l'auras achetée, et d'ici-là je la ferai valoir comme si elle continuait de m'appartenir. Ce ne sera en réalité qu'une hypothèque que je te donnerai ; mais comme on peut toujours s'assurer des hypothèques prises sur n'importe quel bien, une vente aura pour moi l'avantage de demeurer secrète. Que dis-tu de ces conventions ?

— Je les accepte, puisque, sans te nuire, elles peuvent sauvegarder les droits de mes pupilles.

— Il ne s'agit plus que de faire estimer la ferme sans donner l'éveil à personne ; car si tu la payais seulement le demi-quart de ce que j'y ai dépensé, tu ferais un marché de dupe.

— Ce serait peut-être toi qui serais dupé, cher ami ; aussi faut-il que je te rappelle que si tu le voulais, Constantine aurait un amateur sérieux. Ton voisin le millionnaire m'a parlé ce matin d'un homme riche et sans enfants dont l'héritage doit lui revenir.

— Il y pense donc encore ? Qu'importe ! je ne puis vendre secrètement qu'à toi, et je ne veux pas vendre autrement. Mais tout en causant de cet amateur avec le père Henry, nous pourrons lui demander combien vaut la ferme.

— Il dit que si son parent le consultait, il lui dirait d'en offrir 60,000 fr. ; mais il ajoute que si cette fantaisie lui tenait encore au cœur, rien ne l'empêcherait de la satisfaire.

— Mettons donc 60,000 fr., reprit le notaire en étouffant un soupir ; car lui seul savait quelles sommes énormes il avait engouffrées dans cette affaire.

— Soit ! dit le colonel. Que je paie un peu plus ou un peu moins cher, cela est insignifiant, puisque dans deux ou trois ans nous déchirerons l'acte de vente.

— Je le souhaite.

— Et moi, j'en ai la certitude.

— Il ne nous reste plus qu'à chercher des sûretés pour le reste, c'est-à-dire pour 90,000 fr.

— Pour 70,000 fr. Tu as la mémoire trop courte pour un notaire, à moins que ton orgueil ne soit trop grand pour te permettre d'accepter un service d'ami. Que risques-tu d'ailleurs ? Tu es mon plus proche parent ; le peu que je possède ne peut manquer de revenir soit à toi, soit à tes enfants. C'est une avance que je te fais, et que je ne te réclamerai pas, mais que tu seras libre de me rendre dès que tu le pourras.

— Oh ! si je manquais de courage pour répondre à tant de dévouement, je ne serais qu'un misérable. Sois tranquille, Marcel, je serai bientôt en mesure de m'acquitter envers toi.

— Cela ne m'inquiète pas. J'ai des appointements magnifiques, et ma pension me permettra de faire des économies, puisque je n'aspire qu'à me retirer à la campagne.

— Si Constantine te plaît autant que tu le disais tantôt, je me charge de faire à peu de frais transformer en un pavillon comme le nôtre une remise qui nous est inutile.

— Nous chasserions et nous travaillerions ensemble si bien, que nous finirions par rendre la ferme productive.

— Je ne demande pas l'impossible. Ne serais-je pas assez heureux de passer mes dernières années auprès de mon ami d'enfance ?

— Il ne s'agit que de le vouloir.

— Ah ! je le veux ; mais il me faudra bien des années

pour arriver à la réalisation de ce beau rêve ; et qui sait si je ne m'arrêterai pas en route ? Je suis peut-être plus malade que je ne le crois.

— Non, Eugène ; ce qui aggrave ton mal depuis longtemps, c'est le mécontentement de toi-même. Tu sentais la nécessité de t'occuper de tes affaires ; quelque chose te disait qu'elles étaient en triste état, et tu n'osais ni t'en assurer, ni songer sérieusement au moyen de les rétablir.

— Dis aussi que je ne pensais plus à toi sans rougir de moi-même ; je redoutais l'instant où tu me demanderais ce qu'était devenu le dépôt remis à ma loyauté, et je croyais entendre déjà les reproches que tu m'adresserais.

— Tu as été plus malheureux que coupable ; mais tu serais désormais sans excuse si tu manquais d'énergie comme par le passé.

— Je n'en manquerai plus. Je parlerai à Louise devant toi, et tu verras si je sais enfin me faire obéir.

— Garde-t'en bien si tu tiens à m'avoir pour compagnon de ta vieillesse. Une femme ne pardonne jamais à quiconque a été témoin de son humiliation.

— Tu penses à tout, et l'on dirait vraiment que tu connais Mme Granval mieux que moi. J'attendrai donc ton départ pour lui rappeler que je suis le maître de la maison.

— Si tu me crois, tu t'adresseras d'abord à sa raison, à son amour maternel ; tu lui feras part de tes inquiétudes, et tu lui demanderas de t'aider à sortir d'une si fâcheuse position.

— N'ai-je donc pas été trop faible jusqu'à présent ?

Comment se fait-il que tu me conseilles de l'être encore ?

— Tu te trompes : la douceur est le partage de la force, tandis que l'homme faible qui se méfie de la constance de ses résolutions peut devenir dur et violent pour se donner du courage. Sais-tu ce qui arrive alors ? Si on lui tient tête, et qu'il soit forcé de céder encore une fois, il ne s'en relève plus. Mais si tu es fermement décidé à régler ta dépense, Mme Granval le verra bien ; et pour s'épargner la honte d'une défaite, elle fera ce que tu voudras. Il est même possible que quand elle connaîtra tes ennuis, elle aille d'elle-même au-devant des réformes que tu comptes lui proposer.

— Je reprends le compliment que je t'ai fait tout à l'heure, dit Eugène en secouant la tête. Si je te croyais, ce serait me préparer une fameuse déception.

— Mon ami, dit Mme Granval, en rentrant dans la salle à manger, il y a à l'étude un client qui veut absolument vous parler. J'ai essayé, mais en vain, de vous épargner cette corvée.

— Je vous remercie ; mais ne prenez plus cette peine : je serai là maintenant pour tous ceux qui auront besoin de moi.

— Est-ce bien vrai ? Mais oui, c'est très-sérieux, je le vois. C'est donc vous, colonel, qui avez opéré cette conversion ? J'ai bien envie de vous prier de travailler à la mienne. Qu'en dit M. Granval ?

— Je dis que nous ne pouvons, vous et moi, que gagner à suivre les avis d'un ami comme celui-là, répondit le notaire en s'éloignant.

— Colonel, reprit Louise à demi-voix, je suis bien aise de me trouver un instant seule avec vous ; car j'ai une confidence à vous faire et un aveu à vous demander.

— Je suis à vos ordres, madame ; et si vous le voulez bien, j'écouterai d'abord la confidence.

— Non. Je vous prie, avant tout, de me dire si vous avez réellement cru recevoir de moi une invitation à la fête des chasseurs.

— Je vous en donne ma parole ; et si cela ne suffit pas, je vous enverrai la lettre. Elle a été écrite par vous, madame, j'en réponds.

— Et moi, j'en conviens. Mais elle ne vous était pas destinée.

— Je le regrette, ma cousine. Il m'était bien agréable de croire que vous aviez daigné penser à moi.

— Aussi je suis confuse de vous désabuser ; mais je compte malgré tout que vous voudrez bien me dire si l'adresse avait été mise par mon mari.

— Non, madame ; je reconnaîtrais son écriture entre mille, et celle de cette adresse ne m'a point frappé. Je n'ai même pas songé à la comparer à celle de la lettre, et j'avais d'ailleurs jeté par distraction l'enveloppe au feu avant d'en lire le contenu.

— Et vous ne savez pas qui peut vous l'avoir envoyée ?

Le colonel le savait fort bien ; mais il répondit simplement :

— Je vous prie de vous rappeler, ma chère cousine, que, vous et Eugène exceptés, je ne connais personne dans votre ville.

— C'est juste. Peu m'importe d'ailleurs ! L'essentiel pour moi est de savoir que ce n'est pas M. Granval qui vous a appelé.

— Lui en feriez-vous un reproche ?

— Loin de là. Je l'en remercierais ; car si j'ai eu jadis quelque peu de rancune contre vous, mon cousin, il y a longtemps que j'ai reconnu combien j'avais tort.

— Vous vous êtes dit qu'il était permis à un vieux militaire d'être quelquefois bourru, mais que cela ne modifiait en rien ses sentiments.

— Oui, je sais que vous êtes bon, que vous êtes dévoué ; que mon mari n'a pas d'ami plus sincère que vous.

— Ajoutez, madame, que mon vœu le plus cher serait d'obtenir de vous le même titre.

— Accordé, dit-elle, en lui tendant gracieusement la main. Puisque vous êtes mon ami, vous avez le droit de me sermonner, et moi je n'ai plus celui de me fâcher. Je vous écoute avec une entière docilité.

— Vous devinez donc que j'ai sermonné Eugène?

— Cela n'est pas bien difficile. Il est resté dans son cabinet toute la matinée, et il sera, dit-il, toujours prêt à recevoir ceux qui auront à lui parler : vous seul pouviez obtenir un si merveilleux résultat.

— Je m'en réjouis, madame ; c'est une preuve de l'affection qu'il m'a conservée.

— Il a beaucoup négligé son étude, et je crains qu'il ne puisse réparer le tort que cette négligence lui a causé.

— Il le craint aussi, et il m'a confié ses embarras.

— Vous voulez dire ses ennuis : il a perdu plusieurs des bons clients de mon père ; mais ses affaires ne sont pas embarrassées.

— En êtes-vous bien sûre? Et n'est-il pas possible que, dans la crainte de vous affliger, il ne vous cache sa véritable situation? Beaucoup de personnes qui lui ont confié des fonds les réclament en ce moment.

— A commencer par vous sans doute ?

— Quand cela serait, je ne croirais pas manquer à l'amitié, et Eugène ne songerait pas à me le reprocher.

— Mais c'est une somme énorme ; et s'il fallait la trouver sur-le-champ....

— Ce serait chose impossible, n'est-ce pas ?

— Impossible, non. M. Granval jouit d'un crédit que rien n'a jusqu'à présent ébranlé ; mais pour n'y point porter atteinte, il faut nous laisser le temps de réunir peu à peu une somme si importante.

— Pensez-vous qu'un mois puisse suffire ?

— Un mois c'est trop peu. Mettons-en six.

— Si je savais qu'Eugène fût en mesure de me rembourser dans six mois, j'attendrais.

— Cela n'est pas douteux. On lui doit beaucoup, et je m'occuperai, s'il le faut, de faire rentrer les fonds.

— Il doit beaucoup aussi, à ce qu'il m'a dit.

— C'est un excellent moyen de vous rassurer sur votre créance....

— Quand Eugène voudrait me tromper, ce qu'il ne voudra jamais, je l'en défierais.

— Vous lisez dans son cœur comme dans un livre ouvert, ricana Louise.

— Oui, madame ; et c'est d'autant plus facile que lui-même en tourne les feuillets.

— Il a plus de confiance en vous qu'en moi, reprit-elle, affectant une sorte de tristesse.

— A qui la faute ? voulait demander le colonel ; mais il se contenta de dire : Je vous répète, ma cousine, qu'il craint de vous attrister par l'entière confidence de ses chagrins. Mais à propos de confidence, vous m'en avez promis une, et je la réclame.

— Je crains que votre ami ne soit attaqué d'une maladie noire; et ce qu'il vous a dit de ses affaires en est à mes yeux une nouvelle preuve. Il ne voit pas les choses telles qu'elles sont, mais telles que son esprit malade les lui représente.

— Il souffre autant que si ce malheur était réel ; mais s'il n'est qu'imaginaire, les conséquences en seront bien moins douloureuses pour vous, madame, pour lui et pour vos enfants.

— M. Granval a toujours eu un singulier caractère ; et quoiqu'il ait un cœur excellent, il m'a fait souffrir plus d'une fois, ce qui ne m'empêche pas de l'aimer et de le plaindre. Aussi je vous prie de le rassurer sur sa position, qui, je vous le certifie, n'a rien d'alarmant.

— S'il s'est trompé, il reconnaîtra de lui-même son erreur; car c'est bien sérieusement qu'il a commencé à se rendre compte de ce qu'il doit et de ce qu'on lui doit; et comme je crois qu'il est toujours bon de savoir où l'on en est, je ne l'empêcherai pas d'achever cet inventaire ; mais je crois que ses craintes sont exagérées, puisque vous ne les partagez pas.

— Je suis parfaitement tranquille, et je vous engage à l'être aussi : votre argent est en bonnes mains.

— Je n'en doute pas ; mais je veux être franc avec vous, ma chère cousine : je me suis réjoui doublement en recevant votre lettre, d'abord du plaisir de me retrouver au milieu de votre famille, puis d'avoir l'occasion d'assurer les intérêts des deux orphelins dont j'ai accepté la tutelle.

— Vous persistez donc à vouloir être remboursé ?

— Non, mais à demander de solides garanties.

— Vraiment, vous avez assez de confiance en votre ami pour lui laisser de l'argent sur bonne hypothèque ! C'est très-beau de votre part, monsieur le colonel.

— Permettez-moi de vous rappeler, madame, que cet argent ne m'appartient pas, et d'ajouter qu'on peut sacrifier à l'amitié sa fortune et sa vie, mais non pas son honneur.

— Mon Dieu ! cher cousin, quels grands mots, quelle belle phrase ! Vous m'en voyez tout ébahie ; car je n'y saurais répondre, moi qui parle comme les gens de campagne au milieu desquels j'ai toujours vécu. Excusez-moi donc si je vous demande tout bonnement ce que vous ferez si M. Granval ne peut pas vous fournir les hypothèques que vous désirez. Exigerez-vous vos fonds, au risque de lui causer un chagrin qui achèverait de troubler son cerveau, et le pousserait peut-être au désespoir ?

— Vous connaissez, madame, la belle devise : « Fais ce que dois, advienne que pourra. » C'est depuis longtemps la mienne, et je ne m'en départirai pas.

— Ah ! laissez-moi vous admirer. Vous êtes le modèle des preux, vous êtes un héros, vous qui savez immoler au devoir vos plus chers sentiments.

— Vous me raillez, madame ; mais vous vous épargneriez cette peine si vous saviez combien j'y suis peu sensible.

— Vous ne voyez donc pas que je vous raille pour ne pas vous accabler de reproches, que je ris pour ne pas pleurer ?

— Il me semble que je n'ai rien dit qui puisse vous offenser ni vous affliger.

— Vous me traitez comme si vous étiez persuadé que je n'aime pas mon mari. Si vous supposez que je ne sois point affligée du coup que vous allez lui porter, vous vous trompez, monsieur ; je lui suis profondément attachée, et rien ne me coûterait pour lui épargner une peine si cruelle.

— Que ne le disiez-vous plus tôt, ma cousine? Je n'aurais pas hésité à vous faire une proposition qui concilie tout.

— Voyons cette proposition.

— Elle est bien simple, et je m'étonne que vous ne me l'ayez pas faite. Mettez votre signature auprès de celle de votre mari sur le billet par lequel il reconnaît avoir reçu de moi 150,000 fr., et je ne lui dirai plus un mot de cette somme. Je partirai même demain si cela peut vous être agréable.

— Au lieu d'une proposition, vous m'en faites deux, mon cher cousin. La seconde est peu polie, et la première est inacceptable. Les affaires de mon mari sont loin d'être en mauvais état ; mais nul ne peut répondre de l'avenir, et je ne veux pas exposer la fortune de mes enfants.

— Ainsi, madame, les créanciers de votre mari n'auraient rien à attendre de vous, s'il avait le malheur de ne pouvoir s'acquitter envers eux ?

— Y a-t-il donc une loi qui rende la femme responsable des folles spéculations de son mari ?

— Oui, madame, il y en a une. On ne la trouve pas dans le code, mais elle est écrite dans les cœurs honnêtes. L'homme et la femme doivent être unis dans la mauvaise comme dans la bonne fortune, et vous commettriez une injustice criante, si, après avoir puisé à pleines mains dans la caisse de M. Granval, vous refusiez de payer ceux qu'il ne pourrait plus satisfaire. J'ose ajouter que si votre dot ainsi sauvée devenait un jour celle de vos filles, elle ne leur porterait pas bonheur.

— On n'est pas bon juge dans sa propre cause, mon cher cousin ; et je vous trouve si sévère, que je désespère de vous faire entendre raison. Permettez donc que je me retire ; cela vous évitera le déplaisir de me dire des choses mortifiantes, auxquelles je finirais, malgré moi, par répondre sur le même ton.

Là-dessus, Mme Granval fit au colonel une profonde révérence et le laissa seul. Il sortit aussitôt par la porte opposée ; car il se méfiait assez de cette femme pour croire qu'elle l'espionnait ; et il ne voulait pas la rendre témoin de l'explosion d'une colère qu'il n'avait contenue qu'avec les plus grands efforts.

V.

Rentré chez lui, Marcel sentit peu à peu tomber sa colère. Il ne lui resta qu'une profonde pitié pour son ami, dont il comprit les souffrances, et un mépris non moins profond pour Mme Granval, dont l'apparente tranquillité n'avait eu d'autre but que d'endormir ses défiances, pour ruiner plus sûrement deux orphelins. Il se demandait comment cette femme avait osé avouer ce rôle hypocrite, en refusant nettement de signer le billet souscrit par son mari, et il demeurait confondu devant son ironique aplomb.

Mais bientôt toutes ses pensées se concentrèrent sur les difficultés de sa position ; il eut beau les envisager avec calme, il lui fut impossible d'y trouver une solution. En admettant même qu'il ne reculât point devant la cruelle éventualité de précipiter la ruine de l'homme qu'il aimait le plus, qui formait à lui seul toute sa famille, il ne se dissimulait pas que Granval frapperait à bien des portes avant de réunir la somme qu'il lui avait trop légèrement confiée.

Il parcourait sa chambre à grands pas, sans songer à allumer la pipe qu'il venait de bourrer, quand il vit sur le coin de la cheminée un papier plié en quatre, et contenant quelques lignes écrites par Mme Granval. Il le prit et lut :

« Je te ferai remettre la semaine prochaine, ma bonne tante, un petit paquet dans lequel tu trouveras 5,000 fr., que je te prie de joindre à ceux que tu as déjà placés en mon nom. Tu vois que je deviens aussi économe que tu peux le désirer. Autrefois j'aurais dépensé tout ce que j'aurais pu me procurer ; mais je crois qu'il est plus sage de se ménager des ressources pour l'avenir. Garde-moi le secret, mon mari serait capable de se fâcher. Pourtant je ne vois pas pourquoi il me serait défendu de faire ma bourse ; il a vidé assez longtemps la sienne par les fenêtres. Jusqu'à présent il ne s'est aperçu de rien ; il n'y a vraiment pas de plaisir à le tromper, la chose est trop facile.

« Adieu, chère amie ; avant six mois j'espère compléter les 20,000 fr. »

Mme Granval avait volé son mari, elle-même l'avouait ; mais comment la lettre accusatrice se trouvait-elle là, tout à point pour servir d'arme au colonel ? Charlotte l'y avait apportée, cela n'était pas douteux. Mais Charlotte savait donc que le colonel avait à se plaindre de sa maîtresse ; et pour le savoir, il fallait qu'elle eût écouté leur conversation ou que Mme Granval la lui eût répétée. Dans l'un comme dans l'autre cas, Marcel ne pouvait approuver la conduite de cette jeune fille, quoiqu'il cherchât à l'excuser par la reconnaissante affection qu'elle portait à M. Granval, en souvenir de sa pauvre mère. Il restait toutefois encore à expliquer comment cette lettre était tombée aux mains de Charlotte. Que celle qu'avait reçue le colonel eût été oubliée sur le pupitre de Louise, cela ne tirait point à conséquence, puisqu'elle ne contenait qu'une simple invitation ; mais Mme Granval savait trop bien ce qu'elle faisait pour ne pas détruire ces lignes compromettantes, si elle n'avait pas jugé à propos de les envoyer. Il n'était guère possible de supposer non plus qu'après avoir lu cette lettre, la tante à qui elle était adressée l'eût égarée et encore moins remise à la bonne de sa nièce.

Marcel se creusait la cervelle bien mal à propos ; car la chose s'était faite le plus simplement du monde. Mme Granval avait, un dimanche avant les vêpres, dit à Charlotte de porter à la poste une lettre pour Mme Sertier, sa tante ; Charlotte l'avait mise dans son livre pour ne pas la froisser et elle l'y avait laissée. Ce ne fut que le dimanche suivant qu'elle s'aperçut de son étourderie. Ne voulant pas l'avouer à Mme Granval, dont elle redoutait la mauvaise humeur, elle allait jeter la lettre au feu quand la curiosité lui conseilla de l'ouvrir. Elle demeura toute saisie de ce qu'elle y vit ; sans savoir encore quel usage elle ferait de ce papier, elle le cacha dans son armoire, en se disant que si Mme Granval venait à savoir que Mme Sertier ne l'eût pas reçu, la poste serait accusée de l'avoir perdu.

Elle eut plus d'une fois depuis la pensée de le porter à son maître ; mais elle se dit que M. Granval, loin de lui en savoir gré, souffrirait de la sentir en possession de ce secret, et que s'il n'osait point la congédier, sa présence ne lui en serait pas moins pénible. D'un autre côté, si elle le déposait sur le bureau du notaire, il y aurait sans doute entre les époux des explications à la suite desquelles la pauvre Charlotte ne pourrait manquer de perdre sa place.

Elle avait donc gardé la lettre jusque-là, quoique sa conscience d'honnête fille lui dît qu'elle se rendait en quelque sorte complice du tort fait à son maître, en ne le lui faisant pas connaître. Lorsqu'elle avait invité le colonel à la Saint-Hubert, elle avait cédé au plaisir de jouer un malin tour à Mme Granval ; mais depuis qu'il était arrivé et qu'elle avait pu se convaincre que l'absence n'avait point affaibli les sentiments des deux amis, elle s'était dit qu'elle ne laisserait pas partir Marcel sans mettre sous ses yeux ce papier dont il était incapable de faire mauvais usage.

Bien décidée à se débarrasser de la lettre et à ne plus songer au secret qu'elle contenait, Charlotte ne savait encore de quelle manière elle s'y prendrait, quand Mme Granval rentra dans la cuisine, après son entrevue avec le colonel.

— Enfin ! dit-elle, j'espère que ce vilain homme ne tardera pas à nous débarrasser de sa présence.

— Partira-t-il demain ? demanda Charlotte.

— Je l'espère, à moins que ce ne soit aujourd'hui.

Charlotte ne fit qu'un saut jusqu'à sa chambre ; sans même prendre le temps de refermer son armoire, elle courut porter la lettre près du porte-cigares du colonel. Elle venait de l'y placer lorsqu'elle entendit résonner ses bottes sur l'escalier ; mais au moment où il tournait le bouton de la serrure, Charlotte disparaissait par la porte du cabinet de toilette, qui avait une sortie sur le corridor.

Marcel relut deux fois ce papier et le mit dans son portefeuille, se réservant de songer à tête reposée à ce qu'il conviendrait de faire. Afin que Charlotte pût croire qu'il l'avait brûlé sans le lire, il se servit pour allumer sa pipe d'une autre lettre qui ressemblait beaucoup à celle-là, et il en laissa les fragments noircis sur la cheminée et sur le plancher. Mais Charlotte était trop fine pour se laisser tromper ainsi, et elle avait trop souvent regardé et touché ce papier pour ne pas le reconnaître. La précaution fut donc inutile ; la jeune fille, dès le soir même, sut que la lettre avait été lue et placée en lieu sûr.

Mme Granval s'était trompée en supposant que le colonel, pour s'épargner le déplaisir de la revoir, quitterait Longpré avant d'avoir tout fait pour sauvegarder les intérêts de ses pupilles ; et ce n'était certes pas ce qu'il venait d'apprendre d'elle qui pouvait l'engager à partir sans avoir terminé cette grave affaire.

La lettre avait un an de date ; Marcel ne savait donc pas à combien se montaient les économies de Mme Granval ; mais il se disait que quand son ami se tuerait de travail, il ne parviendrait jamais à se relever, si la personne dont il devait le moins se méfier pratiquait une saignée à sa caisse chaque fois qu'elle se remplirait.

Le colonel eut un instant la pensée d'aller trouver Mme Granval et de la forcer à donner la signature qu'elle lui avait refusée, en la menaçant de remettre à Eugène la lettre qui la condamnait. Mais, outre qu'il lui répugnait d'user d'intimidation contre une femme, il se demandait si celle-là n'aurait point l'audace de tout nier ou l'adresse de faire croire à son faible mari qu'elle n'avait mis cet argent de côté que pour le lui rendre lorsqu'il en aurait besoin. Il est vrai qu'elle le raillait dans cette lettre ; mais elle pouvait objecter que Mme Sertier n'était point obligée de savoir qu'il y eût de la gêne dans la maison, et que ces plaisanteries n'avaient d'autre but que de l'empêcher de s'en douter.

Avec une femme aussi artificieuse, aussi sûre de son pouvoir, il devait être difficile de lutter avec succès. Le colonel, après avoir longtemps réfléchi, ne savait encore à quel parti s'arrêter, quand M. Granval franchit l'escalier d'un pas rapide, ouvrit sa porte et se précipita dans ses bras.

— Qu'y a-t-il donc ? s'écria Marcel effrayé.

— Nous sommes sauvés, répondit Granval.

— Calme-toi, Eugène, et explique-toi, si c'est possible.

— Tiens ! s'écria le notaire en étalant devant lui une énorme liasse de billets de banque. Prends, ajouta-t-il, c'est pour toi.

— Mais d'où te vient une pareille somme ?

— Ne crains rien, je ne l'ai pas volée, reprit Eugène en riant. Ramasse et compte les billets : il y en a cent trente. Nous sommes quittes, à l'exception des 20,000 fr. que tu t'es engagé à me laisser. J'aurais bien voulu te les rendre aussi ; mais impossible de les arracher. Comme tu me regardes ! Est-ce que tu crois qu'ils sont faux ? Examine-les bien, je te le permets. Mais non, regarde-moi, et tu ne douteras plus ; car tu verras combien je suis heureux.

— Je partage ta joie, mon ami, en attendant que je la comprenne.

— Comment ! tu ne comprends pas ? Que tu as donc la tête dure ! Je cherchais le moyen de te fournir des hypothèques, je ne l'ai pas trouvé ; mais tu n'en as plus besoin, puisque je t'apporte les 130,000 fr.

— Qui donc te les a prêtés ?

— Personne. Ils sont à moi, je te les rends, et Dieu sait avec quelle joie. Seulement tu n'auras pas Constantine ; et si nous voulons passer ensemble nos vieux jours, nous serons obligés de choisir un autre asile.

— Tu as vendu ta ferme ?

— Un peu cher, n'est-ce pas? Pourtant je t'assure qu'elle me coûte encore davantage.

— Ainsi tu n'as pas craint de me manquer de parole ?

— J'ai cru me conformer à tes intentions. Il est vrai que si nous avions conclu notre marché pour 60,000 fr., tu réaliserais un beau bénéfice. Je n'ai pas pensé à cela.

— Tu oublies que tu t'étais réservé le droit de reprendre la ferme au même prix quand bon te semblerait.

— J'ai donc bien fait de ne pas refuser une si bonne aubaine ?

— D'autant mieux que tu ne l'aurais jamais retrouvée. Mais quel est le nabab qui paie si cher un bien de nul rapport ?

— C'est le cousin du père Henry.

— Mais l'estimation du père Henry n'allait pas à la moitié de cette somme.

— Aussi ne m'en aurait-il pas offert un tel prix il y a un an. Mais il a eu la chance de gagner 100,000 fr. au dernier tirage des obligations de la ville de Paris, et il est accouru aussitôt après avoir touché son lot, en jurant de se passer la seule fantaisie qu'il eût encore eue. Et, ma foi ! je t'assure que, tout intérêt personnel à part, je ne trouve pas qu'il ait tort de se donner le luxe de faire une folie, après avoir travaillé pendant quarante ans comme un mercenaire.

— Ni moi non plus ; mais je me demande comment tu as osé poser des conditions si favorables pour toi, si ruineuses pour lui.

— Je lui ai dit qu'il arrivait trop tard, que le matin même j'avais vendu la ferme. Si tu avais vu son désappointement, je crois que tu aurais eu pitié de lui. « Vous avez vendu la ferme ! s'écria-t-il ; mais alors à quoi servira mon argent ? Vous vous jouez de moi, monsieur Granval ; cela n'est pas possible. Mais si, je vous crois. Cela devait être, je n'ai jamais eu que du guignon. »

— Le pauvre homme oubliait déjà son bonheur.

— Il le maudissait. A quoi bon gagner le gros lot, puisqu'il ne pouvait acheter Constantine ? Il ne pensa même pas à voir le nouveau propriétaire et à lui proposer un bénéfice raisonnable, tant il lui paraissait impossible que ce fortuné mortel renonçât à ses droits. Ce fut moi qui en parlai le premier. Je lui dis que l'acquéreur était mon meilleur ami, qu'il ne me ferait aucun reproche si je disposais de la ferme sans le consulter, mais que pour plusieurs raisons je tenais à ce qu'elle te restât, et que si je la lui cédais, il devait s'attendre à la payer. Là-dessus, il m'offrit 100,000 fr. J'avouai que la ferme ne les valait pas ; mais j'ajoutai que nous comptions, toi et moi, nous y retirer ; qu'en améliorant les terres, nous finirions par les rendre productives, et que, quand elles ne le deviendraient pas comme nous l'espérions, ce serait pour nous une joie d'y travailler. Il ajouta 10,000 fr., puis 10,000 autres, et enfin il s'arrêta à 130,000 fr., en déclarant qu'il ne mettrait pas un centime de plus, quoiqu'il fût certain de regretter toute sa vie une si belle propriété.

— Ouf! c'était un joli denier, fit Marcel, et tu es vraiment un habile homme. Si tu avais toujours aussi bien mené ta barque, tu serais plus riche que ton voisin Henry.

— C'est la première fois que pareille chose m'arrive. J'en avais bien quelque scrupule ; mais ce qui me rassure, c'est que je n'ai dit que la pure vérité ; si j'étais, non pas riche comme mon voisin, mais sûr de pouvoir faire honneur à tous mes engagements, je ne vendrais pas ma Folie pour aucun prix.

— Et tu m'en fais le sacrifice.

— Dis plutôt que ce sacrifice cesse de m'être pénible, puisqu'il va te rendre la tranquillité. Si Dieu me laisse vivre quelques années encore, je me relèverai, j'en suis sûr ; car je travaillerai courageusement ; mais si j'étais mort sans t'avoir rendu la fortune de tes pupilles, j'aurais emporté tout ton bonheur, et quel remords pour moi! Aussi je vois dans cette affaire, à laquelle nous ne pouvions penser ni l'un ni l'autre, le doigt de la Providence. Tu te rappelles, cher ami, combien notre bonne grand'mère avait confiance dans cette divine intervention.

— Oui, je me le rappelle, et plus d'une fois j'y ai eu recours au milieu du danger.

— Eh bien! cette fois encore elle nous est venue en aide, et je l'en remercie. Ramasse tout cela, Marcel, et rends-moi mon reçu. Je t'en ferai un autre de 20,000 fr.

— Mais, dit le colonel, après avoir réuni et compté les billets, tu n'as pu dresser l'acte de vente ; comment se fait-il que tu sois payé ?

— J'ai signé quelques lignes griffonnées à la hâte sur

papier timbré, et notre homme a voulu payer sans retard, tant il craignait qu'il ne survînt quelque difficulté. Il ne m'a pas même laissé le temps de consulter ma femme ; mais Louise n'aime pas assez la solitude pour regretter beaucoup cet ermitage, et elle sera enchantée de savoir qu'à 20,000 fr. près je suis quitte de la dette énorme que j'avais contractée envers toi. Elle pourra te dire que je lui en ai parlé bien souvent.

— Je te crois sur parole. Assieds-toi là et fume un cigare. Tu l'as bien gagné.

Les deux amis commençaient à s'envelopper silencieusement dans un nuage de fumée odorante quand Charlotte vint prier M. Granval de descendre.

— Qui donc a besoin de moi? demanda-t-il.

— C'est le père Henry qui vient te chercher noise, dit Marcel à demi-voix.

— C'est madame, répondit Charlotte.

— Si c'est madame, rien ne presse. Je descendrai quand j'aurai fini mon cigare.

— Si monsieur voulait venir tout de suite, reprit Charlotte, madame est très-pressée de lui parler.

— J'y vais. Mais que peut-elle avoir de si pressant à me dire? Saurait-elle déjà que j'ai vendu ma ferme? En ce cas, elle serait furieuse d'en avoir été prévenue par un autre que par moi.

— Mme Granval n'aurait pas tout à fait tort, dit Marcel.

— J'en conviens; mais je suis accouru près de toi sans même penser à elle.

— Ne va pas le lui dire au moins. Elle a déjà bien assez de griefs contre moi sans que tu lui en fournisses de nouveaux.

— Tu te trompes : elle t'aime beaucoup ; et ce qui me le prouve, c'est qu'elle est très-aimable depuis ton arrivée. Descendons ensemble ; elle n'osera pas me quereller devant toi.

— Soit, dit Marcel : les larmes d'une femme pourraient me faire peur ; mais sa colère, jamais.

Mme Granval était au salon, occupée à ranger une étagère chargée d'une multitude de ces bibelots que leur cherté a mis à la mode.

— On dit que vous avez vendu Constantine, mais je ne le crois pas, dit-elle à son mari.

— Oui, ma chère Louise, j'ai vendu Constantine.

— Sans me demander mon avis ?

— Je n'en ai pas eu le temps ; mais j'ai fait un marché d'or, et vous ne pouvez que vous en réjouir. Vous m'avez dit souvent que je n'en ferais jamais 50,000 fr.; je l'ai vendue 130,000.

— Etes-vous donc sûr de la parole de cet homme? Moi, j'ai grand'peur qu'il ne se dédise.

— La vente est si bien conclue, que j'en ai touché le prix.

— En ce cas, tout est pour le mieux. Refuser de vendre à ces conditions eût été une folie plus grande encore que la première. Chacun le comprendra ; et comme tout le monde saura que vous avez de l'argent, personne ne se pressera de vous en demander.

— On le croira, c'est tout ce qu'il nous faut.

— On le croira?... Ne me disiez-vous pas que vous aviez les fonds ?

— Je les avais ; et si je ne les ai plus, je suis débarrassé d'une dette qui me pesait fort. Tenez, voilà le billet que Marcel vient de me remettre.

— Vous avez payé le colonel ?

— A l'exception de 20,000 fr. qu'il veut que je garde, parce qu'ils lui appartiennent. Pensez-vous qu'il y ait beaucoup d'amis comme celui-là ?

— Je pense que vous n'auriez pas dû vous dépouiller si vite de cet argent. C'est une bien grosse somme qui sort tout d'un coup de votre caisse.

— Mais non, chère Louise, puisqu'elle n'y est jamais entrée.

— Vous jouez sur les mots. Mais s'il se présente quelque créancier, comment ferez-vous pour l'éconduire ?

— Vous avez dit tout à l'heure qu'il ne s'en présenterait pas. Si vous vous êtes trompée, je paierai les plus exigeants ; les autres attendront.

— C'est facile à dire pour vous qui êtes toujours absent. Quant à moi, je vous préviens que je ne me charge pas d'en congédier un seul.

— Je ne veux pas non plus vous donner cette peine. On me trouvera maintenant tous les jours à l'étude ; je l'ai promis à Marcel, et vous devez le remercier de m'avoir rappelé mes devoirs de père et d'honnête homme.

— En vérité, je suis bien heureuse d'avoir eu l'idée d'écrire à M. Lefebvre, dit Mme Granval, puisqu'il devait nous rendre à tous un si grand service. Mais lui aussi doit m'en savoir gré ; car il s'en ira bien joyeux, pourvu toutefois qu'il ne me prenne pas fantaisie de m'opposer à la vente de cette ferme, construite sur un terrain qui faisait partie de ma dot.

— Entends-tu, Marcel ? dit Granval en riant de bon cœur. Ma femme te menace comme si elle était furieuse de te voir emporter l'argent que nous te devons, et elle en est encore peut-être plus contente que moi.

— Mme Granval aurait sans doute préféré l'envoyer à Mme Sertier, dit le colonel à voix basse, en jetant à Louise un regard qui la fit rougir et pâlir en quelques secondes. Je connais trop bien ma chère cousine, ajouta-t-il tout haut, pour ne pas savoir qu'elle manie très-agréablement la plaisanterie.

— Vous me connaissez mieux que mon mari, qui se croit obligé de vous rassurer sur mes sentiments. Je suis heureuse, très-heureuse, mon cousin, de ce que ce petit voyage ait tourné à votre satisfaction, et j'en conserverai toujours un bon souvenir.

— Tu vois, Marcel, Louise pense comme moi qu'il était impossible de faire un meilleur emploi de cet argent.

— Vous n'avez pas vendu le mobilier avec la ferme? demanda Mme Granval.

— Non, il n'en a pas été question. Mon intention est toutefois d'y laisser le bétail, les provisions de grain et de fourrage qui sont peu considérables, et les instruments aratoires.

— Je ne veux parler que du mobilier du pavillon. Si le nouveau propriétaire en a besoin, on pourrait s'arranger avec lui et en remettre encore le prix au colonel.

— Pardon, madame, vous n'avez pas compris ce qu'Eugène vous a dit : je ne réclame rien de plus que ce que j'ai reçu.

— Ce qui reste est à lui, il ne veut pas le reprendre.

— C'est trop de générosité, dit Louise.

— Non, madame, c'est une simple preuve de confiance que je tiens à donner à mon meilleur ami. Toutefois je me permettrai d'y joindre un conseil.

— Je le suivrai, à moins que tu ne demandes l'impossible.

— Rien, au contraire, n'est plus facile. Combien ta caisse a-t-elle de clefs ?

— Une seule, répondit Granval, étonné de la question.

— Tu ne la laisses jamais dans la serrure ?

— Cela m'est arrivé quelquefois ; mais personne n'entre dans mon cabinet, personne du moins dont je ne sois sûr.

— Je ne voudrais pas t'inspirer des soupçons qui risqueraient de tomber sur des innocents ; mais j'ai ouï dire par un banquier richissime que l'homme qui veut faire honneur à ses affaires doit avoir toujours sur lui la clef de sa caisse. Il y a des tentations auxquelles il ne faut exposer personne; et si tu ne t'es encore aperçu d'aucune soustraction, il n'est pas dit que tu doives toujours avoir le même bonheur.

— Tu me rappelles qu'il m'est quelquefois arrivé de me demander si je ne devais pas y trouver davantage ; mais la certitude de n'être entouré que de braves gens m'a empêché de m'arrêter à cette idée ; les sommes qui me manquaient étant d'ailleurs peu considérables, je pensais que Louise avait voulu me faire quelque surprise ou se passer quelque fantaisie.

— Si j'étais Mme Granval, j'exigerais que ta vigilance me mît à l'abri de tout soupçon. Joignez donc vos instances aux miennes, ma cousine, vous qui, j'en suis sûr, comprenez parfaitement l'utilité de cette précaution.

— Soyez tranquille, mon cher cousin, si Eugène oubliait votre conseil, je me ferais un devoir de le lui rappeler.

— Ah ! si vous vous liguez contre moi, il faudra bien que je vous obéisse, reprit M. Granval.

— Ma cousine ne pourra pas longtemps compter sur mon aide. Je partirai demain.

— Demain ! Tu nous avais promis huit jours, s'écria Eugène.

— Un militaire ne s'appartient pas. J'ai reçu ce matin une lettre qui me rappelle à Paris.

— Comment ne nous en as-tu pas encore parlé ?

— Il ne faut jamais se presser d'annoncer les mauvaises nouvelles.

— Louise, priez donc Marcel de nous donner encore quelques jours.

— Ma cousine sait bien que je ne me ferais pas prier si je n'étais impérieusement forcé de partir.

— Quel bonheur que j'aie vendu ma ferme aujourd'hui !

— C'est une grande chance, en effet, dit Mme Granval, avec un sourire dans lequel il y avait autant de dépit que d'ironie.

Elle n'avait jamais aimé le colonel, qui, beaucoup plus clairvoyant que son mari, l'avait jugée dès qu'il l'avait vue, et qui avait essayé, avec une affectueuse franchise, de la ramener au sentiment de ses devoirs. On comprend que cette dernière visite n'était pas faite pour lui rendre plus sympathique un homme qu'elle avait invité elle-même sans savoir comment, un homme qui depuis son arrivée ne lui avait causé que des ennuis, qui se trouvait, par un hasard inexplicable, avoir contre elle une arme terrible, et qui de plus venait d'empocher une somme considérable, tombée des nues tout juste à temps pour qu'il pût l'emporter.

Ce n'était plus de l'éloignement que Mme Granval éprouvait pour M. Lefebvre; c'était de la haine, une haine d'autant plus vive qu'elle était obligée de la cacher sous d'aimables paroles, et de dévorer les larmes de rage que la colère faisait monter à ses yeux. Une seule chose la consolait un peu ; c'était le très-prochain départ du colonel ; mais tout en se réjouissant de ne plus le voir, elle regrettait de ne pouvoir lui faire payer tout ce qu'elle avait enduré de sa part. Ah ! si elle avait osé, comme Emma, lui arracher les moustaches ou lui déchirer le visage de ses ongles roses, avec quel plaisir elle se fût permis cette petite vengeance, à défaut de quelque autre plus sérieuse ! Mais il ne fallait pas songer même à celle-là, et Mme Granval devait encore s'imposer jusqu'au lendemain la plus pénible contrainte.

Elle s'en dédommagea en grondant ses servantes, et la pauvre Charlotte crut, tant elle la maltraita, qu'elle avait eu une explication avec le colonel et qu'elle savait d'où venait le coup qui la frappait. Les deux petites filles ne furent pas plus épargnées que leurs bonnes, et Charlotte se rassura un peu : Mme Granval était de furieuse humeur, mais contre tout le monde, et non pas contre elle seule.

— Je ne veux plus le revoir, s'était d'abord dit Louise ; j'aurai la migraine ce soir et je ne paraîtrai pas au dîner.

Mais, après quelques instants de réflexion, elle changea d'avis.

— Si je le laisse en tête à tête avec mon mari, pensa-t-elle, qui sait ce qu'il lui dira ? Il vaut mieux, quoi qu'il puisse m'en coûter, que je reste entre eux jusqu'à la fin. Qui m'empêche d'ailleurs, songea-t-elle ensuite, d'inviter quelqu'un, pour éviter toute conversation embarrassante ?

Le hasard sembla la servir à souhait ; car au moment même où elle s'arrêtait à cette idée, le père Henry vint, en bon voisin, lui amener l'acquéreur de la Folie. Il tenait, disait-il, à présenter son parent à la plus aimable personne de Longpré.

Mme Granval reçut le vieux paysan et le nouveau propriétaire de Constantine de manière à ne pas démentir sa réputation,

On parla du marché conclu le matin ; elle dit que M. Granval avait eu raison de ne pas la consulter ; car son pavillon valait pour elle, à lui seul, la somme versée, si considérable que d'autres pussent la trouver.

— Si quelque chose me console, ajouta-t-elle cependant avec beaucoup de grâce, c'est que nous aurons un ami de plus.

M. Granval trouva tout naturel qu'elle retînt les visiteurs à dîner, quoiqu'il regrettât de ne pas passer cette dernière soirée dans l'intimité.

Le repas fut gai. Granval avait un poids énorme de moins sur le cœur depuis qu'il avait pu rendre l'argent à Marcel. Le colonel aussi était soulagé d'une grande préoccupation, et la présence des deux étrangers ne lui était pas désagréable. Le nouveau maître de la ferme se sentait ravi, moins encore de son acquisition que de l'accueil qu'on lui faisait dans cette maison dont les splendeurs lui étaient inconnues ; et le père Henry, qui seul aurait pu n'être pas satisfait des conditions de la vente, se disait qu'après tout il valait mieux pour ses enfants avoir près d'eux ce riche parent, qui pourrait faire ailleurs bien d'autres folies que de payer trop cher un bien qu'il désirait depuis longtemps.

On convint, avant de se quitter, d'aller à Constantine le lendemain matin. Mme Granval, qui espérait se défaire d'un grand nombre d'objets qu'elle s'était procurés à grands frais, mais dont elle ne se souciait plus, promit d'être de la partie. Elle prit sans façon le bras de l'ancien négociant ; et quand ils arrivèrent au pavillon, il était décidé à tout acheter, quoique le père Henry l'eût averti devant Mme Granval de ne point se laisser séduire par cette adroite sirène.

Eugène et Marcel marchaient côte à côte, en parlant du passé et de l'avenir.

— Si tu me crois, disait Marcel, dès que tu seras en mesure de remplir tes engagements, tu vendras ton étude et tu prendras du repos. Tu dois travailler jusque-là, mais ne pas demander plus à ta santé affaiblie. Moi aussi, je me retirerai à cette époque ; et si nous ne pouvons vivre ensemble, ce qui presque toujours est un rêve irréalisable, je viendrai du moins me fixer auprès de toi. Et qui sait? peut-être un jour te demanderai-je tes deux filles pour mes deux fils d'adoption.

— Ce jour-là serait le plus beau de ma vie, répondit Eugène ; mais il est bien loin.

— Le temps passera vite quand nous serons réunis.

— En attendant, viens me voir plus souvent. Ta présence me fait tant de bien. Hier, je doutais de moi-même ; aujourd'hui je me sens plein de courage.

— Quand tu m'appelleras, je viendrai, je te le promets.

— Ah ! si je t'avais eu pour me conseiller et me soutenir, que de peines, que de soucis tu m'aurais épargnés !

— Grâce à Dieu, rien n'est perdu, puisque tu veux travailler sérieusement. Surtout garde la clef de ta caisse ; et pour te donner de la mémoire, rappelle-toi que ce n'est pas à toi seul qu'on férait tort en y puisant.

— Crois-tu donc qu'on l'ait déjà fait ?

— J'en ai le pressentiment, je dirais presque la certitude.

— Mais le voleur, quel est-il ?

— J'aurais des preuves, que je ne le nommerais pas. Seulement je tâcherais de le mettre dans l'impossibilité de recommencer.

Le nouveau propriétaire de la ferme ne revint point avec les autres. Mme Granval se rapprocha sans affectation du colonel pendant que son mari causait avec le père Henry.

— Pourrais-je savoir, monsieur, lui demanda-t-elle, pourquoi vous m'avez parlé hier de Mme Sertier ?

— Vous le savez si bien, madame, que ce seul nom a produit sur vous tout l'effet que j'en attendais.

— Eh bien ! oui. A quoi bon le nier ? J'ai envoyé à Mme Sertier quelques économies, parce que je me méfiais un peu de mon goût pour la parure. Ce n'est pas un crime, je suppose.

— Encore une fois, madame, vous savez aussi bien que moi que toute action pour laquelle on se cache comme vous l'avez fait est blâmable.

— Mais, monsieur, vous oubliez que l'étude m'appartient, et que par la négligence de M. Granval elle a beaucoup perdu de sa valeur.

— Madame, je crois que si l'étude a perdu, c'est par

votre faute au moins autant que par celle de votre mari ; et je n'admets pas que, dans un ménage bien uni, chacun prenne tant de souci de réclamer ce qui lui appartient en propre. Il me paraît bien plus digne de partager la mauvaise fortune, comme on aurait partagé la bonne.

— Mais, monsieur, qui vous dit que cet argent ne sera pas à la disposition de M. Granval le jour où il en aura besoin ?

— Ce jour-là, madame, dit le colonel, mon estime vous sera rendue.

— Puis-je espérer du moins que, comptant sur ma parole, vous n'indisposerez pas mon mari contre moi ?

— Eugène serait trop malheureux s'il n'avait plus confiance en vous ; car il vous aime, madame ; et si vous l'aimiez un peu, personne ne pourrait mieux que vous rendre sa tâche facile et douce.

— Qui donc vous a dit que je ne l'aime pas ?

— Une femme qui aime son mari lui fait le sacrifice de ses goûts ; elle s'oublie elle-même en toutes choses. Pourvu qu'il soit heureux, elle est contente de son sort ; elle ne vit que pour lui et pour ses enfants ; s'il est triste, elle le console ; s'il est faible, elle le soutient ; et pour qu'il ne soit point accablé sous le fardeau du travail et des soucis, elle en prend courageusement la moitié.

— N'est-ce donc pas ce que j'ai fait jusqu'à présent ?

— C'est du moins ce qu'il vous coûterait peu de faire. Le moment est bon pour essayer. Vous avez beaucoup vécu pour le monde ; je ne vous le reproche pas ; mais le monde est ingrat, madame, et tous ceux qui vous portent aux nues vous lapideraient, si vous tombiez dans le malheur.

— Mais je ne compte sur personne, et je n'ai jamais demandé le moindre service à ceux qui se disent mes amis.

— Peut-être avez-vous eu tort. Mettez-les à l'épreuve, afin de savoir s'ils méritent que vous négligiez pour eux vos plus chers intérêts. Votre mari vaut mieux qu'eux tous ; et si vous l'aviez voulu, si vous le vouliez encore, vous trouveriez sous son apparente faiblesse toute l'énergie du dévouement. Revenez donc à lui ; soyez son amie, son soutien, son conseil, et le bonheur de vos enfants sera votre récompense.

— Oui, colonel, je penserai à tout cela quand j'en aurai le temps, répondit Mme Granval en étouffant avec affectation un long bâillement, et en s'arrêtant pour permettre à son mari et au père Henry de les rejoindre.

— Il est perdu ! murmura le colonel ; car le mauvais succès de son éloquence le faisait souffrir bien plus dans son amitié pour M. Granval que dans sa vanité.

VI.

Les premières lettres que Marcel reçut de son ami semblèrent donner un démenti à cette sinistre prédiction. Eugène avait promis d'écrire; il tenait parole sans effort; car il était content de lui-même. Il avait repris goût au travail ; son crédit s'était relevé ; les clients retrouvaient le chemin de l'étude, et les demandes de remboursement devenaient de plus en plus rares. Il ne parlait pas de Mme Granval ; ce qui faisait supposer au colonel que rien n'était changé de ce côté-là.

Le printemps revint. Notre déterminé chasseur n'eut plus à lutter contre des tentations quelquefois plus fortes que sa volonté ; le nouveau propriétaire de Constantine lui épargnant une foule d'ennuis et de dépenses, il se trouva soulagé d'un pesant fardeau. Il s'occupait encore de son jardin ; mais c'était une distraction salutaire plutôt qu'une fatigue. Il avait donné sa démission de membre du conseil d'arrondissement ; et s'il restait chargé des affaires de sa commune, c'est qu'il en avait été instamment et unanimement prié.

Les nouvelles qu'il donnait de sa santé n'étaient pas moins bonnes.

Le colonel hésitait à croire que tout marchât si bien, quand un jour il vit arriver son ami, qu'il eut peine à reconnaître, tant il était bien portant et joyeux.

— Tu m'as sauvé, dit Granval, après les premiers épanchements. Que Dieu me donne encore quelques années, et, grâce à tes bons conseils, l'honneur de mon nom et l'avenir de mes enfants seront assurés. Aussi j'ai voulu t'en remercier ; et comme il me semblait que tu ne croyais qu'à moitié ce que je t'écrivais, dès que j'ai su que tu étais en garnison à Rouen, j'ai prétexté la nécessité d'un voyage à Paris pour venir te convaincre.

La joie du colonel se comprend mieux qu'elle ne peut s'exprimer.

— Ce n'est pas moi qu'il faut remercier, dit-il en serrant encore une fois Eugène sur son cœur, c'est la Providence, qui m'a conduit près de toi quand ta santé gravement altérée te faisait douter de ton courage.

— Dis plutôt que l'abattement moral avait altéré ma santé. Je voyais où j'allais, et je n'avais pas la force de revenir sur mes pas. Enfin, grâce à Dieu et à toi, tout va bien, et.... et je t'apporte de l'argent.

— De l'argent.... Tu as donc oublié que je veux être payé le dernier ? Ce que je t'ai laissé formera la plus claire partie de ma succession, tu peux t'en servir ; car si ce n'est pas à toi qu'elle appartiendra un jour, ce sera certainement à tes filles. Je le reprendrai si tu le veux toujours, quand, après avoir rempli tous tes engagements, tu auras vendu ton étude. Jusque-là, ne m'en parle pas.

— Dis donc, Marcel, je lisais l'autre jour qu'un banquier chez qui notre illustre Béranger avait déposé sa petite fortune vint lui confier qu'il était sur le point de faire faillite, et voulut lui remettre les 50,000 fr. qu'il en avait reçus. Béranger refusa de les accepter. « Vous ne songez pas, lui dit-il, qu'en me rendant cette somme et moi en la reprenant nous commettrions une mauvaise action. Je ne dois pas avoir plus de privilége que vos autres créanciers, et vous n'avez pas le droit de me favoriser à leurs dépens. Si vous êtes obligé de déposer votre bilan, j'aurai mon dividende, et je n'en demande pas davantage. »

— Je ne connaissais pas ce trait qui fait l'éloge de notre poëte national. Mais à quel propos me le cites-tu ?

— Parce que tu montres la même délicatesse que lui en me disant que tu veux être payé le dernier.

— Non, mon ami, le cas n'est pas le même : tu ne feras pas faillite ; je l'ai toujours espéré ; maintenant j'en suis certain. Et si tu veux que je te le prouve, donne-moi ce que tu m'as apporté ; je le prendrai avec regret, mais sans scrupule.

— Cela me suffit, je le garde, répondit Granval.

Eugène avait deviné juste ; mais le colonel, rassuré désormais, ne voulait ni le blesser ni le décourager, en s'obstinant à refuser un à-compte.

Les deux amis passèrent ensemble une bonne journée. Marcel, malgré tout le désir qu'il en éprouvait, n'essaya pas de retenir le notaire, dont la place était ailleurs. En le reconduisant au chemin de fer, ils passèrent devant la belle église de Saint-Ouen. Granval ne put s'empêcher d'en admirer la splendide architecture.

— Veux-tu y entrer ? demanda le colonel. L'intérieur n'est pas moins remarquable que le dehors.

— Entrons, répondit Eugène.

Avant d'examiner les magnifiques proportions de cette église, qui n'a guère de rivales, et sa voûte qui, se reflétant dans le bénitier, représente parfaitement la coque d'un vaisseau renversé, Granval s'agenouilla près d'un pilier et pria pendant quelques instants.

— Je remercie Dieu, dit-il au colonel, de m'avoir donné un ami comme toi.

— Remercions-le plutôt d'avoir permis qu'orphelins tous les deux, nous fussions élevés par une sainte femme qui s'est attachée à graver dans nos cœurs la crainte de Dieu et le sentiment du devoir.

— Oui ; mais ces bons principes, je les avais oubliés.

— Si peu, que je n'ai eu qu'un mot à dire pour t'y ramener.

— Voilà, reprit Granval en sortant, un merveilleux monument de la foi de nos pères. Comme on se sent petit sous ces voûtes immenses ! Il est impossible de n'y pas prier avec recueillement.

— Impossible surtout pour ceux qui ont été élevés comme nous. Certes, nous ne sommes pas de fervents chrétiens ; mais on a beau dire, rien ne peut remplacer la première éducation, l'éducation d'une mère qui vous apprend, entre deux baisers, ce que vous devez à Dieu et aux hommes. Les illusions de la jeunesse, l'amour du plaisir, le tracas des affaires, nous font, comme tu le disais tout à l'heure, oublier un instant ces admirables leçons ; mais elles ne sont point effacées de nos cœurs ; elles y sommeillent, et il ne faut rien pour les y réveiller. C'est un guide, un appui, une consolation qu'on est tout étonné de retrouver dans les mauvais jours. Je puis t'avouer que, liés à mes plus chers souvenirs, ces sages conseils, ces grands principes m'ont épargné bien des regrets, peut-être bien des remords.

— Toi aussi, l'homme fort et courageux, l'honnête homme par excellence, tu as eu besoin de te les rappeler?

— Il n'y a pas d'homme fort, mon ami, et sans religion, crois-le bien, il n'y a pas d'honnête homme.

— Je le crois. Si, pour être honnête homme dans toute l'acception du mot, il suffisait de ne pas voler, ce serait facile ; mais il faut s'acquitter de tous ses devoirs, et cela ne se peut qu'en luttant sans cesse contre soi-même.

— Nous ferons de la morale une autre fois, dit le colonel, qui, arrivé sur le pont Corneille, vit, en consultant l'horloge de la gare, qu'il ne restait plus que dix minutes avant le départ du train.

— Quand te reverrai-je ? demanda M. Granval.

— A la Saint-Hubert. J'ai donné ma parole, je la tiendrai. Tâche de ne rien oublier non plus de ce que tu m'as promis. Travaille, mais sans trop te fatiguer ; chasse modérément, et surtout garde la clef de ta caisse.

— A propos, j'oubliais de te dire que j'ai congédié Charlotte. Elle seule entrait en mon absence dans mon cabinet; mes soupçons ne pouvaient tomber que sur elle.

— Tu as eu tort. Charlotte est une brave fille, qui t'aimait sincèrement, et qui, je le jurerais, ne t'a jamais pris un centime.

— J'en suis fâché, puisque tu réponds de sa probité. Moi aussi j'y croyais. Mais que veux-tu ? les apparences étaient contre la pauvre fille ; et Louise ne s'étant pas opposée à son renvoi, j'ai pensé qu'elle en savait plus long qu'elle n'en voulait dire.

— Encore une fois, tu as eu tort, tu t'es privé d'une servante dévouée.

— C'est une injustice à réparer. Heureusement elle ignore mes soupçons ; je l'ai congédiée sous un prétexte futile ; rien ne s'oppose à ce que je la reprenne.

— Si elle est bien ailleurs, tu peux l'y laisser, dit le colonel, dont la délicatesse s'alarmait à l'idée de replacer un espion auprès de Mme Granval.

— Soit ! Mais je veux que Louise fasse quelque chose pour elle. Je lui dirai qu'à ton avis, Charlotte est innocente.

— Ne parle pas de moi, cela vaudra mieux.

— A ton tour tu es injuste, si tu supposes que ma femme t'en veuille encore. Tu as fait sa conquête à ton dernier voyage : elle t'estime, elle t'admire, et ne jure plus que par toi.

Le guichet allait se fermer ; Granval courut prendre son billet. Tout aussitôt la sonnette invitant les voyageurs à passer dans les salles d'attente fit entendre son dernier appel. Les deux amis s'embrassèrent avec effusion. Le colonel, étant sorti de la gare, alla se promener sur le Cours-la-Reine, pour voir passer le train et saluer encore une fois son frère d'adoption. Il l'aperçut, la tête à la portière ; ils échangèrent un geste d'adieu, et Marcel reprit seul le chemin de la ville. Rien dans la visite qu'il venait de recevoir ne devait l'attrister : il avait trouvé Granval mieux portant, plus gai, plus courageux qu'il n'eût osé l'espérer ; cependant il avait le cœur serré, et il lui semblait qu'une teinte lugubre assombrissait autour de lui le paysage qu'il admirait quelques instants auparavant.

Toutefois il ne s'en étonnait pas : jamais il ne s'était

séparé d'un ami sans se demander s'il le reverrait encore ; ce qui venait sans doute de la carrière pleine de dangers qu'il avait bravement suivie. La situation n'était plus la même ; mais le colonel était arrivé à l'âge où l'on a vu disparaître de la scène du monde tant d'hommes pleins de force et de jeunesse, qu'il savait fort bien que les hasards de la guerre ne sont pas les seuls qui nous menacent.

Après le départ de M. Granval, Marcel resta soucieux jusqu'à ce qu'une bonne et affectueuse lettre vint lui apprendre que tout allait de mieux en mieux chez son ami. Quelques mois se passèrent. Déjà le colonel se réjouissait de partir pour Longpré, quand un jour, en rentrant chez lui, après une absence de quarante-huit heures, il trouva entre ses journaux une de ces lettres bordées de noir et fermées d'une simple bande, qu'on ouvre presque sans émotion, car elles sont souvent adressées par simple politesse à des personnes que la mort qu'elles annoncent ne peut impressionner beaucoup.

Il lut par deux fois, sans en croire ses yeux :

« Mme Granval, née Sertier, Mlles Emma et Gabrielle Granval, M. et Mme Sertier, ont l'honneur de vous faire part de la perte qu'ils viennent de faire en la personne de M. Paul-Eugène Granval, notaire à Longpré, leur époux, père et neveu, décédé le 10 octobre, à l'âge de 48 ans. »

Il n'y avait pas à douter, son ami, son frère, était mort. Et cette lettre banale ne lui apportait même pas la consolation de savoir dans quelles circonstances ce malheur était arrivé. Il ne s'irrita point de recevoir une si cruelle preuve de la rancune de Mme Granval ; peut-être même ne songea-t-il point à l'accuser. Il courut chez le général et obtint la permission de partir dès le lendemain.

A quelques kilomètres de Longpré, la voiture de louage qu'il avait prise à Montmédy fut dépassée par une légère carriole dans laquelle il reconnut le père Henry. Le vieillard, s'étant retourné, reconnut aussi M. Lefebvre; il arrêta son cheval et descendit plus lestement que son âge ne semblait devoir le lui permettre. Il s'approcha du colonel, et lui tendit la main en disant :

— Quel malheur, monsieur! Quel grand malheur!

Marcel ne put retenir ses larmes.

— Si vous vouliez congédier votre cocher, reprit le père Henry, vous monteriez près de moi, et nous pourrions causer en route.

Le colonel accepta, désirant être renseigné avant de se présenter chez Mme Granval.

— Je croyais que vous viendriez plus tôt, dit le brave homme. Quand je ne vous ai pas vu à la cérémonie, j'ai pensé que vous étiez malade.

— C'est hier seulement, répondit l'officier, que j'ai reçu la nouvelle de sa mort, et je n'ai pas été prévenu de sa maladie.

— Le pauvre M. Granval n'a pas été malade.

— Est-ce donc une attaque d'apoplexie qui l'a enlevé?

— On dit qu'il avait une maladie de cœur.

— Un anévrisme qui se sera rompu?...

— Notre docteur le pense; mais personne ne sait au juste de quoi il est mort ni s'il a souffert longtemps. Il y a aujourd'hui huit jours, il est parti de grand matin pour la chasse; j'ouvrais mes volets quand il est passé; il m'a donné une poignée de main, et je lui ai souhaité bonne chance. Le soir, il n'est pas rentré. On ne s'en est pas beaucoup tourmenté, disant qu'il était resté à

Constantine, où il allait encore de temps en temps. Ce n'est que le lendemain vers la brune que, ne le voyant pas revenir, Mme Granval a pensé qu'il pouvait bien lui être arrivé quelque accident, et qu'il fallait demander des gens de bonne volonté pour aller battre le bois. Plus de cinquante personnes sont parties. Malgré le beau clair de lune qu'il faisait, on n'a rien retrouvé de toute la nuit. Il y avait déjà des gens qui disaient que le notaire était passé en Belgique, emportant un bon magot, quand on a entendu hurler un chien du côté des Trois-Chênes, et d'aucuns ont reconnu la voix de la vieille Ravaude, que M. Granval avait emmenée. Tout le monde a couru par là. Le chien y était, mais il n'y avait point de chasseur. La pauvre bête, en voyant arriver les villageois, s'approcha d'eux et les conduisit au bord d'un ravin profond, dont les grandes pluies avaient quasi fait une rivière. En bas du talus que le chien se mit à descendre, on vit briller le canon d'un fusil, engagé dans le tronc d'un vieux saule, que le vent avait cassé à un pied du sol. Les premiers arrivés voulurent ramasser le fusil, dont la crosse était en l'air ; mais en le soulevant, ils sentirent de la résistance et ils virent à fleur d'eau une main d'homme qui tenait encore l'arme par la courroie.

— Le malheureux s'était noyé !... interrompit Marcel en sanglotant.

— On ne sait pas s'il était mort ou seulement blessé quand il est tombé à l'eau : il avait reçu toute la charge de son fusil dans la poitrine, et le plomb de lièvre avait fait balle. Les uns supposent qu'il aura glissé en descendant le ravin pour boire un peu d'eau, et qu'en se baissant, il aura accroché son fusil dans le tronc du saule ; d'autres, qu'il s'est laissé tomber du haut en bas, sans savoir où il était; je n'en crois rien, parce qu'il connaissait le bois aussi bien que sa propre maison; d'aucuns pensent que sa maladie de cœur a pu être cause de sa chute; et même, s'il faut tout vous avouer, il y a des gens qui ont osé dire qu'il s'était volontairement tué, en arrangeant les choses pour faire croire à un accident.

— Cela n'est pas, j'en répondrais sur ma vie, s'écria le colonel.

— Non, cela n'est pas, répéta M. Henry. Mais quelques mauvaises langues disaient qu'il n'était pas heureux avec Mme Granval, qu'il n'était pas le maître chez lui tous les jours; et d'autres, qu'il était tourmenté par ses créanciers et n'avait point d'argent à leur donner. Les gens raisonnables n'ont pas écouté ces méchants propos, et notre brave curé n'a pas fait la moindre difficulté d'enterrer M. Granval comme un digne chrétien qu'il était; il a même tancé d'importance ceux qui le soupçonnaient de s'être donné la mort.

— Pauvre ami! Mourir seul, sans secours, sans consolation!... dit le colonel. Et après cette triste fin, être encore en butte à la calomnie!

— Pourtant il est juste de dire que M. Granval n'avait point d'ennemis; si l'on a jasé, c'est plutôt à cause de sa femme, qu'on n'aime pas beaucoup dans le pays, parce qu'on trouve qu'elle fait trop la grande dame; et depuis qu'on sait qu'il n'y aura pas de quoi payer tous ceux qui ont mis de l'argent chez le notaire, ce n'est pas à M. Granval qu'on jette la pierre, c'est à elle, pour qui il n'y avait rien d'assez beau ni d'assez cher. On ne dit même pas qu'il négligeait beaucoup son étude. Il est vrai que depuis près d'un an, il avait repris goût au métier et qu'il avait regagné la confiance publique.

— S'il eût vécu deux ou trois ans seulement, tout le mal eût été réparé,

— C'est ce qu'on dit; et même ceux qui perdront après lui ne l'accuseront pas de leur malheur.

— Pense-t-on qu'il y ait beaucoup à perdre?

— On parle de donner 80 pour 100. Mais il reste tant d'affaires à débrouiller, qu'on ne peut encore rien affirmer.

— Comment Mme Granval s'est-elle conduite dans tout cela ?

— Dame ! ça l'a saisie de voir ramener son pauvre mari. On a beau ne guère s'aimer de son vivant, la mort change tout. Elle a bien pleuré; elle était pâle et défaite; mais ça commençait déjà à se remettre quand elle est partie chez sa tante Sertier avec ses deux enfants. Vous comprenez bien que ça ne lui plaisait guère de rester là, avec les scellés partout et les gens de loi plein la maison.

— Oh! quel malheur ! mon Dieu ! murmura Marcel, en cachant sa tête dans ses mains.

— Oui, c'est bien malheureux, monsieur, reprit le père Henry. Mais il y a du temps que je voyais venir la chose ; et si M. Granval avait voulu m'écouter.... Enfin, il est mort, que le bon Dieu ait son âme ! C'était un homme faible et un peu nonchalant ; mais il était incapable de faire du tort à personne, et il n'aurait pas fait pleurer un enfant.

— Et la dot de Mme Granval? demanda Marcel, espérant encore que la mort tragique du mari aurait inspiré à la veuve le désir de sauver son nom de la faillite.

— Sa dot et son avoir lui reviendront tout entiers. Le

papa Sertier n'était pas notaire pour rien; il avait arrangé les affaires de manière à sauvegarder les droits de sa fille.

— Mais Mme Granval reste libre de les abandonner aux créanciers.

— Sans doute ; mais comme on ne peut pas l'y forcer, elle gardera ce qui lui appartient.

— Qu'est-ce que vous pensez de cela, monsieur Henry ?

— Je pense que vous ne le feriez pas, ni moi non plus ; mais ça se voit tous les jours, et beaucoup de gens n'y trouvent pas à redire, parce que la loi le permet. Il me semble seulement qu'on devrait faire connaître au public ces arrangements-là. On n'aurait pas tant apporté d'argent à M. Granval, si l'on avait su que la fortune du père Sertier n'était pas plus à lui qu'au premier venu. Enfin, c'est fait, tout est dit. J'étais bien sûr que cette mort-là et le reste vous feraient beaucoup de chagrin, monsieur le colonel ; mais j'ai encore mieux aimé que vous appreniez ces choses-là de moi que d'un autre.

— Je vous en remercie, mon cher monsieur ; vous avez agi envers moi comme un ami.

— Aussi j'espère que vous me rendrez la pareille.

— Je désire sincèrement que l'occasion se présente de vous témoigner mon estime et ma reconnaissance.

— L'occasion est trouvée, monsieur. Vous n'allez pas descendre chez M. Granval, où il n'y a personne pour vous accueillir. Si vous ne pensez pas que ma maison soit indigne de vous recevoir, acceptez-y l'hospitalité. Ce sera pour moi autant de plaisir que d'honneur.

— J'allais vous demander un coin où je puisse cacher ma tristesse sans exciter la curiosité de personne.

— A la bonne heure ! dit le père Henry en serrant la main du colonel.

La meilleure chambre de la maison fut mise à la disposition de Marcel. Le père Henry eut l'attention de l'y laisser seul pour qu'il pût donner un libre cours à sa douleur. Après un simple repas dont il fut l'unique convive, il lui offrit de le conduire au cimetière, persuadé que ce serait une consolation pour lui d'aller prier sur la fosse de son ami.

Nous n'essaierons pas de peindre la tristesse dont le cœur du colonel était rempli. Un vide affreux s'y était fait. Désormais seul au monde, cet homme, dont on enviait la brillante position, se sentait si malheureux, qu'il pleurait sur lui-même autant que sur la fin cruelle de l'être qu'il avait le plus aimé. Il se figurait toutes les circonstances dont cette mort avait pu être accompagnée, et sans doute il s'en exagérait encore les horreurs. Une seule pensée consolante lui venait à l'esprit : c'était le souvenir de la visite qu'il avait faite avec Eugène à l'église Saint-Ouen, au sortir de laquelle M. Granval avait exprimé des sentiments si chrétiens. Marcel se plaisait à espérer que si quelques instants avaient été accordés au mourant, il en avait profité pour recommander son âme à la miséricorde divine.

Le colonel passa la nuit à pleurer, à prier, à se demander s'il n'y aurait pas quelque chose à faire pour que les créanciers de son ami pussent être intégralement payés. Il ne voyait d'autre moyen que d'obtenir de Mme Granval le sacrifice de sa fortune. Il savait trop bien qu'elle le refuserait pour se faire la moindre illusion à ce sujet ; mais, décidé toutefois à n'avoir rien à se reprocher, il résolut d'aller la voir et de lui tenir encore une fois le langage d'un homme d'honneur.

Après une seconde visite au cimetière, il se dirigea vers la maison naguère si animée. Le cœur lui battait en montant les marches du perron, plus qu'il n'avait jamais battu au bruit de la fusillade et du canon. Il entra dans l'étude, où un avoué et deux clercs, sans compter celui de M. Granval, étaient occupés à compulser de volumineux dossiers. Il se présenta comme un des créanciers de la succession, afin d'obtenir quelques détails sur la situation des affaires; il apprit que, selon toutes les probabilités, le dividende s'élèverait de 80 à 85 pour 100.

— Mais ce n'est pas une faillite, cela, dit-il à l'avoué. Si M. Granval n'avait pas été trop subitement enlevé pour régler lui-même ses affaires, aucun de ceux qui ont eu confiance en lui n'eût été lésé.

— Cela me paraît hors de doute, répondit l'avoué. M. Granval était un homme fort honorable.

— Combien faudrait-il, monsieur, pour que ses créanciers pussent être complétement désintéressés?

— Peut-être 60,000 fr., peut-être 80,000. Je ne le sais pas au juste, monsieur. Il peut se présenter de nouveaux créanciers, puisqu'il y a une heure j'ignorais que vous eussiez à réclamer une somme importante.

— Regardez cette réclamation comme non avenue, reprit le colonel. J'étais le seul parent et le meilleur ami de M. Granval; ses filles sont mes héritières; il est donc tout simple que je fasse aux créanciers l'abandon de ce qui m'est dû.

L'avoué s'inclina profondément, et Marcel sortit sans attendre les compliments qui sans doute allaient lui être adressés.

Il alla faire ses adieux au père Henry, qui lui offrit de le conduire à Verdun, où demeurait Mme Sertier. Ils montaient en voiture quand ils virent accourir l'ancien clerc de l'étude. Celui-ci remit au colonel une lettre qui lui était adressée et qu'on venait de trouver au fond d'un tiroir. Elle avait trois mois de date et contenait les lignes suivantes :

« Quand tu liras cette lettre, je ne serai plus de ce monde ; regarde-la donc comme mon testament. Je l'écris parce que, depuis mon retour de Rouen, une triste pensée m'obsède, sans qu'il me soit possible de la chasser. Marcel, je ne te verrai plus. Je te lègue le soin de veiller sur mes enfants. Tu ne peux être leur tuteur, à moins qu'elles ne viennent à perdre leur mère, à qui je souhaite de longs et heureux jours ; mais, par respect pour ma mémoire, je la supplie d'écouter tes conseils, et de remettre l'éducation de ses filles à des mains plus fermes que les siennes. Quand elles seront d'âge à s'établir, je demande instamment à ma chère Louise de ne rien conclure sans que tu aies approuvé un choix duquel dépendra leur bonheur. Peut-être ai-je tort de prendre pour un pressentiment cette idée d'une mort prochaine ; peut-être vivrai-je encore longtemps ; mais que je vive ou que je meure, je serai plus tranquille quand je t'aurai dit que je compte sur toi. Ma volonté te sera sacrée, je le sais ; et si je n'ai pas toujours travaillé comme je l'aurais dû pour assurer l'avenir de mes filles, je crois m'acquitter envers elles en leur laissant un père plus sage et meilleur que celui qu'elles auront perdu.

« Encore un mot, Marcel : j'espère que si je laissais quelques dettes, ma bien-aimée femme les paierait. Mais si la crainte d'appauvrir ses enfants la retenait, dis-lui qu'en le faisant, elle remplira mon dernier vœu. Adieu, Marcel! Adieu, mon ami, mon frère ! Ne m'oublie pas et prie pour moi. »

Cette lettre n'apprenait rien au colonel des sentiments de son ami et ne lui imposait pas d'autres devoirs que ceux qu'il s'était déjà tracés. Mais à la profonde émotion qu'elle lui causa se joignit une certaine satisfaction, puisqu'elle l'obligeait à voir Mme Granval, devant laquelle il ne savait sous quel prétexte se présenter.

Il trouva la veuve dans le salon de Mme Sertier, en compagnie d'une couturière et d'une modiste qui prenaient ses ordres pour la confection de son deuil. Le canapé, les fauteuils, la console étaient encombrés d'étoffes noires, et sur la table s'étalaient des gravures de modes.

Mme Granval, dont le colonel avait entendu la voix dans l'escalier, prit un ton dolent et une physionomie de circonstance dès qu'elle l'aperçut.

— Vous vous êtes donc souvenu de moi, mon cousin? lui dit-elle.

— Ce n'est pas ma faute si j'ai tant tardé, répondit-il. J'ignorais encore il y a trois jours votre malheur et le mien.

— Qui donc vous a dit que vous me trouveriez ici?

— J'arrive de Longpré, ma cousine, et je vous apporte, avec l'assurance de mon entier dévouement, les derniers vœux de votre mari.

— Les derniers vœux de mon mari.... Hélas! personne n'a pu les recueillir, sa mort n'a eu aucun témoin.

— Cela n'est que trop vrai, ma cousine; mais il les avait consignés d'avance dans ce papier, dont je vous prie de prendre connaissance.

La couturière et la modiste repliaient lentement les étoffes et les patrons ; un peu de curiosité les empêchait de se hâter ; cependant elles sortirent pendant que Mme Granval lisait la lettre à voix basse. Elle la rendit au colonel en lui disant :

— Je sais depuis longtemps que mon mari avait plus de confiance en vous qu'en moi. Si j'en ai été jalouse, je ne le suis plus, et j'accepte votre dévouement pour les deux orphelines qu'il m'a laissées.

— Merci, madame, dit le colonel en lui tendant la main. Mettez ce dévouement à l'épreuve quand et comme il vous plaira.

— Oui, reprit-elle, je m'adresserai à vous quand le moment en sera venu. Elles sont encore trop jeunes pour que j'aie à vous consulter sur quoi que ce soit ; vous aurez d'ailleurs toujours le droit de donner votre avis sur leurs intérêts, puisque vous êtes leur subrogé-tuteur.

— Vous parlez d'intérêts, madame ; permettez-moi de vous demander ce que vous pensez de la dernière recommandation contenue dans cette lettre. Vous savez que mon pauvre ami n'a pas laissé de quoi remplir tous ses engagements.

— Il s'en faut si peu, que les créanciers doivent être fort satisfaits.

— C'est précisément parce qu'il s'en faut si peu, qu'il vous sera facile de les désintéresser.

— Je ne fais de tort à personne en reprenant ce qui m'appartient. Vous connaissez d'ailleurs mon opinion à ce sujet ; elle ne s'est pas modifiée depuis le jour où je vous ai refusé ma signature ; mais je ne vois pas ce qui pourrait vous empêcher d'abandonner à la succession la somme qu'elle vous doit.

— C'est déjà fait, madame.

— La meilleure prédication est celle de l'exemple; cependant la vôtre ne me convertira pas.

— Soit! Mais du moins, madame, vous rendrez à cette succession insuffisante l'argent qu'à plusieurs reprises vous avez envoyé à Mme Sertier.

— En vérité, monsieur, je ne sais ce que vous voulez dire.

— Vous avez la mémoire courte, madame; mais j'espère que vous reconnaîtrez ceci, dit Marcel, en lui montrant, tout ouverte, mais sans la lui abandonner, la lettre que Charlotte avait été chargée de mettre à la poste.

— Comment ce papier est-il entre vos mains? demanda-t-elle en pâlissant.

— Que vous importe, madame? Il y est, et il n'en sortira que pour vous être rendu contre une somme de 20,000 fr., à moins que vous ne préfériez que je l'envoie au syndic de la faillite Granval, qui saura, je vous assure, en tirer bon profit.

— Vous feriez cela, vous?...

— Je le ferais à regret, madame; mais je le ferais pour n'être pas complice de la faute que cette lettre m'a révélée.

— Ne puis-je donc avoir rendu cette somme à mon mari?

— Si vous l'avez rendue, madame, vous le prouverez à qui de droit.

— Ce n'est pas à moi que vous faites tort, monsieur, c'est à mes enfants.

— Je les préserve du malheur de posséder de l'argent mal acquis.

— Pesez mieux vos paroles, monsieur, ou je....

— Si cette scène est aussi pénible pour vous que pour moi, vous devez avoir hâte d'en finir. Prononcez-vous donc, s'il vous plaît. Que dois-je faire de ce papier?

— Donnez-le-moi.

— Je le veux bien, répondit Marcel. Où sont les 20,000 fr. dont il y est fait mention?

— Monsieur! s'écria Mme Granval avec colère. Vous osez insulter une femme! Vous êtes.... vous êtes un lâche!

— Vous savez bien que non, madame, dit le colonel avec le plus grand calme. Si je vous blesse, quoique mon cœur en saigne, c'est que je ne veux pas commettre une lâcheté.

Mme Granval comprit qu'elle ne gagnerait rien à lutter; elle sortit en repoussant violemment la porte derrière elle, et reparut quelques instants après, tenant en main un paquet de billets de banque qu'elle jeta de loin au colonel.

Celui-ci se baissa froidement pour les ramasser, les compta deux fois, et, plaçant sur la table la lettre dont ils étaient le prix, il salua Mme Granval et s'éloigna sans dire un mot.

Le père Henry l'attendait à l'hôtel. Le colonel lui remit les 20,000 fr. qu'il venait de toucher, et le pria de les déposer entre les mains du syndic, de la part de Mme Granval.

— C'est déjà quelque chose, dit le vieillard; c'est plus que je n'espérais. Je suis maintenant presque sûr qu'elle donnera le reste, ou du moins qu'elle indemnisera les plus pauvres des créanciers. En attendant, je ne souffrirai pas qu'on en dise du mal en ma présence. Tenez, monsieur, je suis fâché de n'avoir pas osé vous demander d'aller avec vous voir cette chère dame ; j'aurais pu vous donner un coup d'épaule.

Le colonel se garda bien de dire par quels procédés il avait obtenu cette somme. Pendant que Mme Granval le maudissait, en jetant au feu les lambeaux de la lettre, qu'elle hachait avec fureur, il se réjouissait de penser que le public croirait à un don volontaire fait par la veuve de son ami.

— Elle retournera sans doute à Longpré, dit-il au père Henry ; vous l'engagerez à se montrer encore une fois généreuse, et elle vous écoutera.

Mme Granval ne devait plus revoir sa ville natale. Depuis quelque temps la fièvre typhoïde faisait de nombreuses victimes à Verdun. Louise en fut atteinte peu de jours après la visite de Marcel ; malgré tous les soins qui lui furent prodigués, elle succomba, en priant Mme Sertier de servir de mère à ses enfants et en demandant que, suivant le désir de son mari, le colonel Lefebvre fût choisi pour leur tuteur.

Mme Sertier déclara qu'elle garderait Emma et Gabrielle, à qui sa fortune devait revenir un jour. Marcel, que sa position mettait dans l'impossibilité de se charger de deux petites filles, consentit à cet arrangement, en se réservant toutefois de les placer ailleurs, si elles ne recevaient pas chez leur grand'tante l'éducation qu'elle avait promis de leur faire donner.

On trouva dans les papiers de Mme Granval un portefeuille contenant des obligations de chemins de fer pour une valeur de 6,000 fr., avec ces mots écrits de sa main :

« A remettre aux créanciers de M. Granval. » Marcel comprit qu'un remords s'était fait sentir à cette femme au milieu de ses souffrances, et que ces obligations formaient, avec la somme précédemment restituée, tout ce qu'elle s'était approprié lorsqu'elle avait à sa disposition la clef de la caisse.

Ce fut pour lui un grand soulagement; et s'il eût pu y joindre la consolation de payer toutes les dettes de son ami, il se fût trouvé heureux; mais son titre de tuteur ne pouvait l'autoriser à disposer du bien des deux enfants, même pour préserver de toute atteinte l'honneur de leur père.

— Je ferai des économies, se dit-il; et si je ne parviens pas à en faire assez, Emma et Gabrielle achèveront mon œuvre, lorsqu'elles auront atteint leur majorité.

Il conduisit pieusement à Longpré les restes de son ennemie, à laquelle il avait tout pardonné, et il confia au père Henry, dont il appréciait l'excellent cœur, l'entretien de la modeste tombe qu'il fit élever à ses frais à la mémoire des deux époux.

Avant de rejoindre son régiment, il s'informa du temps que demanderait le règlement des comptes de la succession Granval; on lui promit de le hâter autant que possible; mais, en se promenant le même soir sur la place de la ville, il entendit l'avoué dire au clerc qui se proposait d'acheter l'étude, que la liquidation pourrait être terminée avant trois mois ou durer plus de trois ans. Comme ces lenteurs devaient être fort préjudiciables aux créanciers, il demanda un congé, qu'il employa à stimuler le zèle des gens de loi, à surveiller la vente de ce qui avait appartenu au notaire, à faire monter les objets qui, sans lui, eussent été livrés à vil prix, à faire faire sans retard une première répartition, bientôt suivie d'une seconde, et il eût la joie d'imposer silence à tous les créanciers, en leur disant que s'il était riche, il les payerait intégralement ; mais qu'il leur engageait sa parole d'honneur de regarder comme siennes les dettes de M. Granval et de les acquitter jusqu'au dernier sou, si Dieu le laissait vivre encore quelques années.

VII.

Deux ans se sont passés depuis la mort de M. Granval. Mme Sertier n'a plus auprès d'elle qu'une de ses petites-nièces. Sous le prétexte assez plausible que le bruit de deux enfants était devenu insupportable à M. Sertier, que les infirmités de la vieillesse n'avaient point épargné, elle avait prié leur tuteur de placer Emma dans un pensionnat de son choix. Elle les aimait, disait-elle, autant l'une que l'autre ; mais Gabrielle, étant d'un caractère plus doux, plus paisible, causerait à son mari moins de fatigue que la pétulante Emma, dont elle regrettait vivement de se séparer.

Pour dire la vérité tout entière, il eût fallu avouer qu'Emma, beaucoup plus gâtée par sa mère et par elle-même que ne l'avait été Gabrielle, était devenue si impérieuse, si exigeante, si colère, que la vie de la pauvre dame était devenue un martyre. Toute la maison était obligée d'obéir à cette enfant terrible, qui ne redoutait aucune punition et ne se laissait séduire par la promesse d'aucune récompense.

Douée d'une rare intelligence et d'une mémoire prodigieuse, Emma savait à peine lire ; et ses professeurs, qu'elle tourmentait à plaisir, avaient refusé positivement de lui continuer leurs soins.

Le colonel, qui n'avait point oublié la guerre faite à ses moustaches par la volontaire Emma, devina tout ce que Mme Sertier ne disait pas. Plus satisfait de sa proposition qu'il ne voulait le paraître, il la pria de lui remettre les deux enfants, afin qu'elles ne fussent point séparées ; mais M. Sertier, qui aimait Gabrielle, sa filleule, répondit que la lui enlever serait hâter sa mort. La santé de cette enfant exigeait de grands ménagements, ajouta-t-il ; elle ne devait d'ailleurs faire nulle part plus de progrès qu'elle n'en faisait ; enfin il ne lui serait pas trop pénible d'être séparée de sa sœur, qui était pour elle un véritable tyran.

Que dire à cela ? M. Sertier était vieux et n'avait peut-être plus que peu de temps à vivre ; le colonel ne voulut pas l'affliger ; et quand il vit par lui-même que les deux sœurs tenaient médiocrement à rester ensemble, il consentit à emmener Emma, qui avait besoin d'être placée sous une direction ferme et habile.

La fille du lieutenant-colonel achevait alors son éducation dans un couvent de Paris, dont la sœur de son père était supérieure. M. Lefebvre avait vu plusieurs fois cette jeune personne ; il avait été frappé de ses manières modestes, de son caractère égal et enjoué, de la simplicité de ses goûts, du plaisir qu'elle trouvait à lire, à étudier, à travailler auprès de sa mère, sans désirer d'autres distractions pendant les vacances, et il s'était dit que ce serait un grand bonheur pour lui si les filles de son ami ressemblaient un jour à cette aimable enfant.

Il n'eut donc pas à s'inquiéter du choix d'un pensionnat. Après avoir accordé une semaine entière de promenade à Emma, dont il voulait se faire aimer, il la présenta à la supérieure, qu'il avait vue d'avance pour la lui recommander. Emma fit la grimace à la vue des noires murailles du couvent ; elle dit qu'elle aimait mieux aller en prison que d'y être enfermée, et elle déclara qu'elle y mourrait de chagrin. Elle pleurait et trépignait dans le parloir, où l'on avait prié le colonel d'attendre la mère Sainte-Thérèse ; mais quand la religieuse parut, la petite fille, intimidée et charmée à la fois par sa bonté digne et touchante, par son langage plein de raison et de tendresse, se calma promptement.

— Voulez-vous m'embrasser, mon enfant? lui demanda la supérieure, après l'avoir interrogée sur son âge et sur le degré d'instruction qu'elle possédait.

— Je le veux bien, madame, répondit Emma, que cette marque d'affection surprenait d'autant plus, qu'elle venait de faire l'aveu de son ignorance.

— Ne m'appelez pas madame, reprit la religieuse ; appelez-moi ma mère : c'est le nom que tout le monde me donne ici, et c'est un titre que vous m'accorderez bientôt du fond de votre cœur. Si vous êtes bonne et docile, comme je l'espère, vous serez mon enfant bien-aimée, et vous ne tarderez pas à voir que l'étude est un plaisir plutôt qu'un ennui.

— Je ne voulais pas entrer ici, répliqua Emma ; mais je veux bien y rester à cause de vous.

— Merci, chère enfant. Vous voyez, monsieur, que

nous nous entendrons à merveille, dit la supérieure au colonel.

— Je le vois, madame, repartit celui-ci, et je laisse en toute confiance à vos bons soins ma petite Emma. Je viendrai la voir aussi souvent que vous le permettrez ; et si vous êtes contente d'elle, comme je n'en doute pas, je la récompenserai en faisant, les jours de sortie, tout ce qu'elle me demandera.

Il embrassa l'enfant et se hâta de s'éloigner, de crainte qu'un nouveau caprice ne ramenât quelque scène fâcheuse.

La mère Sainte-Thérèse avait bien autre chose à faire que de garder auprès d'elle la petite pensionnaire ; cependant elle attendit l'heure de la récréation pour la conduire au milieu de ses compagnes, et elle la recommanda tout particulièrement à Blanche Dumesnil, la fille du lieutenant-colonel.

Blanche accueillit Emma comme une jeune sœur tendrement aimée, promit de s'en occuper, et la présenta à quelques élèves dont l'âge se rapprochait de celui de la nouvelle venue ; elle les pria de la bien accueillir, de chercher à la distraire, surtout de lui donner l'exemple du travail et de la docilité ; et comme de toutes les grandes Blanche était la plus aimée, parce qu'elle était la plus douce et la plus obligeante, Emma fut reçue à bras ouverts.

A l'heure de la rentrée, la supérieure, qui avait tout observé du coin de l'œil, vint lui demander si elle voulait la suivre ou rester avec ses petites amies.

La réponse ne pouvait être douteuse.

— Emmenez donc cette chère enfant, leur dit la bonne mère. Elle est peut-être moins avancée que vous, parce qu'elle n'a jamais été en pension ; mais elle est si docile, elle a un si grand désir de s'instruire, que vous serez obligées de travailler beaucoup pour ne pas demeurer en arrière.

Emma s'étonnait d'autant plus d'entendre son propre éloge, qu'elle s'était attendue à ce qu'on lui fît honte de son ignorance et qu'on lui reprochât ses nombreux défauts. Elle sut gré au colonel de n'en avoir point parlé ; et comme elle avait autant de curiosité que d'amour-propre, elle voulut voir s'il lui serait bien difficile de mériter des compliments qui la flattaient.

La douceur, la patience des maîtresses, l'habile indulgence avec laquelle elles fermaient les yeux sur les fautes que l'habitude lui faisait commettre et les ouvraient pour lui tenir compte de ses moindres efforts ; les bons conseils, les douces leçons de Blanche, les encouragements de la mère Sainte-Thérèse, touchèrent Emma, qui depuis longtemps supportait avec une complète insensibilité les plaintes de ses professeurs, les reproches de sa tante et les colères de M. Sertier, qu'elle mettait hors de lui-même à chaque instant du jour.

Elle oubliait bien parfois son nouveau rôle ; parfois aussi elle avait bonne envie de jeter le masque qu'on lui avait si doucement appliqué sur le visage, et de dire à tout ce monde qui la traitait avec tant de bonté : « On voit bien que vous ne me connaissez pas. » Mais il y avait dans sa classe une petite fille paresseuse et volontaire comme elle, qui se mettait en révolte ouverte contre l'ordre établi, qui tenait tête aux maîtresses, comme elle-même était tentée de le faire, et elle voyait que, loin de l'approuver et de la rechercher, les autres élèves la blâmaient et la fuyaient. Emma avait assez d'intelligence pour comparer le sort que lui faisait sa docilité avec celui de cette enfant, qui ne recevait que des réprimandes et des punitions. Puis elle voulait savoir si le colonel tiendrait la promesse qu'il lui avait faite de la récompenser, et elle attendait sa visite pour décider si elle devait continuer à travailler ou redevenir l'Emma d'autrefois.

La règle du couvent n'autorisait qu'une sortie par mois ; mais les parents pouvaient chaque quinzaine visiter leurs enfants. Le colonel Lefebvre n'oublia ni la date ni l'heure fixées ; et ce qu'on aura peine à croire, c'est que son cœur battait lorsqu'il franchit le seuil du parloir, après avoir demandé Mlle Emma Granval.

Elle accourut toute joyeuse et se jeta dans ses bras. Après avoir répondu à ses caresses, il l'éloigna doucement de lui et attacha sur elle un regard interrogateur et attendri, qu'Emma soutint sans embarras.

— Vous allez être bien étonné, lui dit-elle. J'ai été sage, si sage, que je ne me reconnais plus.

— J'y comptais, mon Emma, répondit Marcel avec joie. Tu as trop d'esprit et trop de cœur pour n'avoir pas compris que si tu as été jusqu'à présent une enfant gâtée, il est temps que tu deviennes une jeune fille aimable et studieuse. Le premier pas est fait, les autres te coûteront peu ; s'ils te coûtent, tu n'en auras que plus de mérite. Ah ! si ton père vivait encore, combien il serait heureux aujourd'hui ! ajouta-t-il avec une vive émotion. Moi, je le suis, mon enfant, et je te remercie de ce bonheur que je te dois.

— Vous m'aimerez donc si je suis toujours ainsi ?

— Je t'aime comme si tu étais ma fille, et ma tendresse sera bien payée par chacun de tes progrès.

La supérieure, avertie de la présence du colonel, vint confirmer ce qu'avait dit Emma. La petite fille ne voulut pas le laisser partir sans aller chercher sa bonne amie Blanche, pour qu'il la remerciât aussi; car elle lui devait, dit-elle, tous les compliments qu'elle venait de recevoir.

Le jour de la sortie arriva plus vite qu'Emma ne l'avait espéré ; elle l'employa si bien à courir à travers Paris avec le colonel, qu'elle lui promit de ne jamais obliger ses maîtresses à la priver d'une semblable fête.

— Vous êtes bon, lui dit-elle en le quittant. Pourquoi donc maman ne vous aimait-elle pas ?

— C'est peut-être, répondit-il avec un peu d'embarras, parce qu'elle trouvait que ton père m'aimait trop.

— Peut-être bien, reprit-elle d'un petit air réfléchi. Moi, je ressemble à papa, je vous aimerai comme il vous aimait.

Il y avait trois mois qu'Emma était en pension quand elle écrivit à sa sœur la lettre suivante :

« Ma chère Gabrielle, je te souhaite une bonne année. Je te prie d'embrasser pour moi mon oncle et ma tante, de leur dire que je suis bien fâchée de leur avoir désobéi si souvent, et que maintenant je ne suis plus l'insupportable petite fille qu'ils ont connue. Je ne sais pas comment cela s'est fait ; mais on dirait que j'ai laissé là-bas tous mes caprices et toute ma paresse. Mais si, va, je sais bien comment s'est fait ce grand miracle-là. Mon bon ami le colonel avait dit aux religieuses que j'étais une gentille enfant ; je n'ai pas osé le démentir pendant les premiers jours, et tout doucement je me suis habituée à obéir. Cela n'est pas déjà si difficile ; et puis ces dames sont si bonnes, elles parlent si bien, qu'on ne peut pas s'empêcher de les écouter. D'ailleurs il le faut, parce que Dieu nous voit ; et quand nous faisons de la peine à nos maîtresses, c'est lui que nous offensons. Je n'avais jamais pensé à cela. Mais tu y pensais sans doute, toi, Gabrielle, puisque tu étais plus sage que moi. Tu aurais dû me le dire, pour me rendre sage aussi. Peut-être que je ne t'aurais pas tant contrariée. Va, si c'était à recommencer, je serais pour toi une bonne petite sœur. Tâche donc que ma tante Sertier te mette en pension avec moi, j'en serais si contente.

« Adieu, ma chère Gabrielle ; je t'embrasse comme je t'aime.

« Emma GRANVAL. »

Gabrielle répondit :

« Je ne veux pas aller en pension ; j'aime mieux rester avec ma tante. Depuis que tu es partie, elle me laisse faire tout ce que je veux, et mon oncle ne me gronde plus, parce que je ne fais pas de bruit dans sa chambre. Je sais bien que le bon Dieu nous voit, je l'ai lu dans le catéchisme ; mais je suis encore trop petite pour y penser. Quand je ferai ma première communion, à la bonne heure. Je serais bien contente de te voir et de te montrer la jolie robe de soie à mille raies blanches et grises que ma tante m'a donnée pour mes étrennes ; on y mettra des volants déchiquetés ; ma tante dit que ce sera charmant. On ne porte dans ton couvent que des robes de mérinos noir ; c'est pour cela que je ne veux pas y aller. Puisque tu es devenue raisonnable, mon oncle dit que tu pourras rester avec nous, si tu ne fais pas trop de tapage pendant les vacances. Il m'a un peu grondée, mon oncle, parce qu'il trouve que tu écris mieux que moi. Je prends pourtant des leçons toute la matinée, et l'après-midi je m'amuse ou je sors avec ma tante. Elle t'embrasse, mon oncle aussi, et encore moi.

« Ta sœur qui t'aime.

« Gabrielle GRANVAL. »

Emma ne fut pas très-satisfaite de la lettre de sa sœur, mais le colonel le fut encore moins. Cette lettre, presque illisible, était remplie de fautes grossières et respirait plus d'égoïste vanité que de fraternelle affection. La petite pensionnaire le remarqua comme lui.

— Mon oncle, lui dit-elle, Gabrielle aime mieux avoir des robes de soie là-bas que des robes de mérinos avec moi.

— Gabrielle était autrefois plus raisonnable que toi, répondit-il ; maintenant elle l'est beaucoup moins. Elle est aussi moins avancée.

— Ce n'est pas sa faute, reprit Emma : les maîtres qu'elle a sont loin de ressembler à mes maîtresses. Il lui serait bien difficile de faire des progrès, et il est impossible que je n'en fasse pas.

— Je suis heureux de t'entendre parler ainsi, ma petite Emma ; tu apprécies les bontés qu'on a pour toi et tu sauras y répondre.

Marcel écrivit à M. Sertier pour lui dire combien il était content d'Emma et pour l'engager à réunir Gabrielle à sa sœur ; il fit valoir en vain les meilleures raisons, le vieil oncle ne voulut rien entendre. Il ne se laissa pas mieux convaincre par le changement qu'il put remarquer dans le caractère de la jeune pensionnaire pendant les vacances ; il aimait Gabrielle bien moins pour elle-même que pour les distractions qu'elle lui donnait.

— Notre maison serait triste comme un tombeau si elle n'y était plus, répondit-il aux nouvelles instances que lui adressa le colonel.

Gabrielle ne demandait pas non plus à s'éloigner ; ce qu'Emma lui avait raconté de l'emploi des journées au couvent ne la séduisait pas du tout ; car il y avait en elle beaucoup de nonchalance et d'amour de ses aises.

— Reste plutôt ici, dit-elle à sa sœur ; je serai contente d'avoir quelqu'un pour jouer avec moi ; et si je demande à mon oncle de te garder, il y consentira.

— Non, répondit Emma, un peu blessée d'avoir besoin de l'intervention de sa sœur, qui depuis son arrivée prenait avec elle un petit air protecteur, comme pour lui rappeler qu'elle n'était plus qu'une étrangère dans la maison de son oncle.

Gabrielle n'avait pas un mauvais cœur ; mais elle avait souffert dans sa première enfance de la préférence trop visible que sa mère accordait à Emma ; se sentant préférée à son tour, elle prenait sa revanche, sans toutefois se rendre compte de ce que ses manières un peu dédaigneuses pouvaient avoir de pénible pour sa sœur.

Rien n'échappait à Emma, qui avait autant d'amour-propre que d'intelligence ; plus d'une fois, pendant ces vacances dont elle s'était réjouie, elle sentit les larmes lui monter aux yeux en voyant que M. et Mme Sertier applaudissaient à tout propos Gabrielle, sans paraître s'apercevoir de ce qu'elle-même faisait ou disait de bien.

Elle vit sans regret arriver l'époque de la rentrée, et ce fut avec une joie sans égale qu'elle retrouva son oncle Marcel, sa chère Blanche et toutes ses compagnes. Elle se remit à l'étude avec une nouvelle ardeur, pour contenter ses maîtresses qui se montraient beaucoup plus justes, plus tendres, plus dévouées que ses propres parents.

Nous ne voudrions pas affirmer que cette ardeur n'était pas stimulée par le désir de laisser bien loin derrière elle la paresseuse Gabrielle : il y a souvent dans ce que nous faisons de mieux quelque arrière-pensée dont nous rougirions si nous nous examinions avec sévérité ; donc il pouvait bien y avoir chez Emma un peu d'orgueil et de jalousie ; mais ces sentiments étaient cachés dans le fond de son cœur, et elle leur devait tant de courage, qu'il ne fallait pas trop les lui reprocher.

Elle devint la meilleure élève de sa classe ; et quand les vacances la ramenèrent auprès de sa sœur, elle avait obtenu tous les premiers prix. Il fallut bien qu'on l'en félicitât. Gabrielle, qui avait à peine travaillé pendant cette année, se sentit profondément humiliée des triomphes de sa sœur. Emma le devina ; mais, loin de se prévaloir de ces succès, elle feignit de les oublier. Ses livres et ses couronnes avaient été placés en évidence sur la table du salon ; elle les cacha dans une armoire, et Gabrielle lui en sut gré.

Emma, ayant conscience de sa supériorité, se montra sans effort douce et modeste. Elle commençait d'ailleurs à comprendre qu'on ne se fait aimer ni par son esprit ni par son savoir, mais seulement par sa bonté.

Les deux sœurs vécurent en parfaite intelligence pendant ces quelques semaines de repos. Elles se séparèrent avec plus de regret que l'année précédente ; mais Emma ne songea pas plus à renoncer à son couvent que Gabrielle à quitter la maison où elle commandait en maîtresse.

Pendant cette nouvelle absence, un grand événement

devait s'accomplir pour les deux enfants. Elles avaient onze ans ; le printemps amena pour elles la grande fête de la première communion ; le même jour fut choisi au couvent et à la paroisse Saint-Victor de Verdun, à laquelle appartenait Gabrielle.

Emma écrivit la première à sa sœur dans cette circonstance solennelle.

« C'est donc dimanche, disait-elle, ma chère Gabrielle, que nous aurons le bonheur de faire notre première communion. Je m'en réjouis depuis longtemps, mais surtout depuis que je sais que nous nous approcherons le même jour de la table sainte. Si nous pouvions marcher ensemble à l'autel, notre joie serait encore plus grande ; mais du moins nous saurons qu'au même instant, Dieu nous regarde avec tendresse, nous écoute avec bonté et vient à nous pour nous combler de ses bénédictions. Je prierai pour toi, Gabrielle, tu prieras pour moi, et toutes les deux nous demanderons à Dieu de se souvenir de notre père et de notre mère, qui auraient été si heureux de nous voir en ce beau jour.

« S'ils vivaient encore, nous ne serions pas séparées ; ils nous auraient gardées l'une et l'autre auprès d'eux, ou ils nous auraient placées dans la même pension. Ne crois pas cependant que je murmure contre mon oncle et ma tante ; j'en serais bien fâchée ; car je les aime, et je prierai aussi pour eux de tout mon cœur. Tu n'y manqueras pas non plus ; mais n'oublie pas notre oncle Lefebvre, qui est si bon pour moi et qui a tant aimé papa, qu'il n'en parle jamais sans que je voie ses yeux se remplir de larmes.

« Pourvu que nous fassions une bonne première

communion ! Il me semble que j'ai fait ce que j'ai pu pour m'y préparer ; mais il faut être une sainte, un ange, avoir l'âme aussi blanche que sa blanche robe, pour être bien accueillie par le Seigneur. La mère Sainte-Thérèse nous le disait encore hier ; mais elle ajoutait que Dieu est si bon, qu'il prendra soin de nous préparer lui-même, pourvu que nous le lui demandions. Je le lui demande tous les jours depuis longtemps, et je vais encore l'en supplier bien davantage pendant la retraite qui doit commencer demain.

« On fait la retraite au couvent dans une jolie petite chapelle, où l'on disait la messe quand les religieuses n'avaient pas encore d'église. On y passe toute la journée à écouter des instructions, à lire de belles prières, à réciter le chapelet, en travaillant pour les pauvres. Tout cela est facile ; mais ce qui l'est moins, c'est de ne pas causer du tout, excepté pendant la récréation, qu'on emploie à faire des guirlandes de fleurs et de feuillage pour orner l'église le jour de la belle fête.

« Les cahiers et les livres d'étude resteront enfermés pendant la retraite, parce qu'on ne doit plus s'occuper d'autre chose que de la première communion. C'est pourquoi je t'écris aujourd'hui, en t'envoyant un livre tout pareil au mien. C'est mon bon ami le colonel qui les a achetés tous les deux, pour que j'aie le plaisir de t'en offrir un. J'ai aussi un joli chapelet blanc, que j'ai gagné à la loterie des orphelins ; je le joins au livre. Garde-le en souvenir de notre première communion.

« Ma chère Gabrielle, si je t'ai quelquefois fait de la peine, je te prie de me pardonner. Dis aussi à mon oncle et à ma tante que je leur demande pardon de toutes mes désobéissances d'autrefois, et que si je retourne plus tard auprès d'eux, je ne leur donnerai que de la satisfaction.

« Adieu, ma bonne sœur; pense à moi comme je pense à toi, et aime-moi comme je t'aime.

« Toute à toi.

« Emma GRANVAL. »

La réponse de Gabrielle arriva le samedi au soir. Elle ne contenait que ce peu de lignes :

« Je suis bien aise aussi de faire ma première communion le même jour que toi. Je serais encore plus contente si tu étais ici. Je t'aurais pour compagne pendant toute la cérémonie, et nous serions mises l'une comme l'autre; ce qui serait très-joli, car ma tante m'a acheté ce qu'elle a trouvé de plus beau. Ma robe et mon voile sont en mousseline claire, sans ornements, parce que les ornements sont de mauvais goût pour une communiante ; mais ma couronne est magnifique, et tu n'as jamais rien vu de charmant comme le livre et le porte-monnaie que mon oncle m'a donnés : ce sont deux vrais bijoux en ivoire sculpté ; mon chapelet pourrait être porté en bracelet, tant il est joli.

« Je te remercie de celui que tu m'as envoyé. Je ne m'en servirai pas dimanche, ni du livre du colonel non plus ; mais ce sera pour une autre fois.

« Mon oncle et ma tante te pardonnent bien volontiers. Je te prie de me pardonner aussi les petites contrariétés que j'ai pu te causer sans le vouloir.

« Adieu, ma bonne Emma; je t'embrasse de tout mon cœur.

« Gabrielle GRANVAL. »

Emma comprit que cette lettre ne ferait pas plaisir à son ami le colonel et qu'elle ne le disposerait pas en faveur de Gabrielle; aussi ne la lui montra-t-elle pas. Elle pleura en voyant que sa sœur préférait un autre chapelet à celui dont elle lui faisait cadeau, et elle pensa que M. Lefebvre ne serait pas flatté non plus de l'accueil fait au livre qu'il avait choisi.

— Ah! si elle m'avait envoyé un chapelet à grains de bois et à monture de cuivre, je m'en serais servie; car, venant d'elle, il m'aurait paru plus beau qu'un bracelet de perles, dit-elle à la mère Sainte-Thérèse, qui avait jeté un coup d'œil sur la lettre avant de la lui donner.

— Votre sœur est un peu étourdie, un peu enfant, répondit la supérieure; mais elle vous aime, soyez-en sûre. Séchez vos larmes, mon enfant, et priez de tout votre cœur pour que Dieu vous bénisse et vous protége toutes les deux.

— C'est peut-être mon orguel qui fait que je suis blessée des procédés de Gabrielle, reprit Emma, en s'essuyant les yeux et en s'efforçant de sourire. J'ai pourtant bien promis de m'en corriger.

— Nous luttons toute notre vie contre nos défauts, ma chère petite, dit la bonne religieuse, et nous arrivons à la mort sans en avoir triomphé complétement. Puisque nous ne pouvons pas nous en débarrasser, il faut tâcher de les faire tourner à notre avantage. Ainsi, vous avez de l'amour-propre; placez-le bien, c'est-à-dire cherchez plutôt à devenir aimable, instruite, vertueuse, irréprochable dans toute votre conduite, qu'à humilier les autres par vos dédains ou à les éclipser par de frivoles avantages. Vous êtes très-sensible aux réprimandes;

efforcez-vous de n'en pas mériter. Les procédés peu délicats vous offensent; faites en sorte que personne n'ait à se plaindre des vôtres. Vous désirez être aimée; oubliez-vous pour ne songer qu'au bonheur de ceux avec lesquels vous serez appelée à vivre. L'amour-propre ainsi contenu et dirigé est, dit-on, presque une vertu; ou du moins c'est un défaut pour lequel ni Dieu ni les hommes ne peuvent se montrer bien sévères.

— Ah! ma mère, dit Emma, que vous êtes bonne et indulgente! Me voici, grâce à vous, tout à fait consolée.

— Ce n'était qu'un petit chagrin, mon enfant. Rappelez-vous bien que le meilleur moyen de se consoler d'un chagrin petit ou grand, est de le recevoir comme une épreuve que Dieu nous envoie, c'est-à-dire avec patience et résignation.

La cérémonie du lendemain n'eut pour témoins que les plus proches parents des communiantes, les religieuses, leurs élèves, et sans doute les anges chargés de porter jusqu'au trône de Dieu les vœux des blanches vierges, leurs sœurs, accompagnés des vapeurs de l'encens et des parfums des fleurs,

Entre toutes, Emma se distingua par son recueillement et sa ferveur; les joies du ciel rayonnèrent sur son front incliné; et quand elle prononça tout haut l'acte d'actions de grâces qui devait terminer cette belle fête, ce fut d'un ton si pénétré, que la plupart des assistants ne purent retenir leurs larmes.

Ce jour-là, le réfectoire des religieuses fut ouvert aux communiantes; on leur permit de se promener dans le jardin réservé à la communauté, après que leurs parents eurent été admis à les embrasser et à les féliciter. Le colonel Lefebvre arriva à l'église avant tout le monde, et il en sortit l'un des derniers, tant il trouvait de charme à l'émotion qui remplissait son cœur.

Le jeudi suivant était le jour de la sortie; mais ce ne fut pas un jour de joie pour Emma. On parlait depuis quelque temps d'un prochain changement de garnison. De peur de l'affliger, le colonel ne lui en avait pas encore dit un mot; mais elle venait à peine d'arriver chez lui quand il reçut l'ordre de diriger son régiment sur Verdun, où il devait être rendu à la fin de la semaine suivante.

— A Verdun! dit Emma stupéfaite. Gabrielle est bien heureuse.

— Peut-être ne regardera-t-elle pas ma présence comme un bonheur, objecta M. Lefebvre. En tout cas, je puis t'assurer que la sienne ne me consolera pas de ton absence.

— Et moi, mon bon oncle, croyez-vous qu'il me soit possible de m'habituer à la vôtre? Je n'ai pas pleuré mon père autant que je vous pleurerai. Et mon amie Blanche ne partira-t-elle pas avec vous?

— Elle devait achever son année de pension; mais sa mère ne pourra se résoudre à la laisser ici.

— Ainsi, je perdrai tout à la fois!

— Ne t'attriste pas, mon enfant. Je verrai ce soir la digne supérieure, et nous arrangerons toutes choses pour le mieux.

En effet, après avoir écouté le colonel, la mère Sainte-Thérèse lui conseilla d'emmener Emma.

— Il y a, dit-elle, à Verdun un pensionnat dirigé par une de nos meilleures élèves; je lui écrirai pour lui recommander notre chère enfant et sa sœur, puisque vous désirez que Gabrielle reçoive désormais les mêmes soins qu'Emma. Je crois, comme vous, qu'il est temps de réunir ces deux jeunes filles, qui peut-être n'auraient pas dû être séparées ainsi. Mais peut-être aussi fallait-il que la séparation fût longue, pour que les conseils, l'exemple, l'amitié dévouée de notre Emma pussent avoir sur le caractère et les goûts de sa sœur une salutaire influence.

La bonne religieuse se chargea d'apprendre cette nouvelle à son élève.

— Réjouissez-vous sans craindre de paraître ingrate envers nous, mon enfant, lui dit-elle, en la voyant partagée entre le regret de quitter le couvent et la joie de suivre son père adoptif. Je vous connais assez pour savoir que vous ne nous oublierez pas, et que les principes que nous nous sommes efforcées de graver dans votre cœur ne s'en effaceront jamais. Un peu plus tôt, un peu plus tard, nous devions vous perdre. Nous vous regretterons d'autant plus, que nous n'ignorons pas quels efforts vous avez faits pour devenir ce que vous êtes.

— Ah ! ma mère, si vous savez ce que j'étais avant de recevoir vos leçons, je n'ai pas besoin de vous dire avec quelle peine je m'éloignerai de vous ni quelle reconnaissance je vous conserverai toute ma vie.

— Il faut aller gaîment où Dieu vous appelle, ma chère enfant, et accepter de grand cœur la tâche qu'il vous impose. Votre docilité, votre amour du travail inspiraient à vos compagnes une louable émulation, et vous avez pu souvent, par un mot dit à propos, relever leur courage ou les empêcher de mal faire. Votre sœur a besoin de vous plus encore que vos compagnes ; mais il faudra, si vous voulez lui être utile, être douce, indulgente, affectueuse, et surtout modeste. Il faudra vous rappeler que ce qu'il y a de bon en vous n'est pas uniquement votre ouvrage, et que si vous eussiez été gâtée comme elle l'a été, vous auriez sans doute plus de défauts qu'elle n'en a.

— Cela est vrai. Quand nous étions ensemble, Gabrielle était beaucoup moins indocile et moins paresseuse que moi. Nos parents et nos maîtres me la proposaient pour modèle ; aussi j'étais jalouse et je ne l'aimais guère.

— Vous vous en souvenez; donc je puis croire que vous ne prendrez jamais avec elle les airs de supériorité qui vous blessaient de sa part. Gagnez sa confiance par votre tendresse, et ménagez son amour-propre comme nous avons ménagé le vôtre, nous qui avons eu mille fois la preuve de la vérité de ce proverbe trop souvent oublié : « On prend plus de mouches avec une cuillerée de miel qu'avec une tonne de vinaigre. »

Emma écrivit le soir même à sa sœur :

« J'ai demandé à Dieu du fond de mon âme, le jour de ma première communion, de me réunir bientôt à ma chère Gabrielle; mais je n'espérais pas être si vite exaucée. Dans huit jours je serai près de toi, pour ne plus te quitter.

« Notre oncle Lefebvre va en garnison à Verdun ; oui, à Verdun, entends-tu, Gabrielle? Et au lieu de me laisser ici, comme je le craignais, il m'emmène sans que j'aie osé le lui demander. Tu vois que ma prière a été pleinement exaucée. Quel bonheur de me retrouver avec toi, ma sœur, de t'avoir pour amie, de pouvoir te confier toutes mes pensées, tous mes projets, toutes mes idées, si folles qu'elles soient! Va, je n'aurai rien de caché pour toi, Gabrielle ; tu me trouveras quelquefois encore bien enfant ; mais je te permets d'avance de rire à mes dépens, et je te promets de ne jamais me fâcher de ce que tu me diras.

« Nous travaillerons ensemble à contenter ma tante, à distraire notre pauvre oncle de ses longues souffrances, et à témoigner notre affection au seul parent que notre père nous ait laissé. Si tu savais combien il est bon, tu l'aimerais autant que je l'aime. Tu le sauras bientôt, et bientôt peut-être tu prendras la première place dans son cœur, comme tu l'as prise dans celui de nos autres parents. Quoi qu'il arrive, je ne serai pas jalouse de toi : n'es-tu pas une partie de moi-même, comme le disait autrefois notre nourrice ? Quant à moi, je me rappelle que, quand elle me voyait sans toi, elle me demandait où était ma moitié. J'ai pensé à toi tous les jours plus d'une fois depuis que nous sommes séparées, mais je n'ai jamais tant désiré te revoir que depuis que je sais que ce vœu est sur le point de se réaliser. Il me semble que la semaine qui s'écoulera d'ici-là sera longue comme une année. Tu vois que ton Emma n'est guère raisonnable ; mais ne gronde pas, Gabrielle ; si je t'aimais moins, j'aurais plus de patience.

« Toute à toi.

« Emma GRANVAL. »

VIII.

Gabrielle accueillit sa sœur avec une joie sincère. Elle commençait à se trouver bien isolée entre M. Sertier, que ses infirmités rendaient morose et grondeur, et Mme Sertier, qui, obligée de donner à son mari des soins continuels, se lassait du rôle de garde-malade et rendait volontiers à son entourage les dures paroles et les reproches injustes qu'elle recevait.

Tant que Gabrielle avait été petite, il suffisait d'une caresse, d'un jouet, d'un objet de toilette, pour lui faire oublier les brusqueries de sa tante, qui d'ailleurs devenaient plus fréquentes à mesure que la souffrance aigrissait l'humeur de M. Sertier. Mais depuis qu'elle avait la prétention de n'être plus une enfant, elle s'irritait de ce qu'au lieu de la gâter et de la flatter sans cesse, comme jadis, sa tante lui fît quelquefois supporter ses impatiences.

Ces deux visages refrognés ne lui plaisaient guère ; elle désirait vivement se lier avec quelque jeune fille aimable et gaie ; mais Mme Sertier ne voulait pas qu'elle sortît, et il ne fallait pas songer à introduire une étrangère dans cette maison, où l'on n'osait faire le moindre bruit.

Mme Sertier n'avait pas beaucoup de sympathie pour M. Lefebvre ; elle se rappelait que Mme Granval n'avait jamais pu le souffrir ; et elle ne se sentait pas à l'aise avec lui, parce qu'elle ne doutait pas qu'il ne l'eût blâmée d'avoir autorisé sa nièce à faire des emprunts à la caisse du notaire. Cependant, comme M. Sertier aimait le colonel, qui, de son côté, avait pour lui une véritable estime, elle se réjouit de penser qu'il viendrait de temps à autre tenir compagnie au malade, dont cette distraction dissiperait un peu la mauvaise humeur.

Elle le pria donc, quand il vint lui amener Emma, d'accepter l'hospitalité dans sa maison jusqu'à ce qu'il eût trouvé un appartement convenable. Marcel ne crut pas devoir accepter cette marque de bienveillance ; mais il fut reconnaissant de la manière dont le vieillard insista, et il lui promit de venir le voir souvent.

Emma trouva M. Sertier si changé, qu'elle se sentit pénétrée d'une tendre compassion pour lui ; et elle sut si bien la lui témoigner, que le vieillard s'étonna d'avoir pu lui préférer l'indifférente Gabrielle.

Disons toutefois que si ce reproche était mérité, l'indifférence de la jeune fille avait une excuse : elle avait toujours vu souffrir son oncle, elle y était habituée ; et comme elle entrait à chaque instant dans sa chambre, elle ne remarquait point le ravage que la maladie opérait lentement sur ses traits.

Pendant qu'Emma était près de M. Sertier, le facteur apporta les journaux ; la bonne les plaça sur la table de nuit.

— A quoi bon? dit-il. Vous savez bien que je ne puis plus lire.

— Mais moi, mon oncle, répliqua la gentille enfant, j'ai d'excellents yeux, je les mets à votre service.

— Ah! ma pauvre Emma, s'écria Gabrielle, tu ne sais pas de quoi tu te charges : c'est si ennuyeux la politique.

— Mais si cela intéresse mon oncle, je consens volontiers à m'ennuyer un peu pour lui faire plaisir.

— Je regrette de t'avoir méconnue, ma petite Emma, reprit M. Sertier; tu es meilleure que ta sœur.

— Parce que je me suis lassée de lire haut pendant deux heures des choses auxquelles je ne comprends rien, dit Gabrielle. Quand Emma t'aura servi de lectrice aussi longtemps que moi, elle en aura bien assez.

— Veux-tu que je te propose un arrangement? demanda Emma, qui ne craignait rien tant que d'inspirer de la jalousie à sa sœur. Je lirai la politique, et toi les nouvelles. De cette manière nous ne serons fatiguées ni l'une ni l'autre, et mon oncle aura le plaisir de nous écouter tour à tour.

— Soit, répondit Gabrielle, comprenant qu'elle devait montrer plus de complaisance que jamais si elle voulait rester l'objet de la prédilection du vieillard.

Mais quand vint son tour de prendre le journal, elle feignit d'avoir à terminer un ouvrage pressant, et elle ne reparut qu'une heure après.

— Tu lis très-bien, Emma, dit M. Sertier; ta voix est douce et agréable; elle me plaît, tandis que celle de ta sœur m'agace par ses éclats ou m'endort par sa monotonie. Elle est capricieuse, ta sœur; et je crois que si j'avais eu autant de bontés pour toi que j'en ai eu pour elle, tu m'aimerais plus qu'elle ne m'aime.

— C'est impossible, mon oncle. Gabrielle vous est tendrement attachée; elle est moins démonstrative que moi; je me rappelle que maman le lui disait souvent.

— Tu avais autrefois un vilain caractère; mais tu es bien changée, mon enfant.

— Grâce aux soins des religieuses qui m'ont élevée. Ce que vous trouverez de bon en moi, mon oncle, vous pourrez dire que je le leur dois.

— J'ai eu tort de ne pas laisser partir Gabrielle avec toi, comme le voulait M. Lefebvre. J'ai agi en égoïste, il est juste que j'en porte la peine.

— Mais, mon oncle, nous n'avons pas douze ans; nous pouvons encore nous corriger et nous instruire en profitant des leçons d'une bonne institutrice. M. Lefebvre a l'intention de me remettre en pension; si vous vouliez permettre à Gabrielle de m'y accompagner, je vous en serais bien reconnaissante.

— Je ne m'y opposerai pas; mais la volonté d'un pauvre infirme comme moi ne compte plus pour rien dans la maison. Gabrielle fera ce que voudra sa tante, ou plutôt ce qui lui plaira à elle-même; car Mme Sertier a beau gronder, ta sœur n'y fait pas attention.

— Si cela ne dépend que de Gabrielle, j'espère la décider à venir avec moi, répondit Emma.

Gabrielle rentrait en ce moment.

— Le journal est fini, dit-elle. Tant mieux donc! Viens-tu, Emma? Il faut laisser dormir mon oncle.

M. Sertier soupira, comme pour dire qu'il avait plus besoin de société que de sommeil; mais Gabrielle toucha le coude de sa sœur et l'emmena.

— Ah çà, dit-elle, après avoir refermé la porte, j'espère que tu ne vas pas te rendre l'esclave de ce vieux grognon. Si tu l'écoutes, tu ne sortiras plus de sa chambre ; après avoir lu le journal, il faudra que tu lui racontes toutes sortes de choses, que tu chantes ou que tu te mettes au piano pour le distraire ; en un mot, que tu sois constamment occupée de lui. Il nous aurait fait mourir à la peine, ma tante et moi ; nous avons été obligées de le mécontenter pour reprendre un peu de liberté.

— Pauvre oncle ! il souffre tant.

— Ce n'est pas notre faute, et nous ne pouvons pas le soulager. Parce qu'il est cloué sur son lit, est-ce une raison pour que nous ne prenions aucun plaisir ? Ah ! les vieillards sont bien exigeants, celui-là surtout. Il bougonne sans cesse, il se plaint de ma tante ; ma tante se fâche contre lui et contre moi, si bien que la maison, assez agréable autrefois, n'est plus qu'un enfer aujourd'hui. Va, tu regretteras plus d'une fois ton couvent.

— T'ai-je donc dit que je resterais ici ?

— Tu y resteras, puisque M. Lefebvre n'a pas voulu se séparer de toi.

— Il aurait regretté de me laisser à Paris ; mais il ne m'aurait pas emmenée si ce n'eût été pour me réunir à ma chère Gabrielle.

— Pourquoi dis-tu donc que tu ne comptes pas rester ici ?

— Parce que je dois entrer en pension dans quelques jours.

— En pension à Verdun ?

— Chez Mme Lecomte, une ancienne élève de mon couvent.

— Je la connais. C'est une grande et belle personne, toujours très-bien mise, quoiqu'elle ne porte que du noir.

— Elle ne te déplaît donc pas ?

— Non ; mais il me semble que tu n'as pas besoin d'aller en pension pour achever de t'instruire, puisque nous pouvons avoir des professeurs.

— Oh ! ce n'est pas la même chose. Si je me contentais des leçons de tes professeurs, j'aurais bientôt perdu le goût du travail, que l'émulation rend agréable et facile. Puis, il faut bien que je te l'avoue, la maison de mon oncle me paraît si triste, que je crains de ne pas m'y plaire.

— Quand je te le disais !...

— Je ne me suis jamais ennuyée au couvent. Ton absence seule m'empêchait de m'y trouver parfaitement heureuse. J'avais d'aimables compagnes, d'excellentes maîtresses ; et les récréations succédant à l'étude, avaient beaucoup plus de charme pour moi que la liberté dont je pourrais jouir maintenant chez mon oncle. Tu me plaignais d'être assujettie à une règle qui te paraissait bien sévère ; moi, je te plaignais d'être seule, soit au jeu, soit au travail.

— Il est vrai que je n'étais pas toujours contente de mon sort, et que depuis quelques mois je ne le suis plus du tout.

— Pourquoi donc n'essaierais-tu pas de le changer ? Demande à être mise en pension avec moi d'ici à la fin de l'année seulement. Si tu t'y plais, tu y resteras ; si tu ne peux t'y habituer, les vacances viendront trop tôt pour que tu aies le temps de t'ennuyer beaucoup.

— En effet, trois mois seront bientôt passés. J'aurais

presque envie de suivre ton conseil; mais je suis déjà si grande.

— Pas plus que moi; nous sommes exactement de la même taille.

— Oui; mais tu sais ce que c'est que la vie de pension, tu ne seras embarrassée de rien, personne ne se moquera de toi.

— Qu'à cela ne tienne; je me charge de te mettre au courant et de te préserver de toute raillerie.

— Oh! non, cela ne se peut pas. Je mourrais de chagrin si je me voyais enfermée là-dedans. C'est une vraie prison, dont on ne sort que le dimanche pour aller aux offices et le jeudi à la promenade. Encore ne traverse-t-on que les rues désertes des plus vilains quartiers.

— Au couvent, nous ne sortions jamais, et je n'y pensais pas. Mais si tu me fais une concession, il est juste que je t'en fasse aussi. Veux-tu que nous entrions chez Mme Lecomte à titre de demi-pensionnaires? Nous jouirons ainsi d'une plus grande liberté, tout en recevant les mêmes leçons que les pensionnaires.

— Oui, cela me convient mieux. D'ailleurs, comme tu le dis, on peut en essayer; et je ne suis pas fâchée de congédier ma maîtresse de français ni mon professeur de dessin, qui s'obstinent à me traiter comme si je n'avais encore que huit ans.

— Eh bien! reprit Emma en souriant, l'occasion est bonne; et si ma tante te permet d'en profiter....

— Ma tante voudra ce que je voudrai. Elle s'ennuiera quand je ne serai plus là; mais ce sera bien fait; car elle devient maussade et grondeuse au dernier point.

— Ainsi c'est convenu?

— Tu as ma parole, dit Gabrielle, en mettant sa main dans celle de sa sœur.

En babillant ainsi, les deux sœurs étaient descendues au jardin ; elles avaient tant de choses à se raconter, et il faisait si bon, qu'elles oublièrent l'heure du dîner. Il fallut que Mme Sertier allât les appeler.

— Tu es insupportable, dit-elle à Gabrielle ; tu sais que rien ne me déplaît comme de t'attendre quand le dîner est servi, et l'on dirait que tu prends à tâche de n'être jamais exacte.

— Pardon, ma tante, dit Emma, votre jardin est si beau, si bien fleuri, qu'on y passerait des heures entières sans s'en apercevoir.

— Ce n'est pas à vous que j'en veux, Emma ; mais votre sœur est vraiment par trop étourdie.

— Ne pouvez-vous donc vous mettre à table sans moi ? demanda Gabrielle.

— Me mettre à table sans toi, pour te faire servir ensuite ! Voilà encore une idée dont je te fais mon compliment. Tiens, il vaut mieux que tu dises franchement que tu es lasse de m'obéir, que tu veux vivre à ta fantaisie. Il y a longtemps que tu agis comme si tu le pensais ; mais j'ai assez de tes caprices, et si tu ne changes pas, tu pourras t'en aller sans que je te regrette.

— Eh bien ! oui, je m'en irai, dit Gabrielle, vivement blessée de se voir gronder injustement devant sa sœur. Si vous aviez voulu me laisser partir avec Emma, j'aurais été plus heureuse qu'avec vous, et je ne serais pas maintenant une ignorante en comparaison de ma sœur.

— Tu as eu des maîtres. Est-ce ma faute si tu n'as pas profité de leurs soins ?

— Oui, c'est votre faute. Ne m'avez-vous pas dit cent

fois que je n'avais pas besoin d'étudier comme si je devais être un jour institutrice? Et quand il vous plaisait de sortir, vous m'emmeniez sans vous soucier de savoir si mes devoirs étaient faits.

— Ingrate, qui me reproche mon aveugle tendresse....

— Non, ma tante, dit Emma, Gabrielle n'est pas ingrate ; elle vous aime comme si vous étiez sa mère ; mais elle me disait tout à l'heure qu'elle voulait réparer le temps perdu pour son instruction, et qu'elle vous prierait de la placer avec moi chez Mme Lecomte. Mais elle ajoutait que pour ne pas être tout à fait séparée de vous, elle demanderait de n'être que demi-pensionnaire.

— Et, au lieu de me dire cela tout franchement, la méchante enfant me cherche querelle et veut me faire croire qu'elle quitte ma maison parce qu'elle y est malheureuse.

— N'est-ce donc pas toi qui m'as accablée de ta mauvaise humeur, comme si j'avais commis une grande faute en m'oubliant à causer avec ma sœur pendant que le potage refroidissait?

— Allons, c'est vrai, j'ai eu tort, n'en parlons plus. C'est que j'ai tant d'ennuis!... répondit Mme Sertier, en embrassant Gabrielle.

— Voilà qui est entendu, reprit l'enfant gâtée, j'entrerai en demi-pension chez Mme Lecomte, en même temps qu'Emma.

— Je le veux bien. On dit que c'est une personne très-distinguée, qui a perdu tout à la fois son mari et sa fortune.

— Ses talents lui sont restés ; qu'aurait-elle fait sans cela? Tu vois que, quand on serait riche, il est bon de chercher à s'instruire, reprit Gabrielle.

— Instruis-toi, j'y consens, quoique le malheur qui a frappé cette dame n'arrive pas à tout le monde ; mais surtout tâche de te former aux bonnes manières qu'elle a la réputation de donner à ses élèves.

— J'y tiens plus qu'à tout le reste, répondit Gabrielle. On a beau être savante ; si l'on est gauche, qu'on ne sache ni entrer dans un salon, ni y tenir convenablement sa place, ni en sortir à temps, on est ridicule ; et aux yeux de beaucoup de gens, on passe pour avoir été mal élevée.

Gabrielle exigea que ses professeurs fussent congédiés dès le lendemain. Ce n'était pas trop, à son avis, d'avoir quelques jours de vacances complètes avant de se mettre la chaîne au cou.

Le colonel se réjouit de voir adoptée la proposition d'Emma, et il n'eut pas de peine à la faire approuver par M. Sertier, qu'on n'avait pas jugé à propos de consulter. Le pauvre homme était vraiment de trop dans sa propre maison, et l'on ne craignait pas de le lui faire voir en toute occasion. On lui disait même sans détour que, devenu incapable de faire quoi que ce fût, il ne devait se mêler de rien, et que, pourvu qu'on lui donnât régulièrement les soins nécessités par son état, il devait être content. Ces soins ne lui manquaient pas ; mais ils n'étaient point accompagnés des paroles affectueuses, des témoignages de tendre intérêt qui les rendent chers aux malades, en leur persuadant qu'ils ne sont point à charge à ceux dont ils ont besoin.

Tant qu'il avait pu sortir, Gabrielle avait paru tenir à lui : il était toujours prêt à la conduire où elle voulait aller ; il avait la patience de s'arrêter avec elle devant les étalages des marchands, et presque toujours elle pouvait compter qu'il lui ferait cadeau des objets qu'elle avait le plus admirés. Dès que la paralysie, en le clouant sur son lit, l'eut pour ainsi dire retranché de ce monde, les sentiments de sa filleule changèrent pour lui ; ce qui prouvait qu'il y avait dans ce jeune cœur plus d'égoïsme que de reconnaissance.

De ce côté donc, M. Sertier n'avait pas grand'chose à attendre. Quant à sa femme, elle ne l'avait jamais beaucoup aimé. Orpheline et pauvre, elle l'avait épousé pour avoir une position, et elle lui gardait rancune de ce que, malgré les instances qu'elle avait faites, dès le commencement de son mariage, pour aller habiter une grande ville, il s'était établi pharmacien à Verdun, et s'était obstiné à y rester après avoir vendu son établissement.

Paris était le rêve de Mme Sertier. Aussi jeune que Mme Granval, aimant autant le monde, elle avait formé souvent avec sa nièce le projet d'aller s'y fixer quand M. Granval céderait l'étude à son clerc ; car elle pensait qu'alors M. Sertier, qui avait vingt-cinq ans de plus qu'elle, aurait cessé de vivre.

Les choses avaient tourné tout autrement : Mme Granval était morte après quelques mois de veuvage, et M. Sertier pouvait durer encore des années, en dépit de ses infirmités. Ce qui n'avait pas changé, c'était le désir de briller que Mme Sertier n'avait jamais pu satisfaire, désir que chaque année perdue semblait aiguiser, au lieu de l'apaiser. Elle se sentait vieillir auprès de ce malade, dont la tristesse augmentait la sienne, et elle jetait avec dépit un regard sur tant d'années écoulées dans une situation si différente de celle qu'elle avait ambitionnée.

Il y a beaucoup de ces femmes égoïstes et frivoles, qui n'aiment qu'elles-mêmes, qui placent le bonheur dans les satisfactions de la vanité, et pour lesquelles le dévouement n'est qu'un vain mot et le devoir qu'un joug insupportable.

Est-il besoin de dire que c'est presque toujours à une éducation mal dirigée, à l'absence ou du moins à l'enseignement superficiel des grands principes de la morale chrétienne, qu'il faut attribuer les torts dont elles se rendent coupables? Mme Sertier, élevée dans le même pensionnat que Mme Granval, y avait reçu de l'instruction, y avait acquis des talents d'agrément; mais on avait oublié de graver dans leurs cœurs la crainte de Dieu et l'amour du devoir.

Revenons à M. Sertier. Il consentit volontiers à ce que Gabrielle s'éloignât. Après l'avoir trop aimée, il s'en était détaché; peut-être même la jugeait-il trop sévèrement; car elle était plutôt étourdie que méchante. Quant à Emma, quoiqu'il l'eût bien peu vue, il lui sembla qu'il allait tout perdre quand elle sortirait de chez lui, et il ne put s'empêcher de témoigner au colonel les regrets qu'elle lui laisserait.

— Je ne sais, dit-il, ce qu'il y a en elle que je n'ai jamais rencontré ni dans sa sœur ni dans sa tante. Quand elle me parle, sa voix s'adoucit; quand elle me regarde, ses yeux expriment une tendre pitié; et quand elle me dit qu'elle priera pour moi avant de s'endormir, je passe une nuit moins agitée. Autrefois elle n'était pas ainsi, ou du moins je ne le remarquais pas.

— Autrefois, elle était encore trop enfant pour être bien sensible, répondit M. Lefebvre; elle était ce qu'est Gabrielle. Les soins habiles et dévoués qu'elle a reçus ont développé en elle les sentiments qui dorment encore chez sa sœur, et qui s'y éveilleront, soyez-en sûr. Mais, en attendant, vous ne serez pas privé complétement de la présence de ces deux enfants ; vous les verrez tous les jours.

— Emma aussi ? s'écria-t-il. Ah ! merci, je suis bien heureux ! Bien heureux et bien reconnaissant ; car c'est à vous qu'elle doit une éducation si différente de celle de sa sœur. Vous avez raison, colonel, c'est l'éducation de la femme qui fait qu'elle apporte au foyer la paix ou la guerre, le bonheur ou le malheur.

Cette vérité, tardivement comprise par M. Sertier, l'avait été par le colonel dès qu'il avait pu comparer Mme Granval, si vaine, si capricieuse, si peu soucieuse de conformer ses goûts à ceux de son mari, si peu touchée de ses découragements et de ses souffrances, à la digne aïeule qui s'était imposé pour Granval et pour lui les plus grands sacrifices, qui n'avait vécu que pour eux, qui avait supporté de cruels chagrins sans que son humeur égale, sa tendre indulgence et sa douce fermeté en fussent altérées.

Il se promit en conséquence de songer bien moins à la dot des jeunes filles dont les deux fils de son ami Lenglet voudraient faire leurs femmes qu'aux principes qui auraient présidé à leur éducation et à la manière dont elles en auraient profité.

Il craignait parfois que Dieu ne le laissât pas vivre assez pour qu'il pût aider de ses conseils, dans cette grave circonstance, ces deux jeunes gens, qu'il aimait plus que Gabrielle et presque autant qu'Emma.

Il avait vivement regretté de les laisser seuls à Paris, juste au moment où ils auraient eu le plus besoin d'un guide pour les soustraire aux dangers qui menacent la jeunesse dans cette immense cité, où le vice coudoie la vertu et où l'on peut trop facilement cacher ses écarts. Henri et Charles n'étaient plus des enfants. Tous deux avaient fait choix d'une carrière : Henri se destinait au barreau, Charles voulait être médecin. L'un et l'autre travaillaient avec ardeur ; car l'excellent homme auquel leur père les avait confiés en mourant leur avait maintes fois répété que chacun ici-bas a sa tâche à remplir, et ne peut, sans manquer à un impérieux devoir, négliger de se mettre en état de la remplir honorablement.

Il joignait l'exemple au précepte. Ses deux pupilles savaient que, malgré son âge, qui déjà lui créait des droits au repos, il travaillait plus qu'aucun des officiers dont l'avenir était encore à faire, et que nul effort ne lui coûtait pour que justice pleine et entière fût rendue à tous ceux qui dépendaient de lui. Il se rendait compte de tout par lui-même, veillait aux besoins de ses soldats, à leur conduite, à leur instruction, connaissait les bons sujets de son régiment, les encourageait, les protégeait à l'occasion, et cherchait à mettre en lumière le mérite et les travaux des jeunes officiers.

Il apaisait les querelles, étouffait les rivalités, et entretenait entre eux une généreuse émulation. Tous le vénéraient autant qu'ils l'aimaient ; et sa réputation de justice était si bien établie, que jamais aucun murmure ne s'élevait contre lui.

Henri et Charles savaient tout cela ; ils étaient fiers de l'affection d'un tel homme, et ils lui avaient juré de la mériter en s'efforçant de lui ressembler.

Le départ du colonel les avait profondément affligés ; mais ils ne songèrent point à chercher ailleurs que dans l'étude une distraction qui pût remplacer l'honnête plaisir qu'ils trouvaient à fréquenter sa maison, où se réunissait une société peu nombreuse, mais distinguée sous tous les rapports.

M. Lefebvre, redoutant pour eux l'influence des mauvaises compagnies, leur avait fait promettre, avant de les quitter, de n'accueillir qu'avec une extrême réserve les avances que pourraient leur faire les jeunes gens de leur âge. Il y en a tant qui se parent du nom d'étudiants et qui ne s'étudient qu'à gaspiller la fortune acquise par leurs parents ou à vivre aux dépens de ceux qui se laissent séduire par leurs protestations d'amitié !

En leur parlant de l'amitié, il leur avait rappelé ces vers bien connus et trop oubliés :

> Rien n'est plus commun que le mot,
> Rien n'est plus rare que la chose.

— Ne regardez jamais comme un véritable ami, avait-il ajouté, que celui qui vous conseillera de bien faire, qui s'efforcera de vous encourager au travail, en un mot, qui vous tiendra le langage auquel je vous ai habitués. Méfiez-vous de celui qui vous détournera de vos devoirs et fera briller à vos yeux les séductions du plaisir. Fuyez-le comme un ennemi dangereux, craignez-le comme un voleur ; car il veut vous enlever ce que vous avez de plus précieux : vos sages principes, vos bons sentiments, la satisfaction de vous-même, la position que vous désirez acquérir.

Et comme Henri objectait que cependant ils ne pourraient, sans s'exposer à la rancune de leurs condisciples, sans se faire accuser d'un sot orgueil, dédaigner toutes les avances qui leur seraient faites, repousser toutes les mains qui se tendraient vers eux, il reprit :

— Chacun de vous n'a pas besoin d'autre ami que

son frère. Ne dédaignez ni ne repoussez personne; mais demeurez entre vous, sans rechercher qui que ce soit. Si quelqu'un vient à vous, ne lui accordez votre confiance que quand vous le connaîtrez bien. Vous savez que je vous aime; et si je vous parle ainsi, ce n'est pas pour vous priver des charmes d'une honnête liaison. Je ne voudrais vous interdire aucun des plaisirs qui ne sont point un obstacle à votre bonheur. Vous n'aurez jamais d'ami plus sincère que moi; comparez donc à mon langage celui des nouveaux amis que vous rencontrerez; et quand il vous paraîtrait plus agréable, croyez-bien que ma sévérité vaut mieux que leur indulgence. Votre avenir dépend de vous; n'allez pas le sacrifier à de frivoles distractions, que vous payeriez de longs regrets, peut-être même de cruels remords.

Les jeunes gens avaient promis de ne pas oublier ces derniers conseils; mais M. Lefebvre n'était qu'à demi rassuré; aussi, pour fortifier leurs bonnes résolutions, il entretenait avec eux une correspondance suivie.

Ce brave cœur ne vivait que de dévouement. Ignorant les joies de la famille, il en avait les charges; il se regardait réellement comme le père des orphelins dont il avait accepté la tutelle, et il ne croyait qu'accomplir strictement son devoir. Il avait droit à sa retraite depuis quelques mois. Il l'eût prise volontiers pour ne pas abandonner Henri et Charles à eux-mêmes; mais il n'avait pas encore acquitté toutes les dettes de la succession Granval; et pour vivre à Paris avec des appointements réduits de moitié, il eût été obligé de renoncer à faire des économies.

D'un autre côté, il se reprochait de n'avoir encore été qu'un étranger pour Gabrielle. Quoique l'obstination de son oncle à la garder auprès de lui l'eût dispensé d'en prendre soin, il se disait qu'il devait faire aussi quelque chose pour elle, et c'était plutôt dans l'intérêt de cette pauvre enfant que dans la crainte de se séparer de sa bien-aimée Emma qu'il l'avait retirée du couvent et amenée à Verdun.

Avant de conduire les deux sœurs chez Mme Lecomte, à laquelle il avait fait une visite et remis une lettre de la mère Sainte-Thérèse, le colonel leur proposa de faire avec lui un petit voyage à Longpré. Elles n'avaient pas encore été prier sur la tombe de leurs parents ; elles ne savaient même pas où ils reposaient, et plusieurs fois Emma avait témoigné le désir de faire ce pieux pèlerinage. Le colonel avait d'ailleurs un double but : il voulait s'assurer exactement de l'état des affaires que le nouveau notaire était chargé de terminer, et veiller à ce que les intérêts des deux petites filles ne fussent compromis ni par mauvaise foi ni par négligence.

A l'âge qu'avaient Emma et Gabrielle, tout ce qui rompt la monotonie de l'existence est un plaisir ; elles partirent donc avec joie, et pendant tout le voyage leur gaîté ne se démentit pas. Ce ne fut qu'en apercevant le clocher de Longpré, en distinguant de loin sur la hauteur les bâtiments de Constantine, en reconnaissant les bois et les champs où si souvent elles s'étaient promenées avec leur père, qu'elles sentirent leur cœur se serrer.

— Nous allons être bientôt arrivés, dit Gabrielle, dont la voix tremblait. J'aimais bien Longpré. Et toi, Emma ?

— Oh ! moi aussi. Je l'aimais sans le savoir ; mais aujourd'hui je le sais bien, répondit Emma.

— Nous serions bien heureuses de le revoir, si nous

devions y trouver encore nos parents. Que c'est donc triste de n'avoir plus ni père ni mère ! reprit Gabrielle en pleurant.

Le colonel, qui la croyait peu sensible, se réjouit de l'entendre parler ainsi.

— Oui, c'est triste, reprit Emma ; mais combien de pauvres orphelines sont encore plus abandonnées que nous !

— Toi, dit Gabrielle en baissant la voix, tu as ton bon ami le colonel ; mais moi....

— Crois-tu donc, enfant, demanda Marcel, que je ne puisse pas vous aimer toutes les deux ?

— Vous me connaissez à peine ; et d'ailleurs Emma est plus digne que moi de votre affection.

— Nous apprendrons à nous connaître, répliqua M. Lefebvre ; et qui sait laquelle de vous deux me sera la plus chère ?

— Ce sera la plus raisonnable et la meilleure, répondit Emma. Si c'est toi, Gabrielle, je ne serai pas jalouse ; mais je tâcherai de regagner la part sur laquelle tu auras empiété, et bientôt notre bon oncle sera fort embarrassé de se prononcer entre nous.

— Dis donc qu'il sera bien heureux de vous chérir également.

La voiture entrait dans Longpré. Au bruit des roues sur le pavé, quelques portes s'ouvrirent, et deux ou trois vieilles femmes, qui filaient à l'ombre, levèrent la tête pour examiner les promeneurs.

— Je n'ai jamais vu ces gens-là, dit l'une. Ils ne sont pas du pays, bien sûr.

— C'est peut-être un monsieur qui vient pour acheter

la maison Granval, ajouta une autre. Il y a bien assez longtemps qu'elle est affichée.

— Si on la vendait seulement au profit des créanciers..., répliqua la première. Ah! ben oui! Va-t'en voir s'ils viennent, Jean....

— Grand'mère, c'est les petites Granval, s'écria une enfant sale et déguenillée, qui tenait sur ses genoux un gros chat endormi.

— Pas vrai, Ninie, dit la vieille ; elles n'oseraient pas revenir ici.

— Je vous dis que si, grand'mère, et qu'elles sont joliment cossues.

— C'est une horreur de venir humilier le pauvre monde après l'avoir volé ! Je ne sais ce qui m'empêche de prendre une pierre et de l'envoyer dans leur belle voiture.

— Moi, rien ne m'en empêchera. Attendez, grand'-mère, je vas dire là-bas que les v'là qui arrivent, et elles auront une belle réception, reprit la petite fille en se débarrassant de son chat, pour courir vers l'école d'où sortaient une vingtaine d'enfants.

On les vit partir comme un joyeux essaim, en criant à tue-tête :

— Les petites Granval ! les petites Granval !...

La voiture n'allait guère qu'au pas ; les écolières arrivèrent aussitôt qu'elle devant la maison du père Henry, où l'on attendait le colonel et ses deux pupilles. Emma et Gabrielle se virent entourées, en mettant pied à terre, de toute cette bande, qui continuait à crier :

— Les petites Granval ! les petites Granval !

— Bonjour, bonjour ! dirent les deux sœurs, se méprenant sur le sens de ces exclamations.

— Bonjour, bonjour, filles de banqueroutier ! répondit Ninie, en les menaçant de la pierre dont elle s'était armée.

— Banqueroutières ! banqueroutières ! répétèrent en chœur tous les enfants.

— Oh ! mon bon ami, venez, venez vite. J'ai peur ! s'écria Emma en s'élançant vers le colonel, qui avait conduit lui-même le cheval à l'écurie.

Le cercle se referma devant elle, et le bruit des huées couvrit sa voix.

— Banqueroutière, donne-moi ta robe à volants ! disait l'une.

— Donne-moi ton chapeau à plume, ajoutait l'autre.

— A moi ta jolie ombrelle.

— A moi ton mantelet de soie.

— Payez vos dettes, cela vaudra mieux que de faire les belles avec notre argent.

— Oui, notre argent, notre argent !

Quelques commères, attirées par le bruit, s'étaient approchées ; loin d'avoir pitié des deux pauvres petites, elles riaient aux éclats de leur pénible situation. Emma et Gabrielle se serraient l'une contre l'autre avec effroi et ne pouvaient s'expliquer d'où venait un semblable accueil. Par bonheur pour elles, le colonel reparut avec le père Henry, qui venait leur souhaiter la bienvenue.

— Qu'est-ce qu'il y a donc ? demanda le vieillard d'un ton courroucé ; car il avait deviné d'un coup d'œil ce qui venait de se passer.

Et, saisissant un fouet qui se trouvait à sa portée, il le fit si rudement claquer, que les jeunes furies détalèrent au plus vite, croyant sentir sur leurs épaules la terrible lanière. Toutefois les jambes du bonhomme ne lui permettaient pas de les poursuivre de bien près ; elles s'en aperçurent, et, s'enhardissant de nouveau, elles revinrent à la charge, en criant encore :

— A bas les banqueroutières !

Le père Henry était hors de lui ; mais il lui eût été impossible de délivrer ses protégées, sans l'intervention de deux gendarmes qui sortirent alors de leur caserne, voisine de sa maison.

Le colonel était accouru vers les deux pauvres enfants ; il s'efforçait de les consoler et de les rassurer ; mais en l'écoutant, leurs larmes se changeaient en sanglots.

— Mon Dieu ! mon Dieu ! disait Gabrielle, qu'avons-nous donc fait pour qu'on nous traite ainsi ?

— Ce sont des méchantes, répondit le colonel.

— Mais si méchantes qu'elles soient, pourquoi nous en veulent-elles? demandait Emma.

— Venez, mes chères demoiselles, leur dit le père Henry, entrez chez moi, je vous en prie, et ne pensez plus à ces vilaines petites filles.

— Ah ! j'y penserai toute ma vie, reprit Emma.

— Je veux repartir tout de suite, dit Gabrielle, en faisant un mouvement pour remonter dans la voiture.

— Non, fit Emma. Ce soir, cette nuit ; il ne faut pas qu'on nous voie.

— On nous insulterait encore.

— Mais pourquoi ? Pourquoi ?

— Ces maudites fillettes n'en savent rien elles-mêmes, répondit le vieillard.

— Elles le savent. Vous le savez aussi, monsieur Henry, reprit Emma. Et vous aussi, mon oncle. Vous nous l'apprendrez, n'est-ce pas?

— Et si nous avons fait du mal à quelqu'un sans le

savoir, ajouta Gabrielle, nous tâcherons de le réparer.

— Vous n'avez fait de mal à personne, mes enfants, dit M. Henry.

— C'est donc mon père, c'est donc ma mère qui ont eu quelque tort à se reprocher? reprit Emma. Oui, cela doit être. Ils nous ont appelées banqueroutières et filles de banqueroutier.... Ah! mon Dieu!...

— Entrez, et vous saurez tout, puisqu'il le faut, dit le colonel. Mais n'accusez pas votre père avant de m'avoir entendu.

Les deux jeunes filles ne songeaient plus à se faire prier. Elles écoutèrent le récit de leur tuteur avec une attention facile à comprendre; et quand elles apprirent que toutes les dettes de leur père n'étaient pas encore payées, elles se regardèrent en rougissant.

— Mais ma tante m'a dit souvent que nous sommes riches, dit Gabrielle; pourquoi donc n'a-t-on pas pris sur notre bien pour donner à ces gens-là ce qu'on leur doit encore?

— Vous n'y avez donc pas pensé, mon bon oncle? ajouta Emma.

— Vous seules le pourriez, mes enfants, répondit Marcel; mais il faut pour cela que vous soyez majeures.

— Et d'ici-là tout le monde aura le droit de nous traiter comme on l'a fait aujourd'hui?

— Personne n'en a le droit, dit le père Henry.

— Ah! je sens bien le contraire, reprit Emma. Ces enfants n'avaient pas tort de nous reprocher notre toilette. Ah! mon bon ami, si vous nous aviez dit cela plus tôt, nous n'aurions pas de volants à nos robes ni de plumes à nos chapeaux. Je ne veux plus rien dépenser maintenant; je vous donnerai tout mon argent, afin qu'on ne puisse plus appeler mon père un banqueroutier.

— J'ai une montre, des bagues, des bracelets, dit Gabrielle ; vous les vendrez, mon oncle.

— J'accepte votre sacrifice, mes enfants, répondit Marcel attendri. Mais rassurez-vous, dans trois ans au plus tard la succession Granval n'aura plus un seul créancier.

— Trois ans ! répétèrent les deux sœurs avec découragement.

— Trois ans, c'est bien long, répliqua le père Henry. Monsieur le colonel, vous m'avez plus d'une fois fait l'honneur de m'appeler votre ami ; j'étais celui de M. Granval ; j'espère que vous me permettrez de donner à ses enfants une preuve du bon souvenir que je lui conserve, afin qu'à leur tour elles pensent à moi quand j'aurai rendu mon âme à Dieu. Laissez-moi faire, et ce ne sera pas dans trois ans ; mais ce sera demain que ces chères mignonnes pourront passer tête levée dans les rues de Longpré.

— Vous m'avez déjà fait cette offre, monsieur Henry ; vous savez pourquoi je ne l'ai pas acceptée.

— Vous craigniez de mourir avant de m'avoir payé. Aujourd'hui cette raison-là n'existe plus. Que vous viviez ou que vous mouriez, je ne perdrai rien : les demoiselles Granval me rendront ce que j'aurai avancé pour elles.

— Faites donc ce que vous voudrez, répondit Marcel, en lui serrant la main, pendant que les deux jeunes filles lui sautaient au cou pour le remercier.

Le lendemain, à six heures du matin, elles furent réveillées par le tambour de la ville, qui exécutait sous leurs fenêtres un roulement retentissant. Elles prêtèrent l'oreille, curieuses de savoir si c'était encore le même homme qui venait chaque jour prendre les ordres de M. Granval, lorsqu'il était maire de Longpré, et elles entendirent avec un transport de joie l'annonce suivante :

« On fait savoir à tous les créanciers de la succession de M. Granval, ancien notaire, qu'ils peuvent se rendre à l'étude de maître Georges, son successeur, où, sur la présentation de leurs titres, il leur sera payé sans aucun retard ce qu'ils auront à réclamer. »

Elles se levèrent à la hâte pour aller encore embrasser le père Henry ; et lorsque le tambour eut fini sa tournée, elles suivirent le colonel à l'église, où une messe allait être célébrée pour leurs parents. De là, elles allèrent au cimetière, et nous pensons qu'il y eut dans les larmes qu'elles y versèrent autant de joie que de douleur.

Après le dîner, elles se remirent en route pour Verdun. Sur le passage de la voiture, elles entendirent crier par les vieilles femmes qui avaient failli les faire lapider la veille :

— Vivent les demoiselles Granval! vivent les braves filles du notaire !

— Mes enfants, leur dit le colonel, je ne croyais pas vous faire faire un si pénible voyage; mais je ne puis le regretter ; car vous saurez désormais combien il est précieux de n'avoir à rougir devant qui que ce soit ni de ses propres fautes ni de celles de ses parents.

IX.

Mme Lecomte, avant d'ouvrir un pensionnat à Verdun, avait occupé dans le monde une belle position et joui d'autant de bonheur qu'on en peut trouver dans une union bien assortie. Son mari, homme de cœur et de talent, avait été nommé, jeune encore, sous-préfet d'un arrondissement du Midi ; et ses bons services allaient lui faire confier l'administration de son département quand une mort que rien ne faisait prévoir vint briser une carrière si bien commencée.

M. Lecomte n'avait aucun droit à la retraite ; il laissait pour toute fortune à ses deux enfants un nom justement honoré. Sans ces deux enfants, dont elle demeurait l'unique ressource, la jeune veuve eût succombé peut-être au coup terrible qui venait de la frapper ; mais, après quelques semaines d'un accablement profond, elle retrouva dans sa confiance en Dieu le courage de se relever et d'accepter le fardeau de la vie qu'elle allait avoir à porter seule.

C'est lorsqu'on perd tout à la fois ses plus chères affections, la brillante existence un moment entrevue, l'avenir de sa famille, qu'on sent le vide, le néant des consolations humaines et le besoin d'une aide toute-puissante. Ah ! si un rayon divin ne tombait pas d'en haut sur cette âme brisée, quelle voix pourrait la ranimer? Avec quelle amertume elle maudirait son sort, si elle se croyait le jouet d'une fatalité aveugle, au lieu de voir dans ces cruelles épreuves la main paternelle qui châtie ceux qu'elle aime, mais qui ne les abandonne jamais !

Des amis, trop nombreux pour être bien sincères, se pressèrent autour de la jeune veuve et l'accablèrent de protestations d'intérêt; quelques-uns même mirent à sa disposition le crédit dont ils jouissaient. Elle ne se crut pas le droit de refuser leurs services ; mais elle reconnut bientôt que, touchés de sa douleur, ils avaient cédé à un premier mouvement dont sans doute ils n'avaient pas tardé à se repentir.

A les entendre, Mme Lecomte pouvait être sans inquiétude; il suffisait qu'elle demandât pour obtenir; elle n'avait qu'à choisir entre une direction des postes ou un bureau de tabac de grand produit; on lui accorderait certainement l'un ou l'autre, en regrettant de n'avoir pas mieux à lui offrir.

Elle remplit toutes les formalités qu'on lui indiqua; elle reçut de flatteuses promesses; mais elle en attendit la réalisation pendant six mois, qui ne furent qu'une longue suite d'angoisses. Chaque matin en s'éveillant, elle se disait : « Ce sera pour aujourd'hui. » Et après avoir, à plusieurs reprises, guetté le passage du facteur apportant la bonne nouvelle, la pauvre femme désirait que la nuit fût passée pour recommencer à espérer et à souffrir.

Elle comprit enfin que le nombre des solliciteurs étant immense, on laissait de côté ceux qui, après avoir une première fois triomphé de leur fierté, attendaient, sans se rendre importuns, le prix de ce sacrifice. Elle excusa même ceux qui l'oubliaient ainsi, en se disant qu'ils ne pouvaient faire autrement ; et ne voulant pas consumer dans cette inutile et fiévreuse attente ce qui lui restait de santé et de ressources pécuniaires, elle résolut de ne plus demander qu'à elle-même le pain de ses enfants.

Avant de quitter le couvent où elle avait été élevée, elle s'était munie d'un brevet d'institutrice, qu'elle regardait alors comme sa seule fortune. Les circonstances l'avaient jusque-là dispensée de s'en servir; mais elle l'avait conservé, et ce ne fut pas sans un légitime et joyeux orgueil qu'elle le retrouva. Pour elle, c'était l'indépendance ; pour ses enfants, un avenir modeste mais honorable, et qui serait son propre ouvrage.

Elle ne savait pas encore de quelle manière elle utiliserait ce diplôme, quand une cousine de son mari lui écrivit pour l'engager à aller passer quelque temps à Verdun.

« Ne craignez pas, lui disait-elle, d'accepter l'hospitalité que je vous offre de grand cœur. La maison que j'habite seule avec ma domestique est un ancien couvent où cinquante personnes se logeraient à l'aise, et j'ai un grand jardin où vos chères petites pourront prendre leurs ébats. Si les habitudes, tranchons le mot, si les manies d'une vieille fille vous sont à charge, vous vivrez tout à fait chez vous ; si, au contraire, je ne vous ennuie pas trop, votre société me sera précieuse ; mais je tiens à vous dire qu'en vous rendant à mon invitation, vous n'engagerez en rien votre liberté. »

La jeune veuve remercia la Providence qui semblait vouloir lui venir en aide. Sa reconnaissance grandit encore quand elle trouva dans cette parente, qu'elle n'avait jamais vue, une femme d'un esprit distingué, d'un cœur excellent, qui avait passé sa vie à faire du bien et qui jouissait en retour d'une estime générale.

Elle lui confia ses espérances, ses déceptions, et la résolution qu'elle avait prise de ne plus rien attendre que de son travail.

— C'est bien ainsi que j'aurais fait à votre place, lui dit la bonne demoiselle ; non-seulement je vous approuve et je vous loue, mais j'espère que Dieu me permettra de vous servir. J'ai quelques amis qui partageront bientôt l'admiration que vous m'inspirez. S'ils disent que vous méritez la confiance des familles, personne ne doutera de leur parole ; et ils le diront, soyez-en sûre. Quant à ma maison, je la mets à votre disposition, et je serai si heureuse de ne plus y vivre seule, que je me contenterai de la petite place que vous m'y réserverez.

Il y eut peu de changements à faire à cette ancienne maison pour la transformer en un beau pensionnat. Elle était parfaitement située, à peu de distance de la cathédrale ; on y jouissait d'un air pur, d'une vue magnifique ; et avant même que les travaux fussent achevés, des places y avaient été retenues pour une douzaine d'élèves. Le nombre en fut plus que doublé l'année suivante : la nouvelle maîtresse avait fait ses preuves, et toute recommandation était désormais inutile.

L'institution était en pleine prospérité quand la bonne

vieille demoiselle qui avait tant fait pour Mme Lecomte mourut en la bénissant, après lui avoir légué sa maison; ce qu'elle pouvait faire sans causer de préjudice à qui que ce fût, car elle ne se connaissait aucun parent.

On conseillait à son héritière d'acheter un immeuble voisin pour donner plus d'extension à l'établissement qu'elle avait fondé; elle s'y refusa, ne voulant pas, disait-elle, se charger de plus d'élèves qu'elle n'en pouvait instruire et surveiller. Chaque année, les pensionnaires qui sortaient étaient remplacées par celles qui s'étaient fait inscrire les premières; et s'il se trouvait parmi elles quelque élève indocile dont l'exemple pût nuire aux autres, elle ne tardait point à être congédiée. On le savait, et il était bien rare que Mme Lecomte fût obligée d'en venir à cette fâcheuse extrémité. L'ordre le plus parfait régnait dans sa maison; et chaque jour elle remerciait Dieu de rendre si douce et si facile la tâche qu'elle avait embrassée.

Depuis quelques mois seulement elle s'était vue forcée par les instances des familles de recevoir quelques demi-pensionnaires; mais elle avait pris toutes ses précautions pour n'en admettre qu'un petit nombre et se réserver le droit de ne garder que celles dont elle serait satisfaite.

Emma et Gabrielle, présentées au mois de juin, n'eussent pas été reçues si la mère Sainte-Thérèse n'eût écrit à Mme Lecomte pour la prier de les prendre de sa main. Elle lui rendait d'Emma le témoignage le plus flatteur et lui recommandait Gabrielle comme ayant grand besoin des leçons d'une institutrice habile et dévouée.

Quelques jours seulement après leur retour de Longpré, les deux sœurs, amenées à l'institutrice par le colonel Lefebvre, en reçurent le plus tendre accueil. Elles étaient orphelines ; ce titre suffisait pour les rendre chères à Mme Lecomte.

Emma se trouva tout de suite à l'aise dans cette maison, dont le règlement semblait avoir été copié sur celui de son cher couvent. Les leçons de sa nouvelle maîtresse lui rappelaient celles de la digne supérieure ; la même sagesse, la même bonté les dictaient ; toutefois le langage de Mme Lecomte avait encore quelque chose de plus persuasif et de plus touchant. Emma le sentait sans en connaître la cause ; mais son oncle la devina sans peine et la lui expliqua, en lui rappelant que les épreuves traversées par la jeune veuve avaient été épargnées à la mère Sainte-Thérèse et à ses religieuses.

— La souffrance aigrit les âmes vulgaires, ajouta-t-il ; mais elle épure les belles âmes, les élève et les attendrit.

Gabrielle fut d'abord étonnée de la docilité, de l'amour du travail, de la louable émulation dont ses nouvelles compagnes paraissaient animées ; mais comme elle avait beaucoup réfléchi depuis la pénible scène que nous avons racontée, elle avait pris, Emma aidant, la résolution d'être à l'avenir plus studieuse et moins frivole.

Par malheur, après un premier examen dans lequel Mme Lecomte apporta la plus grande indulgence, Gabrielle, qui était fort peu instruite pour son âge, fut séparée de sa sœur, dont les encouragements eussent peut-être soutenu sa bonne volonté encore mal affermie. Son orgueil fut d'ailleurs vivement blessé de la supériorité d'Emma ; et quand elle se vit entourée d'enfants plus jeunes qu'elle, elle se sentit un violent dépit contre la maîtresse et les élèves.

En vain Mme Lecomte prit la peine de lui donner des leçons particulières entre les classes, en vain la bonne Emma lui répéta chaque jour ces leçons ; elle parut ne l'écouter qu'avec ennui, et pendant les deux premiers mois ses progrès furent presque nuls.

Cependant, comme autour d'elle tout le monde travaillait avec zèle, il vint un moment où elle se dit qu'elle pouvait faire ce que les autres faisaient ; et comme elle n'était dépourvue ni d'intelligence ni de mémoire, elle vit aussitôt ses efforts couronnés de succès. Elle gagna une place, puis deux ; et quand arriva la fin de l'année, elle obtint la promesse d'entrer, après les vacances, dans la même classe qu'Emma.

Sous le rapport du caractère, on n'avait pas de graves reproches à lui faire ; mais l'habile institutrice voyait bien que l'égoïsme et la vanité dirigeaient toute sa conduite, tandis qu'Emma mettait en première ligne le respect du devoir.

L'instruction donnée par Mme Lecomte et par les professeurs qu'elle s'était adjoints ne laissait rien à désirer. L'éducation était avant tout l'objet de ses soins, et elle aurait cru ne rien faire si elle ne s'était attachée à former le cœur de ses élèves plus encore qu'à orner leur esprit. Elle ne manquait aucune occasion de leur persuader qu'une femme ne peut être heureuse qu'autant qu'elle met le bonheur de ceux qui l'entourent au-dessus de son propre bonheur ; que, dans quelque position qu'elle se trouve placée, il faut qu'elle travaille pour faire régner dans sa maison l'ordre, le bien-être et la paix, et que l'autorité dont la plupart des femmes sont avides n'est que la récompense des sacrifices qu'elles font à leurs devoirs. Elle disait tout cela ; mais elle n'oubliait pas de donner encore un plus noble but aux efforts de ses élèves ; elle leur rappelait que chacun ici-bas a sa tâche à remplir ; que celle de la femme, quoique modeste en apparence, est très-sérieuse, très-importante, qu'elle doit l'accepter pour obéir à Dieu qui la lui impose, et s'habituer dès sa jeunesse à exercer par sa bonté, par sa douceur, par son dévouement, l'influence qui fera d'elle plus tard une mère de famille sage et bénie.

A Gabrielle et à Emma elle recommandait les plus tendres soins pour leur oncle ; elle leur disait que quand elles ne lui donneraient chaque jour que quelques minutes de consolation, ce serait pour elles un cher souvenir lorsqu'il aurait cessé d'exister ; mais que si elles parvenaient à lui inspirer la patience, la résignation à la volonté divine, elles rendraient sa fin paisible et sauveraient son âme, tout en adoucissant les souffrances de ses dernières années.

Emma n'avait pas attendu ces bons conseils pour s'occuper de M. Sertier ; mais ils redoublaient encore son désir d'être utile à ce malade, que sa présence semblait ranimer et réjouir. Quant à Gabrielle, elle laissait volontiers à sa sœur le soin de le distraire et de le consoler.

On ne sortait de la pension qu'à sept heures du soir ; il fallait souper en rentrant et donner quelques instants à sa toilette, si l'on voulait faire une petite promenade avant la nuit ; donc il ne restait pas de temps à perdre auprès du vieillard. Mme Sertier, n'ayant plus Gabrielle à ses côtés toute la journée, ne la faisait plus souffrir de sa mauvaise humeur ; elle l'attendait avec impatience et l'emmenait avec d'autant plus de plaisir, qu'elle-même tenait beaucoup à quitter un peu sa triste maison.

M. Sertier ne se plaignait jamais de ce qu'Emma restât seule auprès de lui ; il était plus libre de lui confier ses ennuis et ses tristesses ; elle ne paraissait pas se fatiguer de l'entendre, tandis que Gabrielle et sa tante fermaient la bouche au vieillard en lui demandant comment il voulait qu'on pût se plaire auprès d'un homme qui n'était jamais content de rien.

Quand il s'était soulagé le cœur en racontant à Emma combien il avait souffert, presque toujours en tête à tête avec son mal pendant la longue journée qui venait de s'écouler, il s'informait de ce qu'elle avait fait, et elle entrait complaisamment dans des détails qui détournaient un moment de lui-même l'attention du pauvre malade. Elle lui disait ce qu'elle avait appris, quels devoirs on lui avait donnés, quelle place elle avait obtenue, à quels jeux elle avait employé l'heure de la récréation ; quand elle avait étudié quelque morceau de musique ou chanté quelque romance, elle les répétait devant lui. Elle ne manquait pas de lui dire que Gabrielle travaillait beaucoup, qu'elle faisait de grands progrès, et que chaque jour l'amitié qui les unissait devenait plus vive. Elle savait bien qu'en parlant ainsi de sa sœur, elle ôtait un remords au vieillard, qui se reprochait toujours d'avoir laissé Gabrielle vivre à sa fantaisie plutôt que de lui assurer, en se séparant d'elle, l'excellente éducation qu'elle pouvait partager avec Emma.

Tout en causant ainsi des petits événements qui marquaient sa vie de pensionnaire, l'aimable enfant mêlait à ses récits les réflexions qu'à propos de tout Mme Lecomte savait suggérer à ses élèves, et il perçait dans ses moindres paroles tant de vénération pour cette noble femme, que M. Sertier lui-même ne prononçait qu'avec respect le nom de l'institutrice.

— Comment donc, dit-il un jour, cette jeune femme, tombée tout à coup du bonheur dans les larmes et de l'opulence dans la misère, a-t-elle pu trouver en elle-même le courage de se refaire une position ?

— Je le sais, quoiqu'elle ne nous l'ait pas appris ; car elle n'aime pas à parler d'elle-même, et jamais elle ne fait allusion à sa splendeur passée ; mais quand elle nous raconte quelque catastrophe dont elle a pu être témoin, elle nous dit qu'il n'y a pas de chagrin auquel on ne puisse survivre, pas de revers qu'on ne puisse supporter, si l'on invoque le secours de Dieu, qui proportionne la force qu'il nous donne aux épreuves qu'il nous envoie.

— Est-ce que tu crois que je n'ai jamais demandé à Dieu de me délivrer de mes souffrances, en m'envoyant la guérison ou la mort? Je ne me pique pas d'être dévot ; j'avoue même que j'ai longtemps oublié de prier ; mais quand on est depuis des années sur un lit de douleur, entouré de médecins dont les soins sont inutiles, on se rappelle qu'au-dessus des hommes, si habiles et si savants qu'ils soient, il y a le grand maître auquel tout obéit, et l'on crie vers lui du fond de sa misère.

— Et il entend ce cri, mon oncle, soyez-en sûr.

— Il l'entend, mais il ne l'exauce pas. C'est trop juste. Pourquoi l'avoir oublié quand on croyait n'avoir pas besoin de son aide ?

— Dieu est trop bon, mon oncle, pour ne pas accueillir celui qui se souvient enfin, et demain peut-être il accordera ce qu'on pense lui avoir vainement demandé.

— Puisses-tu dire vrai, ma fille ! Il y a si longtemps que je suis à charge à ceux qui m'entourent, que pour eux ma mort serait un bienfait. Quant à la guérison, je ne dois plus l'espérer ; je puis dire que je ne la désire plus. On peut souhaiter de vivre quand on se sent aimé ; mais quand on est sûr de ne l'être pas....

— Il y a cependant quelqu'un qui vous aime bien, quand ce ne serait que moi ; mais ma tante et Gabrielle vous aiment aussi.

Le vieillard sourit amèrement.

— Je crois à ton affection ou du moins à la pitié que ton bon cœur te fait éprouver pour mes souffrances et mon isolement, ajouta-t-il. Je te sais gré de ce sentiment qui me console, et je suis certain que Dieu t'en récompensera.

— Oh ! mon oncle, ce que je puis faire est si peu de chose, et j'en suis déjà si largement récompensée par la tendresse que vous me témoignez, dit Emma.

— Elle est bien tardive, mon enfant ; mais enfin j'ai pu t'apprécier assez tôt pour ne pas me rendre coupable à ton égard d'une nouvelle injustice.

— Que voulez-vous dire, mon oncle?

— Rien, rien, répondit M. Sertier, honteux d'avoir pu penser à enrichir Gabrielle aux dépens de sa sœur.

Ces causeries se renouvelaient tous les jours et se prolongeaient souvent fort tard. Comme la plupart des vieillards condamnés par leurs infirmités à un repos continuel, M. Sertier n'avait pas de sommeil, et il voyait avec regret arriver l'heure où sa gentille garde-malade avait l'habitude de se retirer ; il ne le témoignait pas, et quand Emma prolongeait la soirée au delà des limites ordinaires, il lui rappelait que sa tâche quotidienne était finie.

En rentrant de la promenade, Gabrielle allait embrasser son oncle et lui souhaiter une bonne nuit ; mais sur ses lèvres ce souhait avait quelque chose de froid et de banal qui blessait le vieillard, comme une dérision, surtout quand Mme Sertier ajoutait :

— Allons-nous-en, Gabrielle ; il est tard, laissons dormir ton oncle.

Toutefois, avant de sortir, Mme Sertier rarrangeait quelque peu les couvertures et l'édredon, plaçait sur la table de nuit une carafe, un sucrier et une petite fiole dont on versait quelques gouttes dans chaque verre d'eau, et elle s'éloignait, satisfaite d'elle-même, comme si elle eût fait tout ce que son mari devait attendre de son dévouement.

Une garde-malade arrivait régulièrement à neuf heures et s'installait près de lui dans un grand fauteuil, où elle ne tardait pas à ronfler bruyamment ; et quand, incapable de se servir lui-même et dévoré d'une soif ardente, le vieillard voulait réclamer ses soins, il fallait qu'il l'appelât longtemps de toutes ses forces. Elle se levait en maugréant et lui donnait à boire sans lui adresser une parole ou en lui reprochant de n'avoir pas de pitié pour ceux que leur pauvreté condamnait à le servir.

— Vous savez bien que je prends mon café à minuit, lui disait-elle quelquefois ; il est onze heures passées, et vous n'avez pas la patience d'attendre jusque-là. Je n'ai jamais vu de malade plus exigeant que vous.

Si M. Sertier répondait, il s'ensuivait une discussion

interminable; aussi se renfermait-il presque toujours dans un morne silence, en songeant avec amertume que le malade qui a une mère, une femme, un enfant pour le soigner, ne sait pas ce que souffre le malheureux abandonné à la pitié mercenaire des étrangers.

Jamais encore il n'avait confié à personne ces tristes pensées; il savait bien que s'il se plaignait, Mme Sertier l'accuserait de vouloir la faire mourir à la peine, en l'obligeant à le garder jour et nuit. Mais une fois, au moment où Emma se retirait, il lui dit :

— Donne-moi à boire, ma fille; un verre d'eau de ta main me vaudra mieux que toutes les potions du monde.

Emma lui souleva doucement la tête, redressa l'oreiller avant de l'y replacer, et mit un baiser sur le front du vieillard, dont les yeux se remplirent de larmes.

— Vous pleurez, mon oncle? lui dit-elle. Seriez-vous plus malade ?

— Ce sont de douces larmes, mon enfant, répondit-il. Je remercie Dieu qui permet qu'un de ses anges me serve et me console.

La jeune fille couchait dans la chambre voisine de celle de son oncle. Cette chambre avait été longtemps occupée par Mme Sertier; mais elle en avait choisi une autre depuis qu'elle avait pris une garde-malade, et Gabrielle, qui avait d'abord partagé celle de sa sœur, l'avait quittée pour se rapprocher de sa tante, qui n'aimait pas à être seule sur le devant de la maison.

Emma dormait de ce sommeil doux et profond de la première jeunesse. Ni les plaintes que la souffrance arrachait au malade, ni ses appels à la garde-malade, ni la voix grondeuse de cette femme, ne l'avaient encore éveillée. Elle n'ouvrait les yeux que quand il était temps de se lever ; et quand M. Sertier lui disait qu'elle était heureuse de dormir ainsi, elle répondait que c'était un bonheur dont elle ne jouissait guère.

Cette nuit-là donc, elle fut tout étonnée de voir sa chambre plongée dans l'obscurité, à l'exception d'un mince filet de lumière qui glissait sous la porte de M. Sertier. Elle prêta l'oreille, et elle entendit son oncle, qui pour la dixième fois peut-être criait :

— A boire, madame Leroy, à boire, pour l'amour de Dieu!

Elle s'élança de son lit, s'enveloppa d'un peignoir, et, ouvrant doucement la porte, elle dit :

— N'appelez personne, mon oncle ; me voici.

— Qu'est-ce qu'il y a ? s'écria la garde-malade. On y va, monsieur, on y va. Ah ! c'est vous, mademoiselle. Courez vous coucher, vous allez prendre froid.

— Il fait très-doux, ne vous inquiétez pas de moi, répondit Emma, sans vouloir lui céder le verre qu'elle venait de préparer. Comment se fait-il que vous n'ayez pas entendu mon oncle et qu'il m'ait réveillée en vous appelant ?

— C'est bien d'aventure, allez, mademoiselle. J'ai le sommeil si léger, que j'entendrais passer une souris ; mais que voulez-vous? on a bien le droit d'être fatiguée quand on passe les nuits depuis si longtemps.

— Oui, dit M. Sertier, que la présence d'Emma disposait à l'indulgence. Vous avez un bon fauteuil, mais ce n'est toujours pas un lit.

Mme Leroy crut qu'il voulait se moquer d'elle; quand

elle vit qu'il parlait sérieusement, elle lui en sut un gré infini.

— Voilà mon somme qui est fait, dit-elle, vous pouvez aller vous coucher, mademoiselle, je ne dormirai plus d'ici au matin.

— Va, ma fille, sois sans inquiétude, reprit M. Sertier. Mme Leroy va se rapprocher de moi ; et si j'ai besoin d'elle, de la main qui me reste libre je la réveillerai.

La nuit suivante, Emma n'entendit rien ; mais au moment où sa pendule sonnait deux heures, elle se trouva debout, et elle put faire une petite visite au malade sans que les ronflements sonores de Mme Leroy fussent interrompus. M. Sertier voulut gronder ; elle lui dit en riant :

— Quand vous paraîtriez bien en colère, mon oncle, je n'en croirais rien ; je sais que vous êtes content de me voir.

— Oui, je suis content ; mais à ton âge on a tant besoin de sommeil, que ta santé pourrait souffrir de ton dévouement.

— Qu'appelez-vous mon dévouement ? dit-elle. Je me lèverais volontiers rien que pour avoir le plaisir de me rendormir.

Pendant toute la semaine, à deux heures sonnantes, Emma entra chez son oncle, sans que la garde-malade s'en doutât. Puis elle y vint régulièrement deux fois. Comme ses joues restaient aussi fraîches et son caractère aussi gai, M. Sertier n'eut pas le courage de le lui défendre.

Une nuit, il la fit asseoir près de son lit.

— Quelqu'un sait-il ce que tu fais pour moi? lui demanda-t-il.

— Personne que Mme Lecomte, répondit-elle.

— Et elle ne te dit pas de te ménager?

— Elle me dit que si je puis vous donner quelques moments de consolation et de joie, Dieu répandra sur moi ses bénédictions. Mais je n'ai pas besoin de cette promesse, mon oncle. Avec vous je ne puis agir par intérêt.

— C'est un intérêt bien permis, et qu'on oublie trop souvent. Tu as une digne institutrice, écoute-la bien; et si plus tard un conseil t'est nécessaire, ne le demande qu'à elle.

— A elle et à vous, mon oncle.

— Je crois comme elle, mon enfant, que tu seras heureuse, parce que Dieu te bénira; mais personne n'est exempt de peines et d'inquiétudes. Quand les jours d'épreuve viendront pour toi, il y aura longtemps que je ne serai plus de ce monde. Dans ces jours-là, Emma, si ton esprit est plein de trouble, que tu ne saches plus ce que tu dois penser ni ce que tu dois faire, adresse-toi à ton institutrice. Si ton cœur déborde de tristesse, rappelle-toi ton vieil oncle, dont tu auras embelli les derniers instants. Un souvenir comme celui-là suffit pour adoucir les larmes les plus amères et quelquefois pour relever une âme qui croit à la justice divine.

— Encore une fois, mon oncle, que fais-je donc de si grand et de si beau?

— Tais-toi, enfant; n'est-ce pas Dieu lui-même qui a dit qu'un verre d'eau donné en son nom ne serait pas sans récompense? Sans parler de ton sommeil si souvent interrompu, tes douces paroles, tes affectueuses caresses ne valent-elles pas pour mon pauvre cœur plus qu'un verre d'eau pour mon gosier brûlé par la fièvre ? Tu ne sais donc pas que sans toi peut-être je serais mort en désespéré, tandis que je veux mourir en pardonnant à tous et en bénissant Dieu? Demain, ma fille, tu prieras Mme Lecomte de m'envoyer un prêtre.

Il y avait déjà plus d'un mois qu'Emma se demandait comment elle s'y prendrait pour amener son oncle à remplir les derniers devoirs du chrétien. Cependant elle pâlit, malgré le soulagement qu'elle éprouvait de n'avoir plus à faire une si pénible proposition. M. Sertier le remarqua.

— Ne t'effraie pas, lui dit-il, j'ai peut-être encore des années à vivre ; mais quand j'en aurais vingt, il ne serait pas trop tôt pour revenir à la pratique d'une religion que l'homme ne devrait jamais abandonner ; car elle est sa seule force dans les peines, comme son seul espoir en face de la mort.

Emma devina bien que son oncle ne parlait ainsi que pour la rassurer. Quoiqu'elle le vît trop souvent pour s'apercevoir de l'altération de ses traits, il lui semblait que depuis deux jours sa voix s'affaiblissait et qu'il paraissait plus abattu qu'à l'ordinaire. Elle dit à sa tante et à Gabrielle de quelle commission il l'avait chargée. Mme Sertier, qui sans doute s'était habituée à penser que les souffrances du vieillard n'auraient pas de fin, et qui peut-être même en avait parfois murmuré tout bas, ne put se défendre d'une vive émotion en apprenant qu'il demandait un prêtre.

Elle fut assidue près de lui toute la journée, et ne le quitta guère que pour le laisser s'entretenir librement avec le digne curé auquel Mme Lecomte avait fait connaître les intentions du malade. Toutefois, M. Sertier n'eut pas besoin d'insister beaucoup pour la décider, le soir, à se retirer de bonne heure. Il est vrai que le danger, s'il devait y en avoir, paraissait encore éloigné, et que le colonel, averti par Emma de ce qui se passait, comptait prolonger sa veillée auprès du vieillard.

La nuit d'ailleurs fut très-calme. Le lendemain, M. Sertier semblait aller beaucoup mieux. Emma s'en réjouit de tout son cœur.

— Oui, je vais mieux, lui dit-il ; je suis si content de ce que j'ai fait hier, si heureux des espérances que m'a données le bon prêtre à qui j'ai raconté toutes les fautes et toutes les douleurs de ma vie, que j'attends en paix l'accomplissement de la volonté de Dieu.

Deux jours se passèrent. Le malade demanda à recevoir le saint viatique et l'extrême-onction. Emma, Gabrielle et Mme Sertier assistèrent à cette touchante cérémonie, sans pouvoir retenir leurs larmes. Il n'est pas nécessaire d'être bien sensible pour se sentir vivement impressionné par les paroles qu'un pieux ministre du Seigneur adresse à l'homme qui va mourir ; mais ce n'est pas une vraie sensibilité que celle qui, se bornant à des larmes inutiles, n'inspire pas le sincère désir de venir en aide à celui qu'on pleure.

Le colonel revint le soir. Emma resta avec lui jusqu'à minuit auprès de son oncle, qui exigea alors qu'elle allât se reposer. Quand elle s'éveilla, dès le point du jour, tout était fini. M. Sertier n'avait pas eu d'agonie ; le colonel, qui lisait à haute voix près de son lit, ne l'avait pas vu mourir.

Marcel embrassa tendrement la jeune fille, qui regrettait d'avoir quitté le malade et qui se figurait qu'il l'avait appelée sans qu'elle l'entendît. Il la rassura et lui dit :

— Tu n'as rien à te reprocher, mon enfant, loin de là. Tu as agi avec tendresse et dévouement. Voilà ta première action courageuse, et ce ne sera pas la dernière.

M. Sertier avait fait un testament par lequel il laissait à sa femme la jouissance de son bien, puis un autre dans lequel il désignait Gabrielle comme devant hériter, à la mort de sa veuve, des deux tiers de ce bien. Les deux testaments avaient été déposés dans un secrétaire dont il avait la clef sous son oreiller. On ne retrouva que le premier. Comme Mme Sertier ne pouvait s'expliquer la disparition du second, le colonel déclara que, d'après l'ordre du mourant, il l'avait brûlé en présence du prêtre et de la garde-malade, qui toutefois ignorait l'importance de ce papier.

X.

La fortune de M. Sertier était presque entièrement composée d'immeubles, qu'il avait achetés peu à peu, de préférence aux valeurs de portefeuille, d'abord parce qu'il les croyait plus solides, puis parce qu'il aimait à s'occuper de leur entretien, et enfin parce qu'il n'était pas fâché de se mettre dans l'impossibilité de céder aux instances de sa femme, qui n'avait jamais fait d'autre rêve que d'aller habiter Paris. Elle avait pensé souvent que ce changement de résidence serait le premier usage qu'elle ferait de sa liberté. Cependant il y avait près d'un an qu'elle était veuve, et elle n'avait pas encore abandonné Verdun.

Pour vivre à Paris comme elle y voulait vivre, il fallait de gros revenus, qui ne lui eussent pas fait défaut si elle avait eu le droit de vendre ses maisons, ses jardins et ses vignes ; mais il n'y fallait pas songer, puisque la moitié de ce bien seulement lui appartenait en propre et qu'elle n'avait que l'usufruit de l'autre moitié. Les locataires de deux de ses maisons touchaient à la fin de leurs baux.

Mme Sertier ayant refusé de les renouveler aux mêmes conditions, ces maisons lui restèrent sur les bras, ainsi que celle qu'elle habitait et dont elle exigeait un prix très-élevé.

On eût dit que du fond de sa tombe M. Sertier, qu'elle avait si souvent accusé de tyrannie, quoiqu'il fût le plus doux et le plus paisible des hommes, s'opposait encore à la réalisation de ses vœux. Enfin, devenue plus raisonnable par suite des ennuis qu'elle s'était attirés, elle profita d'occasions moins favorables que les premières pour se débarrasser du seul obstacle qui s'opposât à ses désirs, et elle fit gaîment ses préparatifs de départ, sans se douter qu'une nouvelle déception l'attendait encore.

Gabrielle était depuis longtemps la confidente de ses projets. Souvent la tante et la nièce parlaient de l'agréable existence qui bientôt serait leur partage. Mme Sertier consentait sans peine à se priver d'Emma; quoique Gabrielle ne pût se défendre de rendre justice aux bonnes qualités de sa sœur ni d'éprouver pour elle une certaine amitié, si l'on peut donner ce beau nom à une entente dont la même personne fait tous les frais, elle ne regrettait pas beaucoup de la laisser seule chez Mme Lecomte. Elle ne lui avait jamais parlé de cette séparation, décidée aussitôt après la mort de M. Sertier, et même auparavant. Ce n'était pas que sa tante lui eût recommandé le silence; elle le gardait parce qu'elle craignait des plaintes et des reproches bien mérités.

Le colonel ne voyait plus que rarement Mme Sertier. Profitant d'un premier voyage qu'elle avait fait à Paris pour choisir le quartier où elle se fixerait, il avait obtenu pour ses pupilles deux places de pensionnaires. Emma s'était montrée satisfaite de cet arrangement; s'il ne plaisait pas à Gabrielle, elle n'en avait rien témoigné, croyant bien qu'elle n'en souffrirait pas longtemps.

Emma remarquait sans jalousie, mais cependant avec quelque peine, que Mme Sertier avait toujours des confidences à faire à sa sœur, soit qu'elle vînt les voir au pensionnat, soit que les jeunes filles allassent chez elle les jours de sortie. Elle s'éloignait pour ne pas les gêner, et elle poussait la discrétion jusqu'à ne pas demander à Gabrielle ce que leur tante pouvait avoir à lui dire. Quelques semaines avant les vacances, elle eut un nouveau sujet d'étonnement : la meilleure ouvrière de la ville vint essayer à la bien-aimée de Mme Sertier plusieurs jolies robes, qui ne ressemblaient point du tout à l'uniforme de la pension.

— Pourquoi donc toutes ces toilettes ? demanda-t-elle à Gabrielle, dont elle voyait le ravissement.

— Ma tante ne veut pas que nous lui fassions honte, si nous voyageons avec elle pendant les vacances.

Emma se contenta de cette réponse ; et comme personne ne vint lui faire essayer des robes pareilles à celles de sa sœur, elle pensa que Gabrielle seule accompagnerait Mme Sertier. Elle en eut du chagrin. Si raisonnable qu'on soit, il n'est pas défendu d'aimer les jolies robes, ni de se réjouir d'un petit voyage, quand on a travaillé toute l'année, ni même de se demander avec tristesse ce qu'on a pu faire pour mériter de n'être pas aussi bien traitée que sa sœur. C'est déjà beaucoup de ne pas s'en plaindre et de continuer à chérir celle qu'on se voit injustement préférer.

Mme Lecomte, plus clairvoyante qu'Emma, devina les projets de Mme Sertier ; elle en instruisit le colonel, qui les soupçonnait aussi.

Le jour même de la distribution des prix, Mme Sertier, après avoir complimenté Emma, la remit au colonel en lui disant :

— Monsieur Lefebvre, je vous donne la plus spirituelle, la plus instruite, la plus aimable de mes deux nièces, et je garde l'autre. Vous n'avez pas à vous plaindre de votre lot.

— Madame, répondit Marcel, il se peut qu'Emma soit tout ce que vous dites ; mais je n'aime pas moins Gabrielle, et je m'estime heureux de n'avoir pas à choisir entre elles deux.

— Mais enfin si vous aviez à choisir, vous vous prononceriez pour Emma. Je le sais fort bien ; aussi vous ne trouverez pas mauvais que j'emmène Gabrielle.

— Je ne songe à vous priver ni de l'une ni de l'autre, madame. Je vous demanderai seulement de me les confier pendant quelques jours, afin que je les conduise à Longpré, où elles sont attendues par un sincère ami.

— Vous ignorez donc, monsieur, que je pars demain pour Paris ? Toutes les affaires qui me retenaient ici sont terminées ; j'espère n'y pas revenir, et c'est pour toujours que je veux emmener Gabrielle.

— Est-ce bien sérieusement que vous avez pu former le projet de séparer ces deux enfants ? demanda Marcel, en montrant à Mme Sertier Emma, qui s'était rapprochée de sa sœur et qui la serrait dans ses bras, comme pour empêcher qu'on ne la lui enlevât.

— Très-sérieusement, monsieur. Il y a longtemps que j'y suis décidée.

— Eh bien ! madame, je regrette de vous désobliger ; mais Gabrielle ne quittera pas la maison de Mme Lecomte avant que son éducation soit achevée ; et alors, comme aujourd'hui, je tiendrai à ce qu'elle ait sa sœur pour compagne et pour amie.

— Mais, monsieur, je suis la tante de Gabrielle et vous n'êtes que son cousin.

— Oui, madame; mais je suis son tuteur; et à ce titre, mes droits l'emportent sur les vôtres.

— C'est ce que nous verrons, dit Mme Sertier avec dépit. Sois tranquille, mon enfant, ajouta-t-elle en embrassant Gabrielle, je saurai bien t'arracher à cet homme, qui n'a cessé de persécuter ta mère.

Gabrielle pleurait en silence, appuyée sur l'épaule de sa sœur; elle releva la tête et lança au colonel un regard de reproche, pendant qu'Emma lui souriait à travers ses larmes, comme pour lui demander pardon de l'injuste accusation de Mme Sertier.

— Je te fais de la peine, Gabrielle, dit-il à la jeune fille, en lui prenant la main; mais plus tard tu me remercieras d'en avoir eu le courage.

Mme Sertier voulait intenter un procès à M. Lefebvre; elle alla voir des avocats et des juges qui l'en dissuadèrent, et elle partit seule, en se demandant comment elle se vengerait du mauvais tour que venait de lui jouer le colonel.

Celui-ci se fût trouvé fort embarrassé des deux jeunes filles sans l'obligeance de Mme Lecomte, qui offrit de s'en charger dès qu'elles seraient revenues de Longpré, où elles ne devaient rester que peu de jours, mais où Marcel tenait à les conduire pour qu'elles remissent elles-mêmes au père Henry leurs petites économies; car il croyait qu'il n'est jamais permis de manquer à une parole donnée.

Une agréable surprise attendait Emma et Gabrielle.

Elles trouvèrent chez leur vieil ami Charlotte, qui ne les avait pas revues depuis la mort de leur père. Le colonel, en souvenir de l'attachement qu'elle avait montré pour M. Granval, lui proposa d'entrer à son service.

— Je ne suis pas venue ici pour autre chose, répondit-elle sans détour. Je serai heureuse de servir les filles et le meilleur ami de mon bon maître.

— Mlles Granval n'habitent pas ma maison, dit Marcel ; mais la présence d'une honnête fille comme vous me permettra de les y recevoir quelquefois. C'est un bonheur que je n'ai pu me donner, tant qu'il n'y a eu chez moi que des personnes sur lesquelles je ne pouvais compter.

Les deux sœurs n'avaient pas oublié Charlotte, dont elles avaient reçu tant de soins dans leur enfance, et qu'elles avaient si souvent tourmentée. Elles la retrouvèrent avec joie ; et en rentrant à Verdun, elles prirent un vrai plaisir à mettre en ordre avec elle le ménage un peu négligé du colonel, à jouer à la maîtresse de maison, en discutant le menu des repas et en préparant les desserts sous la direction de Charlotte.

Elles n'eurent pas le temps de se lasser de ce rôle tout nouveau pour elles. La saison, quoique déjà avancée, étant encore très-belle, Mme Lecomte les emmena à Dieppe, où on l'avait engagée à conduire ses délicates petites filles, que l'air de la mer ne pouvait que fortifier. Gabrielle, qui avait d'abord paru vouloir bouder un peu, n'avait pas gardé un assez bon souvenir de l'amabilité de sa tante pour la regretter beaucoup ; elle se consola d'autant plus facilement de ne l'avoir pas suivie, qu'elle put se faire honneur, pendant son séjour à Dieppe, de ses jolies toilettes, après les avoir partagées avec Emma.

Les vacances passèrent comme un songe, et il fallut se remettre au travail. Gabrielle avait triomphé des plus sérieuses difficultés de l'étude ; dans l'espoir d'abréger le nombre des années qu'elle devait y consacrer encore, elle s'appliqua de manière à faire de réels progrès. De son côté, Emma ne s'était jamais trouvée si heureuse ; car sa sœur lui témoignait beaucoup plus de confiance et d'amitié que quand elle subissait l'influence de Mme Sertier.

D'après le conseil de M. Lefebvre, les deux jeunes filles écrivirent à leur tante quelques jours après la rentrée. Elles en reçurent une réponse aussi sage qu'affectueuse. Mme Sertier reconnaissait que leur tuteur avait bien fait de ne pas les séparer, et d'exiger que leur éducation s'achevât sous les yeux de l'institutrice la plus capable et la plus digne qu'il fût possible de rencontrer. Elle les engageait à profiter de soins si précieux et leur disait avec quel orgueil elle les retrouverait un jour aussi bonnes qu'aimables, aussi vertueuses qu'instruites.

Il n'y avait rien à reprendre dans cette lettre. Le colonel en conclut que Mme Sertier avait si bien arrangé sa vie, qu'elle ne souffrait nullement de l'absence de Gabrielle. La correspondance continua sur le même ton pendant toute l'année. Quand la distribution des prix revint, Mme Sertier écrivit à Marcel une aimable petite lettre dans laquelle, après avoir avoué tous ses torts, elle le priait de lui confier ses deux nièces pendant la durée des vacances.

Le colonel eût bien voulu refuser ; mais aucun prétexte plausible ne se présentant à son esprit, il conduisit Emma et Gabrielle à Paris, et il en ramena Henri et Charles Lenglet, ses fils d'adoption.

Il est temps que nous fassions connaissance avec ces deux jeunes gens, que nous avons à peine entrevus. Henri a vingt-deux ans : c'est un grand et beau garçon, à la physionomie franche et gaie. Il suffit de le voir une fois, il suffit surtout de causer quelques instants avec lui pour se sentir disposé à l'aimer. Disons, pour achever ce portrait, qu'il n'a aucunes prétentions, ni dans son langage ni dans sa toilette ; qu'il aime le sans-gêne de la campagne, et qu'il bornerait volontiers son ambition à une place de juge de paix ; ce qui ne l'empêche pas de travailler beaucoup et de se faire remarquer comme doué de grands moyens.

Charles plaît moins au premier abord : son air est plus sérieux, ses manières sont plus compassées. Il porte les cheveux courts, a le menton rasé, et on le prendrait pour un magistrat en herbe, tandis que son frère, dont la barbe pousse en toute liberté, et dont la veste de velours et la blouse de toile écrue sont les costumes de prédilection, a l'air d'un brave garçon qui de sa vie n'a fait autre chose que courir les monts et les bois à la poursuite du gibier. Mais, sous des apparences un peu froides, Charles cache un cœur généreux, un amour ardent pour la science, et le désir d'arriver à se faire un de ces noms illustres qui représentent de grands services rendus à l'humanité.

Une étroite amitié unit les deux frères ; la différence de leurs caractères semble resserrer encore ce lien, en les rendant nécessaires l'un à l'autre : Henri égaie Charles, Charles excite l'émulation de son frère et l'empêche de se laisser entraîner hors du bon chemin. Le colonel leur rend justice à tous les deux en les aimant également, et en formant pour eux de beaux rêves d'avenir.

Il est juste de dire que sans le désir qu'il éprouvait depuis longtemps d'avoir près de lui pendant quelques semaines ces deux jeunes gens, qu'il avait abandonnés à eux-mêmes avec tant de regret, Marcel eût cédé plus difficilement à la prière de Mme Sertier; mais pendant toute l'année il pouvait voir Emma et Gabrielle; d'ailleurs, quelque peu de sympathie que lui inspirât leur tante, il ne pouvait oublier qu'elle était seule et qu'après tout elle avait des droits à l'affection de ces enfants.

Emma n'accepta qu'à regret l'invitation de Mme Sertier: elle était fière, et elle supportait difficilement l'idée de n'être pas demandée pour elle-même, mais seulement pour accompagner Gabrielle, que M. Lefebvre n'eût pas conduite seule à Paris. Il lui eût été bien plus agréable de rester avec Mme Lecomte; elle n'osa pas le témoigner, ne voulant fournir contre elle aucun grief à Mme Sertier; car elle aimait mieux supporter une injustice que d'avoir quelque tort à se reprocher.

Avant de partir, elle avait fait provision de courage, en examinant d'avance les mille petits crève-cœur qu'elle aurait à endurer, et en prenant la résolution de les laisser passer sans paraître les remarquer. Mais, à sa grande surprise, elle n'eut qu'à se louer des procédés de sa tante. Non-seulement Mme Sertier s'étudiait à tenir la balance égale entre ses deux nièces, mais elle semblait prendre avec plaisir l'avis d'Emma lorsqu'il s'agissait de régler l'emploi de la journée, de faire quelques emplettes, de décider de la coupe d'un vêtement. Elle trouvait qu'Emma avait beaucoup de goût, et il faut bien que nous disions que la jeune fille en était très-flattée.

Emma connaissait Paris mieux que Mme Sertier, qui l'habitait depuis un an ; elle avait fait tant de promenades avec M. Lefebvre, les jours de sortie ; il avait répondu avec tant de complaisance à ses questions et elle se souvenait si bien de tout ce qu'il lui avait dit, que sa tante et sa sœur n'avaient pas besoin d'autre cicerone. Elles visitèrent ensemble les beaux monuments de l'incomparable cité, les parcs, les châteaux, les établissements industriels des environs. Mais la plus grande joie d'Emma fut de revoir la bonne mère Sainte-Thérèse et de lui présenter sa chère Gabrielle.

Mme Sertier voyait peu de monde ; elle portait encore le deuil de son mari, et elle disait d'ailleurs que la solitude convenait à son âge bien mieux que les fatigantes relations qu'elle aurait pu se créer. Deux ou trois voisins, quelques parents éloignés, tous gens sérieux et bien élevés, telle était sa société, au milieu de laquelle nos jeunes filles se trouvèrent bientôt à l'aise. Quand on ne sortait pas, on recevait ; et la journée se passait vite à travailler en petit comité, à causer, à lire, à faire de la musique.

La bienveillance de Mme Sertier pour Emma ne se démentit pas un instant. La jeune fille se reprocha bientôt d'avoir douté de son affection ; elle y répondit par beaucoup de confiance, et elle devint aimable sans effort et sans calcul.

Sa première lettre à M. Lefebvre contenait l'aveu de ses injustes préventions et respirait une vive reconnaissance pour des bontés trop longtemps méconnues. Le colonel pensa qu'Emma, dont il appréciait les charmantes qualités, avait réussi à faire la conquête de Mme Sertier, et il s'en réjouit plus qu'il ne s'en étonna. Toutefois il se dit que cette conduite lui était sans doute inspirée par l'ennui de l'isolement et le désir de retenir les deux jeunes filles auprès d'elle; il comptait donc recevoir à ce sujet de nouvelles instances; mais Mme Sertier ne demanda rien.

Elle n'attendit même pas que les vacances eussent atteint leur dernier terme pour reconduire ses nièces à Verdun, et elle alla demander l'hospitalité au colonel, qui venait de louer une grande et belle maison, voisine de celle où était mort M. Sertier.

Son but, en agissant ainsi, était de prouver au tuteur de ses nièces qu'elle avait complétement changé de manière de voir, qu'elle approuvait en tout ses idées sur la nécessité de donner à Gabrielle aussi bien qu'à Emma une bonne éducation.

— J'ai eu tort de vous contrarier, lui dit-elle; il faut qu'une jeune fille soit chrétiennement élevée pour devenir une femme heureuse et dévouée. Cette éducation a manqué à Mme Granval comme à moi; nos fautes et nos malheurs n'ont pas eu d'autre cause.

Mme Sertier avait entendu parler des fils d'adoption du colonel, au moment où la vente inespérée de la ferme de Constantine l'avait remis en possession d'une bonne partie de leur fortune; mais elle ne les connaissait pas; quand elle vint s'installer sans façon chez M. Lefebvre, elle ignorait qu'il les eût amenés à Verdun. Toutefois, elle ne fut pas fâchée d'apprendre qu'elle les verrait; car elle désirait les attirer chez elle, la présence de quelques jeunes gens lui paraissant indispensable pour rendre sa maison agréable aux personnes qu'elle avait l'intention d'y réunir. Elle avait compris que son âge était un obstacle à la réalisation du rêve de toute sa vie, et qu'elle se rendrait ridicule en donnant des fêtes et des soirées, à moins qu'elle n'eût pour prétexte de distraire des jeunes gens qui lui auraient été recommandés, ou de produire dans le monde ses nièces qu'elle aimait comme ses enfants.

Disons tout de suite que sa conduite envers Emma pendant les dernières vacances n'avait eu d'autre but que de lui attirer l'affection de la jeune fille et par elle la confiance de M. Lefebvre. Elle avait toujours la même prédilection pour Gabrielle, mais elle savait bien qu'on ne lui donnerait pas Gabrielle sans Emma ; d'ailleurs elle pensait que ce ne serait pas trop des deux charmantes sœurs pour créer autour d'elle un peu de cette vie animée et brillante dont elle avait toujours eu soif.

Quand Mme Sertier sut que Marcel n'était pas seul dans sa maison, elle feignit de vouloir la quitter ; mais il la retint, en lui disant que les deux frères ne reviendraient de Longpré que la veille de la rentrée d'Emma et de Gabrielle chez Mme Lecomte.

Le colonel avait fait à Longpré son voyage annuel en compagnie des deux étudiants, auxquels il tenait à procurer quelque distraction. Le père Henry l'avait reçu, comme toujours, avec la plus parfaite cordialité, et il l'avait prié de lui laisser les jeunes gens, puisqu'il ne lui amenait pas les demoiselles Granval, ses chères petites amies. Le bonhomme séduisit Henri, en lui disant qu'on n'avait jamais vu tant de gibier dans le pays, et Charles, qui prenait goût à la chasse pour ne pas quitter son frère, dit que les environs lui paraissaient si agréables, qu'il aimerait à les explorer.

M. Lefebvre ne se fit pas trop prier pour accorder ce congé ; mais il y mit pour condition que le vieux millionnaire lui ramènerait ses pupilles au jour dit, afin qu'Emma et Gabrielle eussent le plaisir de le voir et de le remercier encore une fois de ses bontés.

Les deux jeunes filles n'avaient été prévenues ni de l'arrivée du père Henry ni du retour des jeunes gens; mais Mme Sertier et Charlotte les attendaient ; tout était prêt pour les recevoir quand Emma, qui s'était mise à la fenêtre, aperçut dans la rue son vieil ami. Elle courut à sa rencontre et elle se jeta à son cou, en lui témoignant toute la joie que sa visite lui faisait éprouver.

Avant de descendre, elle avait appelé sa sœur ; mais Gabrielle avait d'un coup d'œil toisé le père Henry des pieds à la tête ; son grand chapeau à longues soies rougies par le temps, sa blouse bleue neuve et brillante, ses énormes souliers, ses gants de laine verte, le bâton noueux qu'une courroie retenait à sa main, lui avaient paru composer une toilette qu'on ne remarquait point à Longpré, mais qui à la ville était des plus grotesques ; et comme il y avait sur la place beaucoup de promeneurs, elle eut honte d'aller devant eux embrasser ce paysan.

— Où est donc votre sœur, ma chère mignonne? demanda-t-il.

— Je l'ai appelée en vous reconnaissant, répondit Emma ; elle ne m'aura pas entendue. Entrez vite, monsieur Henry, elle sera si heureuse de vous voir.

Les deux jeunes gens qui accompagnaient le brave homme s'étaient tenus à l'écart pour ne pas intimider Emma. Elle ne les vit pas ; mais elle eût pu les voir sans les reconnaître, quoique, dans les premiers temps de son séjour à Paris, elle leur eût fait plus d'une fois supporter ses caprices d'enfant gâté. Eux ne doutèrent point que cette jeune fille ne fût une des cousines de leur tuteur ;

mais ce pouvait être aussi bien Gabrielle qu'Emma ; car rien en elle ne rappelait le méchant lutin d'autrefois.

Ils suivirent de près le père Henry dans la maison, et ils le trouvèrent examinant de tous ses yeux les deux sœurs, qu'il avait fait placer l'une près de l'autre devant lui, et s'extasiant de tout son cœur sur leur force, sur leur bonne mine, sur leur air aimable ; en un mot, sur leur beauté.

Les jeunes filles s'étaient prêtées gracieusement à cette inspection ; elles recevaient sans embarras les compliments du vieillard ; leurs frais éclats de rire se mêlaient à sa voix retentissante, et la scène que Mme Sertier trouvait un peu vulgaire était à la fois touchante et comique, lorsque M. Lefebvre fit entrer les deux étudiants.

A la vue de ces étrangers, Emma et Gabrielle se séparèrent en rougissant ; car elles craignaient qu'ils n'eussent entendu les éloges dont le bonhomme les comblait sans qu'elles s'en défendissent.

Le colonel devina ce qui se passait.

— Rassurez-vous, leur dit-il, nous sommes en famille. Vous êtes mes filles chéries ; mais ces messieurs sont vos frères ; car ils sont aussi mes enfants. Henri, Charles, vous n'avez jamais vu Gabrielle ; mais vous reconnaîtrez sans doute Emma.

— Pas plus que Mlle Emma ne nous reconnaîtra, répondit Henri.

— Ces demoiselles se ressemblent beaucoup, ajouta Charles ; cependant, si je ne me trompe, voici Mlle Emma.

— Et c'est vous qui vous appelez Charles, dit Emma en lui tendant la main.

— Ceci demande une explication, repartit le colonel. Comment as-tu reconnu Charles ?

— A une cicatrice qu'il porte au front, et qu'il s'est faite en s'élançant pour empêcher une poupée que j'avais jetée du haut de l'escalier de se briser sur le pavé.

— Tu as bonne mémoire. Et toi, Charles, comment as-tu reconnu Emma ?

— Je n'en sais rien ; du moins je ne pourrais le dire positivement ; j'ai cru retrouver dans la physionomie de la jeune fille quelque chose de la vivacité de l'enfant.

— C'est peu flatteur pour moi, monsieur Charles, reprit Emma ; car j'étais alors une bien méchante fille ; et je sais gré à M. Henri de n'avoir rien retrouvé en moi qui lui parlât du temps passé.

— Votre voix n'a pas changé comme vos traits, mademoiselle, dit Henri ; si vous aviez parlé, je n'aurais pas hésité à vous reconnaître.

— C'est que tu as la mémoire des sons, comme Charles a celle des physionomies, dit le colonel en riant. Mais je puis vous dire à tous deux que ni l'une ni l'autre des deux sœurs avec lesquelles vous allez faire connaissance ne ressemblent à l'enfant terrible dont vous vous rappelez l'entêtement et les colères.

— Ce sont deux anges, ni plus ni moins, dit le père Henry. Je vivrais cent ans, si j'avais le bonheur de les avoir pour filles.

— Que dis-tu, Charles, de ce nouveau moyen de prolonger la vie humaine ?

— Je dis qu'il ne peut y en avoir un meilleur, répondit Charles. La paix et la joie entretiennent la santé mieux que les soins des plus habiles médecins.

— Vous avez raison, monsieur, fit Mme Sertier avec un grand soupir. On vieillit vite dans l'inquiétude et le chagrin.

— Pardonnez-moi, madame, dit le colonel, de ne pas vous avoir encore présenté mes fils d'adoption. C'est par là que j'aurais dû commencer; mais je suis si heureux de me voir entouré de tout ce que j'aime, que je compte sur votre indulgence.

— Ce bonheur est facile à comprendre, répondit Mme Sertier. Vous le méritez, monsieur, et je vous en félicite.

Les deux jeunes gens saluèrent Mme Sertier, qui leur dit gracieusement :

— Je suis la plus proche parente d'Emma et de Gabrielle, que M. Lefebvre appelle vos sœurs. Regardez-moi donc, je vous prie, comme faisant aussi partie de la famille.

— Il n'y a plus que moi d'étranger ici, murmura le père Henry. Si j'étais content de mon lot, je ne serais pas difficile.

— Que dites-vous donc, monsieur Henry? N'êtes-vous pas notre bon ami? répliqua Gabrielle, qu'Emma approuva chaudement.

— Et le mien? ajouta le colonel.

— Et le nôtre? dirent les jeunes gens, en lui tendant les mains.

— Je vois bien que j'aurais tort de me plaindre, reprit le vieillard avec émotion. D'ailleurs, un bon ami vaut souvent mieux qu'un parent.

Mme Sertier crut voir dans ces paroles une allusion blessante pour elle; mais, habituée à dissimuler ses impressions, elle n'en laissa rien paraître, et, chargée par M. Lefebvre du rôle de maîtresse de maison, elle sut être si attentive, si prévenante, si aimable pour tous, que le vieillard ne fut guère moins enchanté d'elle que les deux étudiants.

On se sépara fort tard et non sans regrets : on ne devait plus de longtemps se trouver réunis. Le lendemain, Emma et Gabrielle devaient être à leur pension de bon matin ; car Mme Lecomte faisait célébrer, à six heures, pour ses élèves une messe du Saint-Esprit.

Les deux jeunes filles partirent après avoir embrassé le colonel, qui avait l'habitude de se lever dès qu'il faisait jour. Ce ne fut pas sans un étonnement mêlé de plaisir qu'en sortant de la cathédrale elles virent, près du bénitier, un petit groupe composé de Mme Sertier, du père Henry et des deux étudiants.

Trois jours après, M. Lefebvre accompagna jusqu'à la voiture Mme Sertier, qui partait avec Henri et Charles, dont les vacances finissaient aussi. Elle avait retardé son départ de ces trois jours sur l'invitation du colonel, dont elle avait su reconquérir l'estime, en parlant de son défunt mari de manière à faire supposer qu'elle se repentait de n'avoir pas eu pour lui des soins plus dévoués, et qu'en se rappelant combien la tendresse d'Emma avait été précieuse au malade, elle avait senti naître dans son cœur une amitié toute maternelle pour cette bonne et charmante jeune fille.

Le colonel, consulté par les deux frères sur la manière dont ils devaient répondre aux avances de Mme Sertier, leur dit qu'ils feraient bien d'aller la voir quelquefois. Il la pria de leur donner de bons conseils, de chercher à gagner leur confiance, et de le prévenir si quelque chose lui faisait supposer que ces enfants si chers pussent négliger le travail pour le plaisir.

Marcel était trop franc, trop loyal pour douter de la

sincérité des autres, et il faisait volontiers honneur à leurs bons sentiments de ce que leur conduite avait de louable. Il ne songea nullement qu'il pût y avoir un calcul égoïste dans l'intérêt qu'elle semblait porter aux deux frères, et il se sentit plus tranquille sur leur compte après les lui avoir recommandés.

De leur côté, les jeunes gens surent gré à Mme Sertier de ses témoignages d'affection ; et avant même d'arriver à Paris, ils la regardaient déjà comme une amie. Ils profitèrent donc avec joie de la bonne grâce qu'elle mit à les prier de venir la voir souvent, et bientôt ils l'entretinrent de leurs occupations et de leurs espérances. La veuve, qui n'avait d'abord éprouvé pour eux que de l'indifférence, se surprit à penser qu'elle eût été bien heureuse d'avoir des fils bons et laborieux comme ces deux étudiants ; elle se sentit touchée de leur confiance, se réjouit de leurs succès, et s'attacha insensiblement à eux de telle sorte, que, Charles étant tombé malade, elle exigea qu'il vînt s'installer chez elle et lui prodigua les plus tendres soins.

Il n'en fallait pas tant pour que M. Lefebvre oubliât les griefs qu'il avait pu avoir contre elle ; il fit plus : en examinant ces griefs, il se reprocha d'avoir jugé trop sévèrement cette pauvre femme, qui depuis son mariage avait vécu d'une vie si contraire à ses goûts ; l'indulgence grandissant en lui à mesure que l'âge lui faisait mieux comprendre toutes choses, il n'éprouva plus pour Mme Sertier que de la reconnaissance.

La lettre qu'il lui écrivit après la guérison de Charles était celle d'un véritable ami. Après l'avoir remerciée avec effusion, il lui parlait des deux jeunes filles de manière à lui faire comprendre qu'il lui reconnaissait sur elles des droits aussi grands que les siens, et que, quand leur éducation serait terminée, il espérait pouvoir les remettre à sa garde, sans toutefois renoncer au bonheur de les voir.

Il ne devait plus au père Henry qu'une somme peu importante dont il comptait s'acquitter dans un court délai; car il faisait de notables économies depuis qu'il avait eu la bonne pensée de mettre Charlotte à la tête de sa maison. Il n'attendait que cette entière libération pour prendre sa retraite, qu'il désirait moins pour jouir d'un repos bien mérité que pour goûter le plaisir de vivre au milieu des enfants qu'il s'était donnés.

Emma et Gabrielle ne tardèrent point à s'apercevoir du changement survenu dans les sentiments du colonel à l'égard de leur tante; et comme leur dernière année de pension était à demi écoulée, Emma accueillit avec la même satisfaction que sa sœur l'idée d'aller habiter la maison de Mme Sertier et d'y avoir leur oncle Marcel pour voisin.

Elles bâtirent là-dessus les plus beaux projets, elles s'arrangèrent la plus agréable existence ; toutefois Gabrielle, à qui Mme Sertier avait parlé des plaisirs qu'elle lui réservait lorsque son éducation serait terminée, craignit que la présence de M. Lefebvre ne modifiât des plans qui la charmaient; et bien qu'elle crût l'aimer, elle eût renoncé plus facilement à sa présence qu'à la réalisation d'un rêve depuis longtemps caressé.

Gabrielle étudiait ; elle avait reconnu que pour n'être pas déplacée dans un certain monde, il était bon de posséder, outre ce qu'on est convenu d'appeler des talents d'agrément, une instruction solide ; et comme elle se savait belle, que le chiffre de sa dot était respectable et qu'elle comptait de plus sur l'héritage de Mme Sertier, elle se disait qu'elle pouvait prétendre à une brillante position.

Emma avait moins d'ambition. Ce qu'elle désirait le plus, c'était d'embellir la vieillesse du colonel, son bienfaiteur et son ami. En attendant, elle s'appliquait non-seulement par amour pour l'étude, mais parce que Dieu nous a fait à tous une loi du travail. Pour résumer en quelques mots la différence qui existait entre ses idées et celles de sa sœur, nous dirons qu'Emma voyait dans l'avenir de sérieux devoirs, tandis que Gabrielle n'y voyait que des plaisirs.

XI.

Le 1er septembre 1858, Emma et Gabrielle dirent adieu à leur excellente institutrice, qui leur adressa pour la dernière fois les plus sages et les plus tendres conseils. Mme Lecomte ne voyait jamais partir qu'avec peine les jeunes filles qu'elle s'était efforcée d'instruire et de diriger vers le bien ; mais rarement elle avait été aussi émue qu'en remettant Mlles Granval entre les mains de leur tuteur.

— Ce sont mes meilleures élèves, lui dit-elle ; je souhaite qu'elles vous procurent autant de satisfaction qu'elles m'en ont donné.

— Si votre souhait se réalise comme je l'espère, madame, répondit M. Lefebvre, je n'oublierai pas que c'est à vous que je le devrai.

Les deux sœurs avaient les larmes aux yeux en la remerciant de ses soins maternels ; mais nous devons à la vérité de dire qu'Emma elle-même était déjà consolée quand, deux heures après avoir quitté Mme Lecomte, elle monta en voiture pour aller rejoindre Mme Sertier.

Quand on a déjà longtemps vécu, on ne renonce qu'à regret à une vie paisible, si monotone qu'elle puisse paraître, parce qu'on ne sait pas si celle qu'on va commencer ne tient pas en réserve de grands ennuis et de pénibles épreuves. Cette défiance de l'avenir est un des tristes fruits de l'expérience ; mais un des bonheurs de la jeunesse et peut-être le seul, c'est de marcher avec confiance, avec amour, vers l'inconnu, comme s'il ne devait apporter que des joies.

Emma s'était trouvée heureuse en pension ; toutefois elle n'y pouvait rester toujours, et elle en sortait sous les plus riants auspices. Elle allait habiter la maison de sa tante ; mais Mme Sertier, dans sa dernière lettre, annonçait au colonel qu'un bel appartement était à louer tout près de chez elle, et qu'il fallait qu'il se hâtât de venir le voir, s'il tenait à vivre en famille, comme il l'avait dit souvent depuis quelques mois.

M. Lefebvre avait fait les premières démarches pour obtenir sa retraite, peu de jours après avoir payé sa dette au père Henry, à qui il lui avait été impossible de faire accepter les intérêts de la somme avancée à ses petites amies, et il profitait d'un congé d'un mois pour se rendre au pressant appel de Mme Sertier.

Le voyage ne fut qu'une suite de charmants projets, auxquels il s'associa complaisamment d'abord, et qui le ravirent ensuite, tant il y avait d'assurance dans les promesses des deux jeunes filles.

L'appartement fut trouvé charmant. Comme il ne devait être libre qu'au printemps, le colonel retourna à son poste avec moins de regret, après avoir accordé à

Charles et à Henri, qui devaient le partager avec lui, la permission de le faire arranger à leur fantaisie.

L'hiver se passa sans qu'il reçût aucunes nouvelles concernant sa retraite. Il renouvela sa demande au mois de mars, et il apprit d'un de ses amis, employé au ministère, qu'on s'occupait d'y faire droit. Mais presque aussitôt des bruits, qui ne tardèrent pas à prendre de la consistance, vinrent modifier sa résolution. Une rupture venait d'éclater entre les cabinets de Vienne et de Turin ; l'Autriche, après avoir fait réparer et augmenter les fortifications de ses places en Lombardie et en Vénétie, y envoyait de nombreuses troupes ; le roi de Sardaigne, justement alarmé, rassemblait ses soldats sur les frontières et faisait appel à l'empereur des Français, qui lui avait promis son appui.

Une guerre devenait imminente, et ce n'était pas au moment où le drapeau de la France allait se montrer en Italie qu'un vaillant officier comme le colonel Lefebvre pouvait remettre pour toujours son épée au fourreau. Il écrivit au ministre pour le supplier de regarder comme nulle sa demande de retraite, et de désigner pour faire partie de l'expédition son régiment, dont tous les membres, officiers et soldats, brûlaient du désir de se distinguer.

Cette lettre fut inutile ; car le jour même où elle partit le colonel Lefebvre reçut l'ordre de rejoindre, avec ses hommes, le deuxième corps d'armée qui se dirigeait vers les Alpes, sous le commandement du général de Mac-Mahon.

Il partit gaîment. Peu lui importait qu'il plût à Dieu de lui faire trouver la mort sur le champ de bataille ; il n'avait plus besoin de vivre, puisque la tâche qu'il s'était imposée de sauver du déshonneur la mémoire de son ami Granval était accomplie. Cependant, lorsqu'il vit le chagrin que son départ causait à Emma, chagrin que Gabrielle semblait partager, il se dit qu'il lui serait doux de vivre assez pour assurer leur sort.

Il passa auprès d'elles une journée qu'il employa tout entière à leur persuader qu'il ne pouvait lui arriver aucun mal, puisqu'elles promettaient de prier pour lui; mais comme, après tout, il pouvait mourir, il recommanda ses chères filles à Mme Sertier, et la pria, s'il ne devait pas revenir, de ne confier le soin de leur bonheur qu'à des hommes dont la conduite passée pût servir de garantie pour l'avenir. Il pria Henri et Charles de veiller sur ces deux enfants comme si elles étaient leurs sœurs, et de ne laisser papillonner autour d'elles aucun de ces jeunes gens à la mode qui cachent trop souvent une perversité précoce sous des dehors séduisants.

Henri jura que la confiance que son tuteur avait en lui ne serait point trompée; Charles mit moins de chaleur dans ses protestations; mais le colonel s'expliqua le lendemain cette étrange réserve, en le retrouvant à la gare de Lyon, prêt à prendre place dans le wagon où lui-même allait monter.

— Où vas-tu donc? lui demanda-t-il.

— Avec vous, mon colonel, répondit Charles, en faisant le salut militaire.

— Avec moi.... Que veux-tu dire?

— Que j'ai obtenu d'accompagner votre régiment comme aide supplémentaire, et que je ne me suis jamais plus vivement félicité d'avoir réussi dans mes examens.

— Tu vas nous suivre en Italie?

— N'est-ce pas un beau voyage? dit Charles en

s'asseyant en face du colonel. Je crois d'ailleurs qu'un jeune homme comme moi ne peut mieux faire que d'aller où il est sûr que la besogne ne manquera pas, ajouta-t-il avec une nuance de tristesse. N'est-il pas prouvé qu'après chaque bataille, beaucoup de blessés meurent faute de soins?

— Cela n'est que trop vrai! soupira le colonel.

— Quand je n'en sauverais qu'un, je n'aurais pas perdu mon temps, surtout si celui-là était mon ami et mon protecteur.

— Oui, c'est pour moi que tu pars, je l'avais deviné.

— Pour vous et pour tous ceux auxquels je pourrai venir en aide.

— Et si ton dévouement te coûtait la vie?...

— Qu'aurais-je à regretter? Ne m'avez-vous pas appris que celui qui donne sa vie pour sauver celle des autres ne la perd pas, mais qu'il l'échange contre une vie meilleure?

— Tu as réponse à tout, mon enfant. Fais donc ce que tu as résolu de faire, Dieu te protégera.

— Oui, il nous ramènera tous deux sains et saufs. Emma me l'a promis.

— Tu lui as donc fait part de tes intentions?

— C'est elle qui m'a inspiré la pensée de faire partie de cette expédition, en me disant combien elle était triste de ne pouvoir vous suivre, pour vous disputer à la mort si vous veniez à être blessé.

— Et quand tu lui as dit que tu m'accompagnerais, elle n'a pas essayé de t'en détourner?

— Elle m'a remercié, en m'assurant que son amitié m'était acquise pour toujours.

— Et Henri n'a rien fait pour te retenir?

— Henri m'a dit que je ne faisais que mon devoir, et qu'il donnerait dix ans de sa vie pour être médecin plutôt qu'avocat.

— Comment un homme qui n'a pas d'enfants peut-il être tant aimé? dit le colonel, plus ému qu'il ne voulait le paraître.

— Parce qu'il s'est conduit en bon père de famille envers ceux auxquels il ne devait rien, répondit Charles.

Le colonel Lefebvre franchit les Alpes à la tête de son régiment et arriva à Turin le 30 avril, après avoir supporté la fatigue aussi gaîment que les plus robustes de ses soldats. Il se sentait rajeuni par l'espoir de combattre encore pour l'honneur de son drapeau, et il en attendit impatiemment l'occasion jusqu'au 20 mai.

Ce jour-là, vers midi, les Autrichiens, ayant occupé Montebello, qui n'était défendu que par deux régiments piémontais, s'avançaient vers Ginestrello quand le général Forey fit prendre les armes à sa division. Un engagement sérieux eut lieu ; les Autrichiens, repoussés dans Montebello, se retranchèrent dans les maisons, dont il fallut en quelque sorte faire le siége. Le colonel Lefebvre ne s'épargna ni dans les rues de la ville, où il vit tomber à ses côtés un de ses plus braves officiers, ni à la poursuite des Tyroliens qu'on força de rétrograder jusqu'à Casteggio.

Charles, qui l'avait d'abord suivi de près, le perdit de vue dès qu'il y eut des blessés à relever et à panser. Quand il le retrouva le soir, après la retraite sonnée, le brave colonel n'avait pas reçu la plus légère égratignure.

Non moins heureux à la bataille de Magenta, où Mac-

Mahon eut plus de quatre mille hommes tués ou blessés, il eut la joie de voir le jeune docteur arracher à la mort le lieutenant-colonel Dumesnil, père de la meilleure amie d'Emma.

Le 7 juin, un *Te Deum* fut solennellement chanté à Notre-Dame de Paris, en action de grâces de la victoire de Magenta.

En ce temps-là, nos armes, si cruellement trahies depuis par la fortune dans la terrible guerre dont la France n'oubliera jamais ni les hontes ni les douleurs, nos armes avaient encore leur ancien prestige; mais c'est à peine si nous osons, après tant de revers, rappeler les succès de la campagne d'Italie, ou la magnificence avec laquelle on les célébrait.

La veille du jour fixé pour le *Te Deum*, Henri reçut du colonel une lettre qu'il se hâta de communiquer à Mlles Granval.

« Remerciez Dieu, mes enfants, disait cette lettre, votre vieil ami a vu hier une belle bataille et une grande victoire, sans rien perdre autre chose qu'une de ces affreuses pipes que Gabrielle regarde avec un dédain mêlé d'horreur. Hélas! je me trompe, ou plutôt j'ai tort de vouloir prendre avec vous un ton de plaisanterie que mon cœur dément. J'ai laissé sur le champ de bataille des amis bien chers, entre autres le général Cler, un tout jeune homme, avec lequel j'ai combattu en Afrique, et j'ai vu tomber grièvement blessé mon second, le lieutenant-colonel Dumesnil. Par bonheur pour lui, par bonheur surtout pour ton amie Blanche, ma chère Emma, Dumesnil, immédiatement recueilli et transporté à l'ambulance, a reçu de Charles des soins si prompts et si habiles, que sa guérison n'est plus qu'une question de temps.

« On dit quelquefois que nous sommes braves, nous autres vieux troupiers. Le beau mérite vraiment! Nous sommes habitués de longue main à l'infernale musique des balles et des boulets; nous en avons tant vu s'abattre autour de nous, que nous finissons par nous persuader qu'ils ne peuvent nous faire aucun mal. Mais c'est votre ami Charles qu'il faudrait voir s'avancer, pâle, mais calme, jusque sous la mitraille, sans autres armes que sa trousse, sans autre cuirasse que son tablier taché de sang. Je l'ai vu, moi; je suis fier de le nommer mon fils, et je ne doute pas que Dieu ne récompense par une vie paisible et heureuse tant de courage et de dévouement.

« Ne sois pas jaloux toutefois, mon cher Henri : on peut faire du bien dans toutes les positions; la tienne te mettra plus d'une fois à même de montrer que le courage moral vaut bien celui qu'on admire sur les champs de bataille.

« Continuez à prier pour nous, Emma et Gabrielle; vous êtes deux bons anges auxquels Dieu n'a rien à refuser. On dit que si nous remportons encore quelques victoires comme celle d'hier, la paix ne tardera pas à se faire. Je le souhaite; car, si c'est une belle chose que la guerre, envisagée du côté de la gloire, il faut convenir qu'au point de vue de l'humanité, c'est tout ce qu'on peut imaginer de plus triste et de plus cruel.

« Ces Autrichiens que nous voyons tomber avec tant d'orgueil et de plaisir, ne nous ont fait aucun mal; nous ne les connaissons pas, et il est affreux de penser qu'ils ont, comme les Français, des pères, des mères, des enfants, que leur mort plongera dans le deuil. Aussi, quand l'ivresse du combat est dissipée, quand la raison et la justice reprennent leurs droits, on se sent l'âme navrée à la vue de tant de sang, à l'idée de tant de larmes; la victoire perd son prestige ; il n'y a plus d'ennemis sur le champ de bataille abandonné, et l'on voit les vainqueurs recueillir les vaincus avec la même sollicitude que leurs propres soldats.

« Brûle ma lettre, mon cher Henri, après que Mme Sertier et tes sœurs l'auront lue. Il ne faut pas qu'un étranger sache avec quelle ardeur je désire la paix ; il croirait que votre vieil ami n'est plus bon qu'à raconter ses prouesses d'autrefois à quelques bambins réunis autour de son fauteuil, et je sais bien que vous entendriez avec déplaisir exprimer une telle opinion. »

Cette lettre, datée du 6 juin, fut suivie d'une autre dans laquelle Charles parlait à son frère des privations que l'armée victorieuse avait à endurer dans un pays où, malgré tous les efforts de l'intendance, les vivres manquaient souvent. Il s'en plaignait bien moins pour lui-même et pour le colonel, qui supportait gaîment la faim et la soif, que pour les pauvres blessés confiés à ses soins. Il donnait des nouvelles du lieutenant-colonel Dumesnil, et il disait à Emma qu'elle pouvait rassurer tout à fait son amie sur les suites de cette blessure.

Quand ces lettres arrivaient, on était heureux chez Mme Sertier ; mais bientôt l'inquiétude, un instant dissipée, revenait plus poignante. Qui pouvait dire, en effet, si ceux qui les avaient écrites vivaient encore? Mais il est inutile de songer à peindre les angoisses auxquelles on était en proie quand les journaux parlaient d'un combat sans qu'on reçût aucunes nouvelles de ceux auxquels on ne cessait de penser.

Il y avait déjà dix jours que le facteur n'avait rien

apporté d'Italie, quand on vit se former dans la rue de nombreux attroupements. Henri, qui venait d'entrer au salon où Mme Sertier et ses nièces étaient occupées à préparer de la charpie, se hâta d'aller aux informations ; il reparut bientôt, après avoir copié l'affiche autour de laquelle s'assemblaient les curieux :

« Grande bataille et grande victoire !

« Toute l'armée autrichienne a donné. La ligne de bataille avait cinq lieues d'étendue.

« Nous avons enlevé toutes les positions, pris beaucoup de canons, de drapeaux et de prisonniers.

« Les autres détails sont impossibles pour le moment.

« La bataille a duré depuis quatre heures du matin jusqu'à huit heures du soir. »

Le cœur du jeune homme palpitait d'orgueil et de joie en annonçant cette victoire; mais une arrière-pensée pleine d'amertume modéra bientôt ces premiers sentiments. On s'était battu pendant douze heures, sur une étendue de cinq lieues, toute l'armée autrichienne avait donné, donc la plupart des forces françaises devaient avoir été engagées, et Dieu seul savait si cette victoire, qui n'avait pas encore de nom, n'avait pas coûté à Henri le sang de son frère ou de son père adoptif.

De nouvelles dépêches furent affichées dans la journée ; elles ne firent qu'augmenter les craintes de la famille en confirmant l'importance de la victoire et la durée du combat. Les détails qui parurent ensuite dans le *Moniteur* n'étaient pas non plus de nature à rassurer nos jeunes gens. Qu'on en juge par ces passages :

« Les pertes de l'armée française se sont élevées au chiffre de douze mille hommes de troupes, tués ou blessés, et de sept cent vingt officiers hors de combat, dont cent cinquante tués.

« Parmi les blessés, on compte les généraux de Ladmirault, Forey, Auger, Dieu et Douai. Sept colonels et six lieutenants-colonels ont été tués. »

Mais, chose plus terrible encore peut-être que ce triste résumé, un autre article du même journal ne permettait pas aux amis de M. Lefebvre de douter que son régiment n'eût pris part au combat, puisqu'il faisait partie de la division Forey.

« Le maréchal Baraguey-d'Hilliers, disait cet article, était arrivé jusqu'au pied de la colline abrupte au sommet de laquelle est bâti le village de Solferino, que défendaient des forces considérables, retranchées dans un grand château et dans un vieux cimetière, entourés l'un et l'autre de murs épais et crénelés. Le maréchal avait perdu beaucoup de monde et avait dû payer plus d'une fois de sa personne, en portant lui-même en avant les troupes des divisions Bazaine et Ladmirault. Exténuées de fatigue et de chaleur, exposées à une vive fusillade, ces troupes ne gagnaient du terrain qu'avec beaucoup de difficulté.

« En ce moment, l'empereur donna l'ordre à la division Forey de s'avancer, une brigade du côté de la plaine, l'autre sur la hauteur, contre le village de Solferino, et la fit soutenir par la division Camou, des voltigeurs de la garde. Il fit marcher avec ces troupes l'artillerie de la garde, qui, sous la conduite du général de Sevelinges et du général Lebœuf, alla prendre position à découvert à trois cents mètres de l'ennemi. Cette manœuvre décida du succès au centre.

« Pendant que la division Forey s'emparait du cimetière et que le général Bazaine lançait ses troupes dans le village, les voltigeurs et les chasseurs de la garde impériale grimpaient jusqu'au pied de la tour qui domine le château et s'en emparaient. Les mamelons des collines qui avoisinent Solferino étaient successivement enlevés, et à trois heures et demie, les Autrichiens évacuaient la position sous le feu de notre artillerie couronnant les crêtes, et laissaient entre nos mains quinze cents prisonniers, quatorze canons et deux drapeaux. »

Henri eût bien voulu cacher ces détails à Emma et à Gabrielle ; mais il ne put y parvenir. Les deux jeunes filles partageaient leur temps entre la prière et la lecture de tous les journaux qu'elles supposaient devoir les éclairer sur le sort de leurs amis. L'inquiétude les torturait à tel point, qu'elles en arrivaient à se demander si la certitude d'un malheur serait plus pénible à supporter. Henri n'avait d'autre occupation que de parcourir les journaux, d'aller s'informer auprès de deux ou trois familles qui avaient quelques-uns de leurs membres à l'armée d'Italie, et de se présenter au ministère de la guerre, dans l'espoir d'obtenir par l'un de ces moyens des renseignements qu'il eût volontiers payés au poids de l'or.

Pendant cinq jours ses démarches furent inutiles. Un matin, il accourut triomphant chez Mme Sertier. Il tenait tout ouverte une lettre qu'il remit à Gabrielle, dont l'impatiente main se tendait vers lui.

« Pardonne-moi, cher Henri, disait cette lettre, écrite par le jeune docteur, de t'avoir fait attendre des nouvelles, après la terrible bataille dont tu auras certainement lu le compte-rendu. Je ne pouvais aller plus vite, non-seulement parce que les ambulances regorgeaient de blessés, mais parce qu'au nombre de ces blessés se trouvait le colonel Lefebvre, et que je voulais, en vous le disant, pouvoir ajouter que cette blessure ne nous enlèverait pas notre meilleur ami. Il est sauvé, réjouissez-vous ; et comme la paix sera faite avant qu'il soit complétement guéri, réjouissez-vous doublement.

« Dès six heures du matin la bataille était engagée sur une ligne immense, dont le village de Solferino, situé sur une hauteur, occupait à peu près le centre. Bientôt les plus grands efforts se tournèrent contre ce point, qui parut aux généraux ce qu'il était réellement, la clef de la position ennemie.

« Après plusieurs assauts meurtriers, nos troupes, toujours repoussées, retournaient à la charge avec une nouvelle ardeur, sans que celles qu'on envoyait pour les soutenir pussent s'expliquer la cause de cet insuccès. Personne ne savait que le village de Solferino, dont on voyait l'église et la grosse tour carrée couronnant la hauteur, était assis au fond d'un entonnoir qu'on ne pouvait apercevoir de loin et dans lequel on n'arrivait qu'en s'engageant dans un ravin dominé par les batteries autrichiennes.

« Une multitude de morts et de blessés jonchaient le sol aux abords du ravin, quand, cédant à l'inquiétude que j'éprouvais d'avoir vu notre cher colonel s'élancer de ce côté, à la tête de son régiment, je profitai de ce que les débris des divers corps qui avaient déjà donné se réunissaient dans un dernier effort, pour franchir avec eux la hauteur. Un peu en arrière du talus qui précédait le ravin, j'aperçus deux hommes horriblement mutilés qui en recouvraient un troisième, dont on ne voyait que le visage pâle et sanglant. Je jetai un cri ; je venais de reconnaître notre ami, et je le croyais mort. Je me hâtai toutefois de le transporter, avec l'aide de deux soldats de bonne volonté, derrière un pli de terrain qui devait l'empêcher d'être foulé aux pieds par les assaillants; car je ne comprenais pas qu'il eût échappé à ce danger.

« Là seulement je pus constater qu'il respirait encore. Une balle, après lui avoir traversé le bras, s'était logée dans la poitrine; il avait perdu beaucoup de sang; mais la blessure, quoique grave, me laissait encore de l'espoir.

« Je remerciai Dieu avec un élan de joie : je m'étais senti si malheureux non-seulement de ma propre douleur, mais de la vôtre à tous, quand j'avais cru arriver trop tard. L'aide de quelque habile praticien m'eût été bien nécessaire; mais il n'y fallait pas songer; j'invoquai le secours du ciel et je me mis à l'œuvre. Ma main tremblait d'abord; mais peu à peu elle se raffermit, et je dirai toujours que la nécessité est le plus grand des maîtres.

« Je venais d'extraire la balle quand des cris de triomphe retentirent autour de moi; je levai la tête et je vis flotter le drapeau français sur la tour de Solferino. Le village avait été abandonné dès la veille par ses habitants; nos soldats s'en emparèrent; et quand un peu de calme succéda à l'enivrement du succès, je fis porter le colonel dans une grande et belle maison où déjà plusieurs blessés avaient trouvé asile.

« C'est de là que je t'écris, mon cher Henri. Je n'ai pas besoin de te dire que ma lettre n'est pas pour toi seul. Notre ami pense à tout ce que ses charmantes filles ont dû souffrir; il se reproche les larmes qu'elles ont versées pour lui; mais il ne voudrait pas, dit-il, savoir qu'elles n'ont pas pleuré. S'il n'avait pas le bras en écharpe, il ajouterait quelques mots à ma lettre ; mais il n'a jamais pu écrire de la main gauche, et franchement je ne suis pas fâché qu'il ne prenne pas cette peine aujourd'hui ; car, s'il est hors de danger, ce que je vous répète avec bonheur, il n'est pas encore assez fort pour s'imposer la moindre fatigue.

« Adieu, Henri. La guerre est une belle et terrible chose ; mais j'en ai vu ce que j'en verrai. L'armée marche en avant ; le quartier général est à Valeggio, où l'on dit que les vivres manquent et que l'eau est beaucoup plus rare que le vin ; ce qui est cruel par la chaleur qu'il fait et par la fine et sèche poussière que le vent soulève sans cesse. Ici, notre malade ne manque de rien ; nous y resterons jusqu'à ce qu'il puisse voyager sans danger. Beaucoup d'autres sont moins bien partagés ; car il y en a maintenant dans toutes les maisons, dans les fermes voisines, et même dans les cours et dans les rues.

« Le service s'organise toutefois, et des ambulances recevront bientôt ceux qui n'ont pu trouver encore un abri convenable. A chaque instant notre cher colonel me chasse de son chevet ; il ne veut pas, dit-il, être mieux soigné que tant de pauvres soldats qui peut-être ont montré plus de bravoure que lui.

« Cela est impossible, j'en réponds ; et tu le sais aussi bien que moi, mon cher Henri. Tu devines aussi que cette bravoure, à laquelle il n'y avait pas moyen de faire entendre raison, me causait des transes mortelles, et tu n'auras pas de peine à croire que j'éprouve un véritable soulagement à voir notre cher ami incapable de courir au premier signal, comme s'il avait à gagner son épaulette de sous-lieutenant.

« Adieu encore, frère. Je t'aime et je t'embrasse de cœur. »

Tout le monde fut de l'avis du jeune docteur. Henri fut remercié, complimenté, fêté pour la bonne nouvelle qu'il apportait. Mme Sertier le retint à dîner, et jamais repas ne fut plus gai. On songeait à peine aux souffrances du colonel, tant on se réjouissait de le savoir hors de combat. Il est vrai que sans la présence de Charles auprès de lui, l'inquiétude eût dominé tout autre sentiment ; mais, sûr de son dévouement comme de son talent, chacun se fût reproché de n'être pas tranquille.

Toutefois, chose étrange, et qui prouve combien nos impressions varient avec les circonstances, on se sentit inquiet et affligé des blessures du colonel, lorsqu'on apprit qu'un armistice venait d'être conclu entre Napoléon III et l'empereur d'Autriche. D'après l'opinion publique, cet armistice ne pouvait manquer de devenir une paix définitive ; l'armée victorieuse allait rentrer en France, et pendant que tant de familles accueilleraient les vainqueurs avec transport, le colonel gémirait encore loin des siens, menacé peut-être par quelque maladie plus redoutable que ses blessures.

Les deux empereurs désiraient également la paix. Ils convinrent d'une entrevue dans laquelle ils réglèrent tête à tête leurs différends, et l'événement prouva qu'ils avaient eu raison de ne pas remettre leurs intérêts aux mains des diplomates qui, sans rien terminer peut-être, auraient eu de longues et nombreuses conférences. Une heure suffit à la conclusion du traité qui rendait la paix à l'Europe.

« Aujourd'hui même, écrivait Charles le 11 juillet, la paix a été signée entre la France et l'Autriche. Je n'ai pas la prétention de te l'apprendre, mon cher Henri; car le télégraphe va plus vite que la poste. Je suis sûr qu'il y aura eu à Paris de grandes illuminations quand tu recevras cette lettre. C'est à Villafranca, dans une maison que j'ai visitée il y a huit jours, sans savoir qu'elle deviendrait le théâtre d'un événement historique, que les deux empereurs se sont entretenus. Cette maison n'a rien à l'extérieur qui puisse la recommander à l'attention; mais l'intérieur est orné de belles peintures, et le petit salon où l'entrevue s'est passée a pour tentures et pour lambris des fresques remarquables.

« Mais j'oublie que tous ces détails ne t'intéressent guère et que tu en attends d'autres avec impatience. M'y voici, frère. Notre ami va mieux, beaucoup mieux que je n'osais l'espérer; je pourrais presque dire que sa convalescence a commencé, depuis qu'il sait qu'on ne se battra pas sans lui.

« On a dirigé sur les hôpitaux voisins la plupart des blessés dont le village était encombré. On voulait emmener le colonel; je m'y suis opposé. La maison dans laquelle il sera seul désormais offrira des conditions de salubrité supérieures à celles des hôpitaux les mieux tenus; elle est entourée d'un beau jardin, où bientôt il pourra s'asseoir à l'ombre pendant quelques heures, chaque jour. Nous nous approvisionnons sans trop de difficultés, non-seulement de ce qui nous est nécessaire, mais de ce qui peut être utile ou agréable à notre malade, et il dit qu'il ne manquerait de rien s'il pouvait matin et soir embrasser ses chères filles et serrer la main de mon frère, en même temps que la mienne.

« Encore quelques semaines, et ce vœu sera réalisé. A mesure que ses forces reviendront, j'aurai plus de peine à le retenir; mais je l'ai prévenu que je voulais être le maître, que je me réservais le droit de fixer seul le moment du départ. Il a souri d'un air narquois, comme pour me dire qu'il saurait bien lui-même quand il pourrait entreprendre ce voyage; mais je suis bien décidé à exercer l'autorité que me donne mon titre de médecin.

« Ne compte guère sur nous avant le 15 août, mon cher Henri, et dis à ces demoiselles qu'au lieu de témoigner un trop grand désir de revoir notre excellent tuteur, je les prie de l'engager à se guérir complétement avant de se mettre en route. S'il se figure qu'on l'oublie ou qu'on se passe de lui volontiers, je me charge de le détromper.

« Je ne doute pas que la nouvelle de la paix ne soit bien accueillie en France; ici elle a été saluée d'acclamations enthousiastes. La guerre peut être belle lorsqu'on ne la voit que de loin; mais pour les pays où elle s'abat, c'est le plus terrible des fléaux, même quand la modération est le plus strictement recommandée aux vainqueurs. Que Dieu daigne à jamais en préserver notre patrie tant aimée!

« On s'occupe activement autour de nous d'enterrer une multitude de morts qui n'ont reçu qu'une sépulture insuffisante; ce qui, par la chaleur que nous souffrons, pourrait amener de redoutables épidémies. C'est une besogne peu agréable, et qui me paraît bien faite pour ôter au vainqueur l'enivrement de sa gloire.

« Ce sera le colonel qui vous écrira pour vous informer de son retour. En attendant, cher Henri, il t'embrasse de cœur et il te charge de ses compliments pour Mme Sertier et de toutes ses tendresses pour Emma et pour Gabrielle. J'y joins mes respectueux hommages et je te serre cordialement les mains. »

Il n'y avait pas trois semaines que cette lettre était écrite quand, un beau soir, le colonel Lefebvre entra, sans être annoncé, dans le salon de Mme Sertier. Gabrielle était au piano ; Henri, debout derrière elle, tournait les pages du cahier de musique, tandis qu'Emma dessinait près de la fenêtre ouverte.

— Le colonel ! s'écria Gabrielle.

— Mon ami ! mon père ! dirent en même temps Henri et Emma, en se précipitant vers lui.

Charles, qui le suivait, leur fit signe de modérer cet élan, et, présentant un fauteuil au blessé, il le força de s'asseoir.

— Il a peur que vous n'endommagiez son malade, dit Marcel ; mais venez, mes enfants ; votre vue me fera plus de bien que tous ses médicaments.

Après le colonel, Charles eut son tour. Henri était heureux de le revoir, et les jeunes filles ne savaient comment le remercier de ce qu'il avait fait pour leur bienfaiteur.

— Il m'a sauvé, reprit le colonel ; mais c'est un affreux tyran. Ne voulait-il pas me faire passer l'hiver loin de vous? Comme s'il y avait un meilleur climat que celui de notre beau pays, un air plus pur et plus fortifiant que celui qu'on respire au milieu de ses enfants.

— Mais c'eût été une trahison, dit Henri, de vous retenir là-bas jusqu'au printemps, après nous avoir fait espérer que nous vous reverrions au 15 août.

— Comment ! tu leur avais écrit cela, s'écria Marcel, et tu me tenais un langage si différent?...

— Il le fallait bien, répondit Charles, puisqu'en demandant six mois de délai, je n'ai pu obtenir que trois semaines.

— Ah ! monsieur le docteur, vous vous mêlez de faire le diplomate. On s'en souviendra ; mais, en attendant, dites si je ne suis pas rajeuni de dix ans, depuis que je suis arrivé.

Charles n'eut pas le temps de répondre : Mme Sertier accourait pour l'embrasser et pour saluer le colonel. On causa pendant une demi-heure, puis les jeunes filles joignirent leurs instances à celles du médecin pour décider leur ami à prendre un repos dont il avait grand besoin.

Henri les emmena tous les deux, et M. Lefebvre eut encore un moment de douce émotion en voyant la joie que son retour causait à Charlotte.

Sa maison était prête à le recevoir. Quoiqu'il ne l'eût pas habitée, la chambre qu'on avait disposée pour lui était celle qu'il eût choisie de préférence à toutes les autres. Elle ouvrait sur un balcon où des résédas, des roses, des œillets, fraîchement arrosés, répandaient leurs parfums, et il y trouva, avec les quelques meubles qu'il aimait, un grand fauteuil brodé par Emma, les portraits des deux jeunes filles, un porte-cigares bien garni, et, sur un joli guéridon, une pipe toute bourrée, qui semblait attendre son maître.

— Qu'il fait donc bon chez soi ! dit-il, surtout quand on y rencontre à chaque pas des preuves de l'affection de ceux qu'on aime. Regardez-moi, mes amis, vous ne verrez peut-être jamais un homme aussi heureux que je le suis. Je ne sais ce que l'avenir me garde ; mais quand ce ne serait que pour cette heure si douce, je te rends grâces, cher docteur, de m'avoir sauvé la vie. Si tu savais, Henri, quel dévouement, quels soins assidus, quelle fermeté j'ai trouvés en lui ! Il parlait en maître, et, malgré ma moustache grise, j'étais forcé de lui obéir.

— Dites plutôt que vous n'étiez pas en état de me résister ; car, dès que vous vous êtes senti assez fort pour lutter, nous avons changé de rôle ; et si j'essayais maintenant d'imposer mon autorité, je crois qu'elle ne serait guère respectée.

— Aujourd'hui, je ferais encore tout ce que tu voudrais : quand on est si content, on désire contenter les autres, et n'importe qui me demanderait quelque chose serait sûr de n'être pas refusé.

— Si je le croyais..., dit Henri, en hésitant un peu.

— Depuis quand t'ai-je donné le droit de douter de ma parole ? S'il est en mon pouvoir de faire ce que tu souhaites, parle, et c'est moi qui te remercierai.

— Eh bien ! mon ami, promettez-moi de m'accorder la main de Gabrielle quand je me serai fait une position digne d'elle.

— Voilà, certes, une demande à laquelle je ne m'attendais pas. Comment ! mon cher Henri, tu penses à te marier et tu as jeté tes vues sur Gabrielle ? Il est vrai qu'elle est aimable et bonne ; mais l'est-elle donc plus qu'Emma ?

— Elles sont charmantes l'une et l'autre ; mais je n'ai jamais cherché à établir entre elles aucune comparaison.

— C'est tout simple : puisque c'est Gabrielle que tu veux épouser, elle te paraît de tous points si supérieure à sa sœur, que tu n'as même pas songé à les comparer.

— Vous vous méprenez sur le motif qui m'en a empêché. Je n'ai jamais pensé à Emma, parce que je sais qu'un autre l'a choisie.

— Et cet autre mérite-t-il, comme toi, que je lui confie le bonheur d'une de mes filles ?

— Il le mérite mille fois mieux ; car le voici, dit Henri en montrant son frère.

— Est-ce vrai, Charles ? demanda le colonel, d'une voix altérée par l'émotion.

— C'est vrai, répondit le jeune docteur.

— Et tu as si bien gardé ton secret, que je ne l'ai pas deviné.

— Avant d'oser prétendre à la main de Mlle Emma, il faut que j'aie réussi à me faire un nom ; mais aucun effort ne me coûtera pour y arriver promptement.

— Je vous disais tout à l'heure combien j'étais heureux ; je crains maintenant de l'être trop pour que ce bonheur puisse durer. Ah ! si mon ami Granval vivait encore !...

— Voilà un regret, dit Charles, qui prouve bien que le bonheur parfait n'est pas de ce monde.

— Tu as raison, cher philosophe, et ta réflexion me rassure. Mais dites-moi, mes enfants, pensez-vous que je puisse vous promettre la main de mes filles sans les avoir consultées ?

— Nous pensons, répondit Charles, qu'elles ne refuseront pas leur consentement, quand elles verront ce que nous sommes capables de faire pour le mériter.

XII.

Le colonel fit part à ses deux chères filles de la demande que Henri et Charles lui avaient adressée.

— Je doute, leur dit-il, que vous puissiez trouver mieux, et je ne vous cache pas que ce double mariage comblerait mes vœux, en resserrant encore les liens de ma famille d'adoption ; mais je tiens à ce que cet aveu n'influe en rien sur une décision de laquelle dépend le bonheur de votre vie. Réfléchissez donc et faites-moi connaître en toute franchise ce que vous aurez résolu.

— Nous avons le temps de réfléchir, mon oncle, répondit Gabrielle. Quant à moi, je ne veux pas épouser un avocat encore inconnu. Que M. Henri se fasse un nom, qu'il puisse compter sur une position convenable, et je le préférerai à tout autre, parce que j'aime son caractère.

— Henri est un excellent garçon, qui rendra sa femme heureuse, ou qui du moins fera pour cela tout ce qu'il lui sera possible de faire ; mais je ne sais pas s'il a beaucoup d'ambition.

— Il en aura s'il tient à moi ; s'il n'y tient pas, il est libre de chercher ailleurs.

— Ainsi, Gabrielle, tu ne saurais pas te contenter d'un intérieur paisible et modeste ?

— Je crois, mon oncle, qu'il est permis à une femme de désirer pour son mari la gloire et la fortune, quand elle est sûre qu'il peut les obtenir par le travail.

— Tu as raison. Pourtant, ma fille, la gloire et la fortune ne sont pas toujours les compagnes du bonheur. Es-tu de mon avis, Emma ?

— Je n'ai pas assez d'expérience pour me prononcer là-dessus, mon oncle ; je m'en rapporte à la vôtre ; cependant je pense, comme Gabrielle, qu'une femme doit être heureuse de voir rendre justice au talent de son mari, répondit Emma, qui ne voulait pas avoir l'air de donner à sa sœur une leçon de sagesse.

— Dois-je donc penser que tu repousserais Charles, s'il ne réussissait pas à devenir une célébrité ?

— Non, mon oncle. S'il n'y réussit pas, je me croirai obligée de l'en consoler ; car je sais d'avance qu'il n'aura rien à se reprocher.

— Bien, mon enfant, dit le colonel en serrant la main d'Emma.

— Vous me blâmez, mon ami, reprit Gabrielle, je le vois à la manière dont vous approuvez ma sœur ; mais permettez-moi de vous rappeler que nous ne sommes pas placées dans les mêmes conditions. Charles a fait ses preuves ; ce sera certainement un habile docteur, et c'est un homme plein de courage et de dévouement. Il vous a sauvé, il a donc droit à toute notre reconnaissance, tandis que M. Henri ne nous semble posséder encore d'autre titre que celui d'excellent garçon que vous lui donniez tout à l'heure.

La réflexion de la jeune fille ne manquait pas de justesse ; M. Lefebvre en convint, et il ajouta qu'en lui demandant la main de Gabrielle, Henri s'était engagé à la mériter.

En rentrant chez lui, il trouva Charles occupé à déballer ses instruments de chirurgie.

— Je te dois beaucoup, mon ami, lui dit-il; mais la réponse que je t'apporte suffirait pour m'acquitter envers toi. Emma sera ta femme quand tu n'aurais à lui offrir qu'une modeste position ; et avec un tel trésor, tu seras toujours assez riche.

Pour tout remercîment, Charles se jeta dans les bras du colonel ; puis il demanda si Henri aurait à se réjouir comme lui.

— Gabrielle me rappelle les prix attachés au sommet d'un mât de cocagne, répondit-il. Il faut monter bien haut pour y atteindre.

— Je monterai, dit Henri, qui de sa chambre, voisine de celle de Charles, avait entendu ces mots.

Dès lors il se mit au travail avec ardeur ; dans plusieurs causes où il avait été chargé d'office de défendre des accusés, il se concilia les sympathies du public et obtint les félicitations de la cour. Un procès en captation d'héritage, intenté par un ami de Mme Sertier contre un cousin dont l'avarice était connue, lui fournit l'occasion de faire preuve d'autant de perspicacité que d'éloquence. Le succès lui valut de nouveaux clients ; bientôt il fut cité comme une des gloires futures du barreau, et Gabrielle, sûre désormais de le voir arriver à tout, ne fit plus mystère de la préférence qu'elle lui accordait.

— Tu as bien fait de te montrer exigeante, lui disait le colonel, ravi des éloges prodigués au jeune avocat. Henri avait besoin d'être stimulé ; il te doit ce qu'il est, je réponds qu'il ne l'oubliera pas.

Quelques mois après son retour d'Italie, Charles obtint, en récompense de ses bons services, la croix de la Légion d'honneur. Il crut d'abord qu'il la devait aux instances du colonel, et il ne la porta volontiers qu'après avoir acquis la certitude que M. Lefebvre n'avait fait aucunes démarches dans ce but.

— J'ai souvent trouvé, ajouta le brave officier, qu'on prodiguait trop cette distinction ; mais tu peux en être fier, car tu l'as bien gagnée ; et j'espère que ce petit bout de ruban rouge t'aidera beaucoup à faire ton chemin.

En effet, c'était une recommandation, et les jeunes médecins en ont besoin. On admet sans peine qu'ils soient savants ; car personne n'ignore que la somme des connaissances exigées pour l'obtention des diplômes augmente chaque jour ; mais on craint qu'ils ne reconnaissent pas aussi sûrement que les vieux praticiens les mille formes sous lesquelles se présente la maladie ; et comme toute erreur peut être funeste, on ne veut confier sa vie qu'à celui qui joint l'expérience au savoir.

On ne songe même pas qu'un médecin qui exerce depuis de longues années est, à de rares exceptions près, devenu peu sensible aux souffrances de ses malades, qu'il s'est habitué à regarder la mort comme un tribut qu'ils doivent payer, qu'importe que ce soit un peu plus tôt ou un peu plus tard ! Un jeune homme, au contraire, soigne de tout son cœur ceux qui réclament le secours de ses lumières ; et comme il ne se croit pas infaillible, il consulte, il étudie. Il n'est pas blasé sur le spectacle des infirmités humaines, il a le désir de les soulager ; et s'il triomphe du mal, c'est avec autant de joie que d'orgueil.

Les pauvres de son quartier furent les premiers clients de Charles; il en guérit plusieurs ; mais la vie d'un pauvre n'est précieuse qu'à ceux que son travail nourrit ; personne ne s'occupe de lui, personne ne le connaît, et le médecin qui le sauve doit se contenter de ses bénédictions.

Il fallut, pour mettre un peu en relief le talent de Charles, que Mme Sertier tombât malade. Quoiqu'elle pût compter sur le dévouement du jeune homme, qui n'avait point oublié ses bons soins d'autrefois, elle voulait appeler avec lui un médecin célèbre. Le colonel l'en empêcha, en lui donnant sa parole que le mal dont elle était atteinte n'avait rien d'alarmant, et que s'il venait à s'aggraver, le jeune homme serait le premier à demander l'aide d'un habile docteur.

Au bout de huit jours Mme Sertier était en pleine convalescence; comme elle n'épargna pas les éloges à M. Lenglet, qu'elle le proclama son sauveur, en assurant qu'elle avait couru un grand danger, quelques-uns de ses amis consultèrent Charles; d'autres promirent de s'adresser à lui si le malheur voulait qu'ils eussent besoin d'un médecin.

Un accident arrivé peu de temps après à quelques pas de sa maison lui fut encore plus avantageux. Un cheval fougueux, attelé à une voiture de maître, s'étant emporté, brisa à l'angle de la rue le léger véhicule qu'il traînait et jeta sur le trottoir son conducteur, qu'on releva sans connaissance.

Charles, appelé en toute hâte, lui donna les premiers soins dans une pharmacie voisine et l'accompagna jusque chez lui, dès qu'il fut possible de l'y transporter. C'était un homme bien posé dans le monde et capable d'apprécier le mérite du jeune docteur. Il le pria d'achever sa guérison, et lui procura de riches et généreux clients.

Tout allait donc au mieux pour les deux frères : s'ils n'avaient pas encore réalisé de grands bénéfices, ils étaient du moins sur le chemin de la fortune ; et, pour plusieurs raisons, le colonel désirait abréger le délai de trois ans qui avait d'abord été fixé pour leur mariage. D'abord Marcel n'était plus jeune ; il avait été longtemps sans s'apercevoir du poids des années ; car il était resté fort et robuste, malgré les fatigues endurées en Afrique ; mais depuis la blessure qu'il avait reçue à Solferino, il s'était senti décliner, et il commençait à craindre de mourir avant que le sort de ses chères filles fût assuré. D'un autre côté, l'avocat et le docteur ne pouvaient qu'inspirer plus de confiance quand ils seraient mariés ; enfin M. Lefebvre n'avait pu empêcher Mme Sertier de donner des soirées dont ses nièces faisaient l'ornement, et Marcel pensait avec raison qu'il ne fallait pas laisser les distractions frivoles et les triomphes de la vanité devenir un besoin pour Gabrielle.

Mme Sertier insista pour garder encore pendant quelque temps les deux jeunes filles ; mais on ne l'avait consultée que par convenance, et Gabrielle, qui commençait à désirer une liberté plus complète que celle dont elle jouissait chez sa tante, se déclara satisfaite des efforts faits par son fiancé, après qu'il lui eut promis de n'avoir jamais d'autre loi que sa volonté.

Les deux mariages furent célébrés le même jour. Le père Henry, qui ne pouvait être oublié dans cette circonstance solennelle, servit de témoin à ses jeunes amies, qu'il contemplait avec ravissement. Jamais il ne s'était trouvé si heureux. Mais ce fut bien autre chose quand Emma le pria de remplacer son père pour la conduire à l'autel, tandis que le colonel offrirait son bras à Gabrielle. Si Marcel eût consulté son cœur, il eût accompagné son Emma, sa seule véritable fille ; mais l'aimable enfant connaissait Gabrielle, et, pour lui épargner une contrariété, elle dit qu'elle donnerait avec joie au père Henry une preuve de sa reconnaissante affection.

Il avait été convenu que chacun des deux jeunes ménages jouirait d'une entière liberté, mais qu'ils s'installeraient aussi près que possible de M. Lefebvre et de Mme Sertier, afin qu'on pût se voir assez souvent pour se croire encore en famille. L'appartement du colonel était assez grand pour que l'un des deux frères y restât ; Gabrielle, consultée par son mari, dit qu'il fallait y laisser Charles et Emma, que l'oncle Marcel préférait certainement à Henri et à elle.

Cela était vrai ; mais ce que Gabrielle ne disait pas, c'est qu'elle ne se souciait nullement d'avoir un mentor, si peu gênant qu'il fût, et que d'ailleurs elle voulait un appartement plus vaste et plus somptueux. Emma, qui ne désirait rien tant, au contraire, que de vivre auprès de son père adoptif, remercia Gabrielle de ne pas lui disputer ce bonheur, et ne songea point à se demander si sa sœur lui faisait réellement un sacrifice.

Le colonel vit plus clair que la jeune femme ; toutefois il se réjouit de la manière dont les choses s'étaient arrangées, et il remit de grand cœur à Mme Charles Lenglet une autorité dont il savait qu'elle n'abuserait jamais. Depuis qu'il avait été question de son mariage, Emma, se rappelant les sages conseils de Mme Lecomte, s'était beaucoup occupée des divers soins dont se compose l'administration d'une maison. Sa tante, ayant toujours été très-soigneuse et très-économe, dans l'espoir d'augmenter une fortune dont elle comptait jouir tôt ou tard selon ses goûts, pouvait lui donner d'excellentes leçons. Mme Sertier n'avait qu'une cuisinière et une femme de chambre ; mais comme elle veillait à tout, elle était bien servie, et elle évitait le gaspillage qui souvent rend insuffisants les plus beaux revenus.

Elle était très-fière de sa qualité de bonne ménagère, que M. Sertier ne lui avait jamais contestée, et elle mit avec joie son expérience au service d'Emma. Elle engagea Gabrielle à imiter sa sœur ; mais la dédaigneuse jeune fille répondit qu'elle espérait bien avoir toujours le moyen de se faire servir ; que si par malheur le contraire arrivait, il serait encore temps qu'elle se salît les mains en apprenant à faire le pot-au-feu et les confitures.

Emma ignorait alors qu'elle aurait pour la seconder la bonne et dévouée Charlotte, qui faisait régner chez le colonel l'ordre le plus parfait, et prenait plaisir à l'entourer en même temps de tout le bien-être désirable. Elle acheva sous la direction de cette brave fille son éducation de femme de ménage, et se trouva bientôt en état de former elle-même une jeune servante que le père Henry lui envoya de Longpré. Charlotte lui avait offert de se charger de toute la besogne de la maison ; mais Emma ne voulut ni abuser de sa bonne volonté ni priver son maître des soins auxquels il était habitué.

Dresser une domestique qui arrive de son village, où elle était le plus souvent occupée dans les champs, n'est pas une tâche aussi facile qu'on pourrait le croire ; mais Emma était douée d'une rare patience ; comme elle n'avait pas le sot orgueil qui persuade trop souvent aux maîtres que leurs serviteurs appartiennent à une race inférieure, elle partagea d'abord avec sa jeune bonne le travail dont elle devait lui laisser la charge, quand elle la jugerait capable de s'en acquitter.

— Je m'offrirais bien à vous la dégrossir un peu, lui dit Charlotte ; mais je crois, madame, qu'il vaut mieux qu'elle sache que vous n'êtes pas empruntée pour faire l'ouvrage que vous lui commandez, et que vous pouvez, sans risquer d'être trop exigeante, lui fixer le temps que cet ouvrage demande. Elle aura honte d'être moins leste, moins adroite, de s'entendre moins bien aux travaux du ménage qu'une belle dame comme vous ; elle prêtera plus d'attention à vos paroles qu'aux miennes ; elle deviendra plus vite propre et soigneuse ; et comme elle verra que vous êtes juste et bonne, elle vous aimera ; ce qui, mieux que n'importe quoi, vous garantira de sa part un bon service.

Emma comprit que Charlotte avait raison, et elle agit en conséquence. Tous les jours elle donnait à ces occupations, que Gabrielle eût trouvées bien vulgaires, une bonne partie de la matinée. C'était le moment où le docteur allait voir ses malades ; quand il en avait peu, il passait une heure ou deux dans les salles du Val-de-Grâce, dont le médecin en chef avait été son professeur, et il ne rentrait que pour déjeuner.

Il trouvait la maison brillante de propreté, sa femme souriante et parée avec autant de goût que de simplicité, la table mise et les mets qu'il aimait préparés avec soin. De deux jours l'un M. Lefebvre venait prendre le café avec Charles ; le jour suivant, c'était Charles qui allait savourer sa demi-tasse avec le colonel.

Emma avait prié le bon oncle de ne pas manger seul chez lui, le docteur avait joint ses instances à celles de sa femme ; Marcel y avait résisté, en disant qu'il ne voulait pas se mettre en tiers dans le ménage, de peur que sa présence ne devînt une gêne, qu'on supporterait sans oser s'en plaindre. Cette réponse attrista les deux jeunes gens. Le colonel le vit, et il ajouta pour les consoler :

— Je ne veux pas m'imposer chez vous ; mais je ne vous défends pas de m'inviter quand il vous plaira.

Il est inutile de dire qu'Emma profitait souvent de cette permission ; tous les prétextes lui étaient bons, et bientôt elle n'eut plus besoin d'en invoquer aucun, Marcel ne pouvant douter du plaisir que Charles éprouvait quand il voulait bien partager un repas dont le bon accord et la franche gaîté des deux époux faisaient, pour leur vieil ami, la plus agréable des fêtes.

Après le déjeuner, Emma travaillait, pendant que le docteur donnait ses consultations, et presque toujours M. Lefebvre tenait compagnie à sa fille bien-aimée. C'était aussi l'heure à laquelle Mme Henri Lenglet venait voir son oncle et sa sœur. Elle était sûre de les rencontrer ensemble ; et quand le colonel voulait se retirer, pour ne pas gêner les confidences des deux jeunes femmes, Gabrielle s'y opposait. Deux ou trois fois elle avait trouvé Emma seule, et elle avait paru en éprouver plus d'embarras que de joie. Cette nuance n'échappa point à Emma.

— Qu'as-tu ? lui demanda-t-elle un jour.

— Rien, répondit Gabrielle, un peu de migraine ; mais cela m'arrive souvent.

— Et tu n'as pas encore consulté ? Veux-tu que je t'accompagne chez le docteur ? dit-elle en souriant.

— Il ne me guérirait pas.

— Tu n'as point de confiance aux médecins ?

— J'en ai peu ; mais les médecins n'ont rien à voir à ma migraine; je ne l'ai que quand je suis contrariée; encore ne sais-je pas bien si c'est là migraine.

— Ce n'est peut-être qu'un peu de mauvaise humeur. Dis-m'en bien vite la cause, et cela se passera.

— Non, cela ne se passera pas.

— C'est donc plus sérieux que je ne le crois ? Raison de plus pour que tu me fasses connaître ce qui te chagrine si fort.

— Es-tu heureuse, Emma ? demanda Gabrielle.

— Aussi heureuse que toi, chère sœur.

— Tu penses donc que je le suis ?

— Il est impossible que tu ne le sois pas : Henri est la bonté même. Je dirais que c'est le meilleur des maris s'il n'avait pas un frère qui lui ressemble parfaitement sous ce rapport.

— Ah ! les hommes sont trompeurs, reprit Gabrielle. Il me semblait aussi que Henri serait le meilleur des maris ; son caractère égal, enjoué, charmant, me paraissait bien préférable à celui de Charles ; mais si tu es heureuse comme tu le dis, Charles vaut mieux que son frère.

— Que reproches-tu donc à Henri ?

— Je lui reproche de n'avoir plus la gaîté qui le rendait aimable ni l'espèce d'insouciance qui me faisait supposer qu'il serait toujours content de tout.

— Tu ne songes donc pas, chère amie, qu'autrefois tu le voyais une heure à peine chaque jour, et que pendant cette heure il devait lui être bien facile de cacher les ennuis ou les préoccupations qu'il pouvait avoir, tandis que maintenant il se croit le droit de ne pas te les dissimuler. C'est d'ailleurs une preuve de confiance et d'affection qu'il te donne.

— Je t'avoue que je n'en suis nullement touchée.

— Si Charles avait des soucis, je voudrais les partager.

— Tu ne me comprends pas. Je ne crois pas que mon mari ait de grands soucis ; je me plains seulement de ce qu'il soit devenu exigeant et grondeur.

— Cela m'étonne tant, que, si tu ne me l'assurais, je refuserais d'y croire. À propos de quoi gronde-t-il donc ?

— À propos de tout. Mais si tu veux des détails, je ne suis pas embarrassée de te les donner. Ce matin, l'eau qu'on lui a apportée pour se raser n'était pas chaude, il a grondé ; le lait qu'on lui a servi sentait le brûlé, il a grondé ; à la chemise que je lui ai donnée un bouton manquait, il a grondé de plus belle. Il était si fâché, qu'il est sorti sans me dire adieu ; aussi, quand il a voulu me parler en rentrant, je ne lui ai pas répondu. Nous avons pris en silence un déjeuner détestable : les côtelettes étaient desséchées et noircies, le poisson avancé, la sauce blanche tournée, le café trouble et presque froid. À vrai dire, j'en étais contente ; car je me disais tout bas : « Tu étais de mauvaise humeur pour rien, tu le seras maintenant pour quelque chose. » Je m'attendais à une explosion, et je la désirais. Je ne suis pas boudeuse, tu le sais, et je souffrais d'être à table sans dire un mot. Henri repoussa les plats les uns après les autres, mais sans témoigner son mécontentement. Il se leva, alluma un cigare et se mit à la fenêtre, pendant que je feuilletais un journal de modes. Il n'y resta pas cinq minutes, et, en prenant son chapeau, il me dit : « Vous feriez mieux, Gabrielle, de vous occuper un peu moins de vos chiffons et un peu plus de votre cuisine. » Je ne sais ce que j'allais répondre, mais il sortit sans m'en laisser le temps.

— Il t'a sans doute épargné le regret de lui avoir dit quelques paroles trop vives.

— Est-ce là tout ce que tu vois dans cette inqualifiable conduite? Quant à moi, je ne puis excuser de tels procédés de la part d'un homme bien élevé.

— Il faut convenir, chère Gabrielle, que tu jouais de malheur aujourd'hui et que ton mari n'avait pas sujet d'être satisfait.

— Quand cela serait, est-ce donc à moi qu'il devait s'en prendre?

— A qui veux-tu qu'il s'en prenne? A ta bonne? Mais c'est toi, chère amie, qui dois la surveiller.

— Ainsi tu ne penses pas que Henri ait été injuste envers moi?

— Injuste, non ; un peu sévère peut-être.

— S'il prenait une femme pour en faire sa très-humble servante, il devait m'en prévenir, je l'aurais prié d'en choisir une autre.

— Henri n'a jamais songé à t'imposer ce rôle. Mais ne sais-tu pas, ma Gabrielle, que, dans un bon ménage, chacun des époux doit accepter sa tâche? Au mari appartient celle d'amener par son travail l'aisance dans la maison; mais si la femme ne veut pas le seconder, c'est en vain qu'il deviendra riche ; il ne verra jamais régner autour de lui le bien-être auquel son travail l'autorise à prétendre.

— C'est donc une grande erreur de supposer qu'en se mariant, une jeune fille devienne plus libre qu'elle ne l'a été. Elle renonce, au contraire, à son indépendance et courbe la tête sous le joug le plus humiliant.

— Tout dépend de la manière dont on envisage les choses. Le joug qu'on porte volontiers n'a rien d'humiliant, et l'on n'en sent le poids que lorsqu'on essaie de le secouer.

— Quant à moi, j'aurais plutôt la force de le briser que la patience de m'y soumettre. Henri est le maître de la maison ; mais j'en suis la maîtresse, et je ne l'oublierai jamais.

— Tu feras bien ; car ce titre de maîtresse de maison, en nous donnant des droits, nous impose des devoirs, que nous sommes obligées de remplir sous peine de perdre, avec notre autorité, la paix et le bonheur de notre ménage.

— Ce n'est pas moi qui troublerai cette paix ; je l'apprécie, je la désire ; mais je commence à trembler pour le bonheur que j'avais rêvé.

— Il est entre tes mains, chère Gabrielle. Quoi que tu en dises, tu as un excellent mari, qui t'aime de toute son âme, et que tu aimes sincèrement aussi.

— Il ne faudra pas beaucoup de journées comme celle-ci pour que je ne l'aime plus, interrompit Gabrielle. Tu peux le lui dire quand tu le verras.

— Tais-toi, chère folle ; il te connaît mieux que toi-même ; car il ne me croirait pas.

— Il est bien présomptueux s'il pense que ce soit pour moi un honneur et une joie d'être son esclave.

— Causons comme deux bonnes amies ; le veux-tu, Gabrielle ? Oui, n'est-ce pas? reprit Emma, en serrant sa sœur dans ses bras. Tu sais bien que Henri ne veut pas faire de toi son esclave ; si tu pleures, c'est moins parce qu'il t'a blessée que parce que tu crains qu'il ne soit fâché contre toi. Il ne l'est pas, j'en suis sûre ; et si tu le reçois ce soir avec un visage souriant, il sera trop heureux de se montrer aimable. Mais pour qu'il le soit toujours, épargne-lui autant que tu le pourras l'occasion de gronder. Occupe-toi un peu plus de lui, veille à ce dont il a besoin ; si tu as une servante sur laquelle tu ne puisses pas compter, prends-en une autre, ou plutôt cherche à la dresser ; car ce n'est pas en changeant souvent que tu seras mieux servie. C'est peu de chose assurément qu'un bouton qui manque à une chemise, c'est peu de chose qu'une côtelette brûlée ; mais on doit éviter avec un soin extrême ces riens qui causent des scènes fâcheuses, et qui, en se répétant souvent, détruiraient bientôt la bonne harmonie du ménage.

— Ne t'est-il donc jamais arrivé de partager avec Charles un mauvais déjeuner ?

— Cela arrive à tout le monde ; mais quand ce n'est qu'une fois par hasard, on en rit au lieu de s'en fâcher. Ma cuisinière n'était pas meilleure que la tienne il y a quelques semaines. Comment l'aurait-elle été ? On ne mangeait chez elle que de la soupe au lard et des pommes de terre cuites sous la cendre. J'ai été obligée de tout préparer d'abord ; car elle ne comprenait même pas ce que je lui expliquais ; mais en me voyant faire, elle s'est apprise peu à peu, et maintenant je ne suis pas trop mécontente. Je veille encore cependant à la manière dont elle m'obéit, et je m'évite ainsi bien des désagréments.

— Tu as toujours été la sagesse même, reprit Gabrielle avec dépit ; moi, je n'ai pas la prétention d'être parfaite. Henri me supportera telle que je suis, ou bien....

— Ou bien ? répéta Emma.

— Je m'entends, cela suffit.

— Veux-tu que je te prête ma bonne et que j'essaie de dresser la tienne ? Je le ferai volontiers pour t'en épargner la peine ; mais je te préviens que cela ne te dispensera pas de la surveillance dont toute femme raisonnable se fait un devoir.

— Non, répondit Gabrielle. Puisque M. Lenglet tient tant à être bien servi, je prendrai pour domestique un cordon bleu. Cela coûtera cher, mais qu'importe ? Ce sera lui qui payera.

— Tu reviendras sur cette décision. Henri a de l'ordre : s'il dépense beaucoup pour le service, il fera des économies sur la toilette de madame.

— Voilà ce que je voudrais voir ! répondit Gabrielle d'un ton superbe. Mais je ne crois pas cela : les hommes ont la vanité de vouloir que leurs femmes soient richement parées ; ce n'est pas pour nous, c'est pour eux qu'ils font les généreux à notre égard. Si Henri avait la fâcheuse idée de me refuser une toilette convenable, je l'en punirais en ne m'habillant plus.

— Coquette, tu en souffrirais trop. Henri n'a rien à craindre de ce côté-là ; mais quelles que soient les punitions que tu essaies de lui infliger, elles te seront plus pénibles qu'à lui. Ne t'arrête donc jamais à l'idée de tirer vengeance de ce que tu croirais pouvoir appeler ses fantaisies et ses injustices. Ne joue pas avec ton bonheur : conserve-le par ta douceur, ta patience, ta sincère volonté de tout faire pour devenir chaque jour plus chère à ton mari. S'il se plaint de quelque chose, ne t'imagine pas qu'il ait toujours tort ; et quand il n'aurait pas tout à fait raison, sois indulgente, pour qu'il sache bien que tu l'aimes.

— As-tu donc assez de vertu pour faire tout ce que tu me recommandes ?

— Je ne sais, répondit Emma en rougissant ; mais il me semble que cela me coûterait peu. On s'impose, pour plaire à des indifférents, une contrainte plus grande que celle-là, et je suis assez égoïste pour faire sans regret tous les sacrifices nécessaires à la paix de mon intérieur.

— Et cette paix n'a sans doute pas encore été troublée ?

— La tienne ne l'a pas non plus été sérieusement. Un de ces légers nuages blancs qui passent en été sur le ciel bleu n'empêche pas qu'on admire la beauté du temps. Personne ici-bas n'est parfait ; on ne peut donc vivre à deux dans une paix que rien n'altère ; mais quand chacun la désire, elle ne tarde pas à renaître, et on la retrouve avec transport. Où est donc Henri dans ce moment ?

— Au palais. Il doit plaider ce soir ou demain.

— Il aura du succès, il reviendra content, tu le féliciteras ; et s'il se souvient de sa mauvaise humeur, ce sera pour la regretter.

— S'il me prouve qu'il la regrette, je ne refuserai pas de lui pardonner.

— Et tu lui promettras de veiller à ce qu'il n'ait plus le sujet d'en éprouver.

— Je ne lui promettrai rien.

— Soit ! mais tu tâcheras que demain tout marche chez toi un peu mieux qu'aujourd'hui.

— Nous verrons, dit Gabrielle, entendant un bruit de

pas dans la pièce voisine. Pas un mot de ceci à notre oncle ni à ton mari.

— Sois tranquille : tout ce qui se dit entre nous y reste, répondit Emma, en s'approchant du piano et en ouvrant un cahier de musique.

Ce fut Henri qui entra. Emma alla à sa rencontre et lui tendit la main.

— Je ne comptais pas sur le plaisir de vous voir, lui dit-elle. Gabrielle vous croyait au palais.

— La cause dans laquelle je devais plaider est remise à huitaine par suite de l'indisposition d'un témoin.

— Et cela vous contrarie sans doute ?

— Cela m'enchante. J'aurais mal plaidé, j'en suis sûr, quoique je sois persuadé du bon droit de mon client.

— Vous ne vous sentiez donc pas en veine d'éloquence ?

— Je ne me sentais même pas l'esprit bien lucide. Il faut vous dire, chère sœur, que je suis sorti de chez moi après avoir fait le plus détestable déjeuner qu'il soit possible d'imaginer.

— Oh ! le sybarite, qui perd tous ses moyens parce qu'il a fait un mauvais déjeuner ! On voit bien que vous n'avez pas accompagné votre frère en Italie.

— Je n'ai jamais souffert de la faim ni de la soif ; mais je saurais au besoin me passer d'un repas. L'insuffisance de celui-là aurait été bientôt oubliée ; mais figurez-vous, chère sœur, que j'ai quitté la maison après avoir dit à Gabrielle je ne sais quoi de désagréable. Je n'étais pas au pied de l'escalier, que je voulais remonter pour la prier de n'y plus songer ; un sot amour-propre m'en a empêché, et l'idée de lui avoir fait de la peine m'a tellement tourmenté, que mon client a eu de la chance de voir ajourner sa cause.

— Si vous avez gravement offensé Gabrielle, nous aurons, elle et moi, bien de la peine à vous pardonner.

— J'ai pourtant compté sur vous, Emma, pour m'aider à rentrer en grâce. Si j'ai été coupable, je puis invoquer le bénéfice des circonstances atténuantes : le déjeuner était détestable.

— C'est vrai, dit Gabrielle, qu'Emma venait de forcer à s'approcher de son mari. Je vais me mettre à la recherche d'une cuisinière et j'espère que vous serez mieux servi.

— Ainsi tu ne me gardes pas rancune?

— Pour cette fois, non ; mais ne recommencez pas.

XIII.

Une femme raisonnable, se trouvant à la place de Gabrielle, n'eût pas manqué de faire de sages réflexions, et elle se fût imposé plus d'un sacrifice pour répondre à la bonté de son mari. Gabrielle reçut avec orgueil cette preuve de la tendresse qu'elle avait inspirée, mais elle en fut peu touchée, et elle ne se préoccupa que des moyens d'exercer sur Henri un empire absolu. Il y en avait un bien simple et bien légitime : c'était de suivre les conseils d'Emma; mais la jeune femme ne s'arrêta pas un instant à celui-là ; bien plus, au lieu d'admirer sa sœur, elle s'en moqua tout bas, et se dit qu'une femme sans instruction, sans esprit, sans bonté, pourrait, tout aussi bien qu'Emma, vivre en bonne intelligence avec un mari dont elle s'attacherait à prévenir les moindres désirs. Elle en conclut que Mme Charles Lenglet n'avait pas conscience de sa supériorité; elle finit par se demander si cette supériorité existait réellement, et il s'en fallut bien peu que la réponse ne fût négative.

Ce qui avait le plus frappé Gabrielle dans ce qu'avait dit Henri, c'est que la contrariété qu'il avait éprouvée chez lui avait paralysé ses moyens.

— Il n'a pas de caractère, pensa-t-elle ; si je lui causais des ennuis fréquents ou sérieux, il ne serait bientôt plus qu'un avocat ordinaire ; et comme je ne l'ai pas épousé pour végéter avec lui dans la médiocrité, je tâcherai de le contenter, tout en ne faisant que ma volonté.

Cœur excellent, caractère facile à entraîner, Henri devait à la sage amitié de son frère l'heureux succès de ses études et sa conduite irréprochable. Gabrielle l'avait bien jugé avant de l'accepter pour mari ; nous pouvons même ajouter qu'elle ne l'avait accepté que parce qu'elle se croyait sûre de le dominer ; ce qui, grâce aux idées que Mme Sertier lui avait inculquées, lui paraissait le plus grand des bonheurs.

Gabrielle savait aussi, quoique sa tante ne le lui eût pas dit, qu'une femme adroite n'avoue jamais ses prétentions à l'autorité, que plus un homme se reconnaît faible, plus il tient à passer pour ne l'être pas ; elle comprit que, dans la querelle dont elle avait fait confidence à Emma, elle aurait imprudemment risqué son pouvoir, si le brusque départ de Henri ne l'avait pas mise dans l'impossibilité de lui répondre.

Heureuse de l'avoir vu revenir à elle confus et repentant, elle daigna ce jour-là lui avouer qu'elle avait eu des torts, mais qu'elle se les reprochait, et que rien ne lui coûterait désormais pour assurer le bonheur d'un mari tant aimé et si digne de l'être.

— Les soins du ménage m'ont toujours déplu, ajouta-t-elle ; mais je reconnais la nécessité de m'en occuper. Tu n'auras plus de chemises sans boutons, je ne te laisserai plus servir un déjeuner manqué ; si je me pique ou me salis les doigts, qu'importe !

— Je ne le veux pas, répondit Henri. Tu as des mains de duchesse ; j'en suis fier, et je te défends de les condamner à des travaux pour lesquels elles ne sont point faites.

— Il le faut bien, mon ami. A quoi bon avoir des mains de duchesse, si l'on n'a pas une fortune qui permette de les conserver ?

— Nous ne sommes pas riches, Gabrielle ; mais nous le deviendrons.

— J'y compte, puisque tu me l'as promis.

— Avec quelle joie j'épierai tes moindres fantaisies pour les satisfaire ! Quelle brillante existence je te ferai ! Les duchesses elles-mêmes te porteront envie. Tu auras un hôtel, des serviteurs, des chevaux, des diamants, et jamais les splendeurs du luxe n'auront entouré plus belle et plus gracieuse fée.

— Tu me flattes, et tu ne songes pas que si je te croyais, je prendrais en dégoût notre modeste bonheur.

— Tu ne seras pas longtemps forcée de t'en contenter. Pour toi j'aurai du courage, pour toi j'aurai du talent ; avec cela on peut arriver à tout.

— C'est parce que je le savais que j'ai préféré à une fortune toute faite l'avenir qui te souriait.

Gabrielle faisait allusion à un riche parti qui ne s'était jamais présenté pour elle, mais dont Mme Sertier avait parlé à Henri, lorsqu'il ne songeait pas encore à se marier. C'était peu de temps après le départ du colonel pour l'Italie ; la rusée dame avait jeté son dévolu sur ce bon et franc jeune homme, qui mieux que personne convenait à Gabrielle ; et pour l'enhardir à se déclarer, elle lui avait parlé d'un autre prétendant.

Mme Sertier aimait à sa manière Mme Henri Lenglet ; n'ayant jamais eu ce qu'elle appelait la chance d'imposer ses volontés à son mari, elle voulait que Gabrielle y réussît, et elle s'était chargée de lui donner les leçons qu'elle devait à l'expérience.

Le soir du jour où Gabrielle avait confié ses ennuis à Emma, les deux sœurs s'étaient rencontrées, comme à l'ordinaire, chez Mme Sertier, qui continuait à réunir autour d'elle une société de plus en plus nombreuse. Mme Henri y était arrivée avant tout le monde, afin de causer avec sa tante, qu'elle voulait prier de lui indiquer une cuisinière.

— J'en connais une, mais elle te coûtera les yeux de la tête. Ces gens-là ne savent rien économiser, et il y en a beaucoup qui font danser l'anse du panier, dit Mme Sertier. N'y aurait-il pas moyen de faire autrement ? Ta sœur ne se plaint pas d'être mal servie.

— Je le crois bien ! c'est elle qui est la servante de la maison. Tu sais bien que je n'ai jamais eu de vocation pour cet état.

— Tant pis, ma chère belle ; en s'occupant soi-même de son ménage, on fait de grandes économies, qu'on peut employer suivant ses goûts. Avec ce qu'une cuisinière gaspillera chez toi, tu te donnerais chaque année de bien belles toilettes. Et tu les aimes tant....

— J'aime encore mieux mes aises. D'ailleurs, plus je dépenserai, plus Henri travaillera.

— Bien parlé, dit en riant Mme Sertier. Il est fou de toi, ce pauvre Henri. S'il t'a cherché querelle ce matin, c'est qu'il avait recouvré, je ne sais comment, un éclair de raison.

— Heureusement ce n'était qu'un éclair, reprit Gabrielle sur le même ton. Nous avons eu une explication dans laquelle nous avons lutté de générosité ; la paix est faite, et le serment de me rendre riche a été renouvelé du fond du cœur.

— Il y arriverait plus sûrement si tu l'y aidais.

— Vas-tu me sermonner comme Emma? Ce serait peine perdue, je t'en préviens.

— N'en parlons plus. Demain tu auras ta cuisinière; quand tu en seras fatiguée, je te trouverai sans doute mieux disposée à m'écouter.

— J'en doute.

— Dis donc, Gabrielle, lequel est le plus heureux des deux fils du colonel Lefebvre?

— Es-tu bien sûre que ce soit Charles? Quant à moi, je n'en sais rien. Emma est la huitième merveille du monde ; c'est un diamant sans tache, une perle incomparable ; elle a autant de qualités que j'ai de défauts ; tu vois que je ne me flatte pas. Mais il s'agit non-seulement de savoir si Charles apprécie ses qualités et si Henri souffre de mes défauts, mais si mes défauts n'aideront pas Henri à s'élever bien haut, tandis que les perfections d'Emma empêcheront Charles de parvenir.

— Tu as toujours été ma préférée ; mais si Charles avait pensé à te prendre pour femme, j'aurais tâché de l'en détourner.

— Tu aurais bien fait. Il est trop sérieux, trop sévère : tu sais qu'en me mariant je ne voulais pas me donner un maître, et Henri n'a pas dû l'ignorer plus que toi.

— Tu le lui as assez fait comprendre. On ne peut pas te reprocher de l'avoir pris en traître. Mais, crois-moi, ce n'est pas une raison pour ne pas le ménager. Je l'aime moins que son frère ; cependant je désire qu'il soit heureux, car il le mérite.

— Ne te mets pas en peine de cela, c'est mon affaire, répondit Gabrielle avec un sourire présomptueux.

Le lendemain, dès huit heures du matin, la cuisinière annoncée était à ses fourneaux. Elle demanda les ordres de sa maîtresse, qui lui répondit étourdiment :

— Faites ce que vous voudrez ; on dit que vous connaissez votre métier, j'entends ne me mêler de rien.

— S'il en est ainsi, que madame me donne seulement l'adresse de ses fournisseurs, et je ferai de mon mieux.

Le déjeuner fut excellent et le dîner meilleur encore. Il en fut de même les jours suivants. Henri s'étonnait, Gabrielle était enchantée. Mais quand, après avoir congédié son ancienne bonne, elle voulut que la cuisinière se chargeât du travail de la maison, celle-ci répondit avec hauteur que ce n'était pas son affaire, et Mme Lenglet fut obligée, pour la conserver, de prendre une seconde domestique, quoique cette double dépense commençât à lui peser.

Henri, se trouvant bien servi et surtout affranchi du déplaisir de commander et de gronder sa femme, ne s'occupait pas de ces détails ; il fallut une observation du colonel pour qu'il songeât à se rendre compte de ce que lui coûtait sa nouvelle position.

C'était la veille du nouvel an. Henri, en revenant du palais, entra chez son père adoptif, pour être le premier à lui présenter ses vœux. Tout en lui parlant, il portait involontairement la main à la poche de côté de son pardessus, qu'on voyait gonflée par un objet dont on ne distinguait pas nettement la forme.

— Tu as pensé à mes étrennes, dit Marcel en souriant. Je parie que tu m'apportes quelques-uns de ces cigares que j'ai tant vantés chez toi.

— Non, mon oncle, répondit Henri; tout ce qu'il m'en reste est à votre disposition; mais je ne vous en ai pas apporté. Ce qu'il y a dans cette poche n'est pas pour vous, c'est pour Gabrielle.

— J'aurais dû m'en douter, reprit gaîment Marcel. Peut-on savoir quel est ce cadeau?

— Le voici, cher oncle. Je serais bien aise de savoir ce que vous en pensez, dit Henri, en ouvrant un écrin de velours au chiffre de Gabrielle.

— C'est magnifique, s'écria le colonel, en tirant avec précaution de leur prison de satin blanc deux pendants d'oreilles et une broche en brillants.

— Vous croyez qu'elle sera contente? demanda l'avocat.

— Si je le crois. Voilà de royales étrennes, ou je ne m'y connais pas. On gagne donc beaucoup d'argent, mon fils, en défendant la veuve et l'orphelin?

— Il y a des causes qui ne rapportent pas grand'-chose; il y en a d'autres qui procurent de très-grands bénéfices, mais dont je ne voudrais pas me charger; enfin il y en a qui permettent à l'heureux avocat d'offrir à sa femme quelques bijoux au nouvel an.

— Et d'avoir un train de maison beaucoup moins modeste qu'autrefois.

— Oh! ceci ne me regarde pas; c'est l'affaire de Gabrielle. Adieu, mon oncle; je voudrais rester plus longtemps avec vous; mais il me tarde tant de voir sa joie, que je cours lui porter cet écrin.

— Va, mon ami, je comprends ton impatience, dit le colonel.

Dès qu'il se retrouva seul, il ne put s'empêcher de murmurer :

— Bon cœur, mais pauvre cervelle ! Tu n'es pas le fils de Granval ; pourtant tu lui ressembles ; et si je ne m'en mêle pas, tu pourras bien n'avoir pas plus de bonheur que lui. Mais je m'en mêlerai, morbleu ! au risque de me faire passer pour un oiseau de mauvais augure.

Toutefois M. Lefebvre ne voulut pas gâter par ses remontrances le plaisir que devaient avoir causé à Gabrielle les splendides étrennes de son mari. Il leur laissa commencer gaîment l'année, se promettant de profiter ensuite de la première bonne occasion de prêcher l'économie.

Elle ne se fit pas attendre. Un matin, il arriva chez Gabrielle chargé d'une commission d'Emma. Il trouva la jeune femme occupée à faire l'addition d'une dizaine de notes que sa cuisinière venait de lui remettre. Elle était très-animée, sa main tremblait, et il lui échappait à chaque instant une exclamation de colère.

— C'est affreux, c'est indigne ! s'écriait-elle. Il n'est pas permis de voler aussi effrontément.

Le colonel, ayant trouvé la porte ouverte, s'était avancé, sans rencontrer personne, jusqu'à la salle à manger.

— Approchez, dit Gabrielle, croyant entendre marcher la cuisinière, et devinez à combien se montent les notes de nos fournisseurs.

— Comment veux-tu que je le devine ? demanda Marcel.

— Mon oncle ! fit Gabrielle avec une surprise mêlée d'effroi. Pardon, je ne pensais pas avoir le plaisir de vous voir à cette heure.

En même temps elle cachait dans un tiroir le paquet de factures.

— Si l'heure est mal choisie, je suis prêt à me retirer.

— Vous savez, mon oncle, que vous êtes toujours le bienvenu, répliqua Gabrielle d'un ton qui démentait ses paroles.

Le colonel ne fut pas dupe de cette banale politesse; mais il feignit de la croire sincère.

— Tu étais en train de régler des comptes, reprit-il; si je puis t'y aider, dispose de moi.

— C'est fini, répondit-elle; le chiffre de mes dettes n'est pas si gros.

— Tant mieux. Je trouvais le mien énorme à la fin de chaque mois. Comme je puis me fier à Charlotte comme à moi-même, j'ai pris le parti de tout payer comptant. Tu me croiras si tu veux, je n'étais pas volé, j'en suis sûr, eh bien! je dépense moins qu'autrefois.

— Il vous le semble, mon oncle.

— Le fait est certain : je n'ai pas assez de fortune pour me dispenser d'avoir de l'ordre, et je te dirais à 20 fr. près ce que me coûte chaque année l'entretien de ma maison. J'ai engagé ta sœur à faire comme moi, et elle s'en trouve bien.

— Ce qui veut dire, mon oncle, que vous m'adressez le même conseil?

— Oui, mon enfant. Tu es jeune, tu es confiante, tu aimes peu à t'occuper des détails du ménage, et tu ne sais guère résister à l'envie de te donner les colifichets qui te plaisent. Tout cela n'a rien qui m'étonne; je ne m'en alarmerais pas si ton mari serrait d'une main ferme les cordons de la bourse; mais Henri n'est ni plus intéressé ni plus raisonnable que toi, et je crains que vous ne songiez pas assez à l'avenir.

— Rassurez-vous, mon oncle, nous en parlons souvent.

— Oui, pour le peupler d'illusions dorées ; mais pour que cet avenir soit tel que vous le rêvez, il faut un peu lui sacrifier les plaisirs et les aises du présent. Il faut aussi se mettre en garde contre les habitudes de prodigalité, et se rappeler que le plus riche n'est pas celui qui gagne le plus, mais celui qui sait le mieux régler sa dépense. Je connais des gens qui ont des revenus dix fois, vingt fois supérieurs aux miens, et qui n'arrivent qu'avec peine à ne rien devoir au bout de l'an, tandis que j'ai toujours de quoi soulager un malheureux ou obliger un ami.

— Ainsi, mon oncle, vous pourriez, sans vous gêner, me prêter une petite somme que je ne tarderais pas à vous rendre ? demanda Gabrielle en rougissant. Tenez, je veux être franche avec vous ; j'ai été cinq mois sans payer mes fournisseurs, je n'ai pas assez d'argent pour les solder en ce moment, et Henri s'est ruiné pour m'acheter la parure qu'il vous a montrée.

— Combien te faudrait-il ?

— De combien pouvez-vous disposer ?

— Je t'apporterai 600 fr. ce soir.

— Ce ne sera pas pour longtemps, soyez-en sûr ; s'il vous était possible de me prêter davantage ?

— Je n'ai que cela ; et je ne te le prête pas, je te le donne.

— Vous me le donnez, mais pourquoi ?

— Parce que je croirais te rendre un mauvais service en te permettant de compter sur moi, chaque fois que tu te trouverais dans la même position qu'aujourd'hui. Il arriverait certainement que, malgré ma bonne volonté, je serais forcé de te laisser dans l'embarras, et je me fais un devoir de t'en prévenir.

— Je sollicitais un prêt, mon oncle, mais je ne puis accepter un don.

— Reçois-le d'aussi bon cœur que je te l'offre ; j'en ai le droit : n'es-tu pas deux fois ma fille, depuis que tu as épousé Henri ? Mais tu as une sœur, et mes premières économies seront pour elle.

— Six cents francs ne suffiront pas pour me tirer d'embarras.

— Tu m'en vois désolé ; mais à l'impossible nul n'est tenu.

— Ils avaient sans doute une autre destination ; je vous en prie, mon oncle, ne changez rien à vos projets.

— Ils ne peuvent être mieux employés, si tu me permets de les accompagner d'une question que je ne t'ai pas encore adressée, quoiqu'elle me soit venue souvent aux lèvres. Te rappelles-tu, Gabrielle, ton premier voyage à Longpré ?

— Vous savez bien que je ne l'oublierai jamais, répondit la jeune femme, dont les joues s'empourprèrent.

— Ce jour-là, vous m'avez demandé, ta sœur et toi, quel crime vous aviez commis pour être ainsi traitées ; et même avant d'avoir reçu ma réponse, vous avez deviné que vous portiez la peine d'une faute dont vous n'étiez pas coupables ; car vous avez murmuré le nom de votre père.

— Et je me souviens que vous avez rendu justice à sa mémoire, en disant qu'il n'avait jamais volontairement fait tort à qui que ce fût.

— C'était là pure vérité. Ni ta sœur ni toi n'avez insisté pour savoir comment cet honnête homme avait pu fournir à tous ces gens un prétexte pour vous insulter; et je ne vous l'ai pas dit, parce que je n'aime point à accuser les morts. Aujourd'hui, je vais te le dire ; car je crois qu'il est utile que tu le saches. Ton père était bon comme Henri, il était comme lui d'humeur facile et prêt à faire à sa femme, qu'il aimait comme Henri t'aime, tous les sacrifices possibles. Ta mère l'aimait comme tu aimes Henri, assez pour vivre en paix avec lui, pourvu qu'il n'exigeât d'elle aucune concession.

Gabrielle voulut protester; le colonel l'interrompit.

— Laisse-moi achever, reprit-il ; tu sais bien que je dis vrai. Ta mère aimait la toilette, le monde, le plaisir, toujours comme toi, ma fille; toutefois, elle dépensait moins que tu ne dépenses, d'abord parce qu'elle habitait la campagne, où les tentations sont rares, et où les triomphes de la vanité ne coûtent pas aussi cher qu'à Paris; ensuite parce qu'elle ne dédaignait pas de s'occuper de son ménage. Mais elle dépensait au delà de ses moyens; et comme elle ignorait sans doute que le premier devoir d'une femme est de travailler au bonheur de son mari, de partager ses ennuis, de le soutenir dans ses défaillances, ton père, qui avait besoin de tendresse et d'encouragements, négligea ses affaires et se créa des distractions qui eussent été fort innocentes, si elles n'eussent été ruineuses non-seulement pour lui, mais pour ses clients. Il reconnut enfin qu'il marchait dans une voie funeste, il revint sur ses pas; mais quand il mourut, ses efforts n'avaient pas encore été suivis d'assez de succès pour que ses créanciers fussent complétement désintéressés.

— Et vous voulez dire que si ma sœur et moi nous avons eu à subir une cruelle humiliation, c'était la faute de notre mère plutôt que celle de notre père.

— Je ne me prononce pas entre eux, Gabrielle ; seulement je suis persuadé, moi qui connaissais ton père dès son enfance, qu'avec une femme plus aimante, plus dévouée, tiens, laisse-moi dire le mot, plus sincèrement chrétienne, Granval eût été un homme heureux, un excellent père, un fonctionnaire irréprochable.

— Et vous en concluez que moi qui ressemble à ma mère, je ne saurai pas non plus donner à mon mari le bonheur qu'il mérite.

— J'aurais tort de conclure ainsi. Tu es trop jeune pour ne pas modifier ta conduite dès que tu en reconnaîtras la nécessité, et tu n'auras besoin pour cela que de penser quelquefois à toute la honte, à toute la douleur que tu as éprouvées dans le pénible voyage que je viens de te rappeler.

— Vous oubliez, mon oncle, que la situation n'est pas la même.

— Elle s'en rapproche par bien des points ; et tu dois voir, mon enfant, par l'embarras dans lequel tu te trouves aujourd'hui, combien il importe pour toi de prendre une grande résolution.

Le colonel sortit et ne tarda pas à revenir avec les 600 fr. promis. Gabrielle eût bien voulu pouvoir les refuser, tant elle trouvait que le bon oncle les avait fait payer cher ; mais s'ils ne pouvaient la tirer de la fâcheuse position où elle s'était mise, ils lui suffisaient du moins pour payer les gages de la cuisinière, qu'elle voulait congédier, et les avances que cette fille prétendait avoir faites pour la maison. Quant aux fournisseurs, elle donnerait un à-compte aux plus pressés et les solderait tous peu à peu sur les économies qu'elle comptait faire. Elle espérait toutefois encore, en s'adressant à sa tante et à sa sœur, échapper à l'humiliation de demander du temps à ces marchands qu'elle soupçonnait d'avoir enflé beaucoup leurs notes. C'était à tort sans doute ; quand on ne se rend pas compte de ses dépenses, on est tout étonné d'en voir le chiffre au bout d'un certain délai.

Aussitôt après le départ du colonel, Gabrielle courut chez Mme Sertier, qui ne put ou ne voulut rien mettre à sa disposition, et qui, étant de fort mauvaise humeur ce jour-là, ne lui épargna pas les paroles amères.

— Je t'avais prévenue que cette fille te coûterait cher, lui dit-elle, et tu n'as pas pris la peine de la surveiller. Si tu es sa dupe, tu l'as si bien mérité, qu'il m'est impossible de te plaindre. Tire-toi de là comme tu pourras. Je n'ai pas d'argent ; mais quand j'en aurais, je ne sais si je t'en prêterais. Tu n'as jamais voulu écouter mes conseils ; tu dois pourtant voir aujourd'hui que tu n'es pas capable de te gouverner.

— Il fallait m'apprendre à vous respecter, à vous obéir ; il fallait m'inspirer des goûts simples, me faire prendre des habitudes modestes, au lieu de flatter sans cesse mon orgueil et de me bercer de rêves dangereux. Vous pouvez vous dispenser de m'adresser des reproches : je suis ce que vous m'avez faite ; vous devez être bien fière de votre ouvrage, répondit Gabrielle.

— Ingrate, reprit Mme Sertier, tu ne te rappelles donc pas combien je t'ai aimée ?

— Vous m'avez aimée, vous ?... Dites donc que vous n'avez jamais aimé que vous-même. Vous meniez une vie si monotone, qu'il vous a plu d'avoir une distraction, un jouet, une poupée à parer et à montrer. Pour remplir ce rôle, c'est moi que vous avez choisie. Pendant que ma sœur recevait des soins précieux, vous m'avez obstinément gardée ; et quand, malgré vous, j'ai partagé ces soins, vous avez pris à tâche d'en détruire l'effet.

— Moi ! s'écria Mme Sertier.

— Vous-même. Il ne fallait pas grand effort pour cela, j'en conviens : un sourire, un geste, un mot. Que de fois vous vous êtes moquée d'Emma, dont, sans vous, j'aurais peut-être suivi les exemples !

— Tu te flattes en ce moment plus que je ne t'ai jamais flattée. Emma a du cœur, toi tu n'as que de la vanité. Je ne dis pas que ce soit ta faute ; chacun a son caractère ; l'éducation le modifie, mais elle ne le détruit pas. Emma, élevée par moi, aurait été volontaire, capricieuse, coquette, c'est possible ; mais elle ne m'aurait pas dit tout ce que tu viens de me dire, parce qu'elle aurait oublié mes torts pour ne se souvenir que de mes bontés.

— Je ne vous en ai pas encore dit assez.

— Achève donc, ou plutôt va-t'en. Tu es en colère contre tout le monde et en particulier contre moi, qui ai le malheur de n'avoir pas d'argent à t'offrir; mais ta colère passée, tu regretteras d'y avoir cédé, et tu reviendras, parce que tu ne peux pas plus te passer de moi que je ne puis me passer de toi ; ce qui me fait supposer que nous nous aimons plus que nous ne le croyons.

— Adieu donc, dit Gabrielle. C'est quand on est dans la peine qu'on reconnaît ses vrais amis.

— Au revoir, et sans rancune ! reprit Mme Sertier. Nous nous sommes assez souvent brouillées et raccommodées pour que cette querelle ne soit pas plus sérieuse que les autres.

— Adieu, répéta Gabrielle en s'éloignant.

Elle alla tout droit chez Emma, qu'elle trouva en tablier de cuisine, les manches retroussées jusqu'au coude, enlevant à l'aide d'un bec de plume les pepins d'une quantité de groseilles rouges et blanches détachées de leurs grappes. Tout en travaillant lestement, Emma chantait.

— Quelle bonne surprise! s'écria-t-elle, en voyant entrer sa sœur. Je ne t'attendais pas ce matin.

— Je viens te demander un service, dit Gabrielle.

— Sois deux fois la bienvenue, reprit Emma, en la faisant asseoir auprès d'elle et en l'embrassant avec tendresse. Quel est donc ce service ?

— J'ose à peine te l'avouer : ma tante, à qui je l'ai demandé d'abord, m'a si mal reçue.

— Pourquoi t'adressais-tu à ta tante plutôt qu'à moi? La croyais-tu plus dévouée ?

— Non ; mais je la croyais plus riche.

— C'est d'argent qu'il s'agit?

— Oui, fit Gabrielle, un peu confuse.

— Tant mieux donc, reprit Emma. J'en ai beaucoup en ce moment.

Elle se leva et courut chercher un mignon porte-monnaie tout gonflé de pièces d'or, l'ouvrit et en versa le contenu sur les genoux de sa sœur, avec une joie si sincère, que Gabrielle en fut émue.

— Que tu es bonne ! dit-elle.

— Prends ce qu'il te faut, prends tout, si tu le veux. Ce sont mes économies.

— Tu fais donc des économies, toi?

— Je n'ai pas grand mérite à cela, j'aime si peu la toilette.

— Et tu penses que je l'aime tant, que je viens t'emprunter de l'argent pour me passer quelque fantaisie.

— Quand cela serait? fit Emma, regrettant déjà d'avoir dit quelque chose qui pût passer pour une critique.

— Cela n'est pas. J'emprunte pour payer mes dettes; car j'ai des dettes, moi, si tu as des économies.

— Tu as vu dans un magasin quelque séduisante étoffe, quelque magnifique dentelle, et tu n'as pas consulté ta bourse avant de l'acheter. On peut s'y trouver prise sans être trop coquette.

— J'en serais quitte pour renvoyer l'étoffe ou la dentelle, en disant qu'elles ne me plaisent plus; mais je ne puis renvoyer au boucher, à l'épicier, à la fruitière, au pâtissier, ce qu'ils m'ont fourni depuis cinq mois.

— Ah! fit Emma, s'il en est ainsi, il te faut bien plus que je ne puis t'offrir. Je vais trouver Charles; et ce qu'il aura, je te l'apporterai.

— Non, je ne veux pas qu'il plaigne Henri; et il le plaindrait certainement, s'il savait quelle différence il y a entre Emma et Gabrielle.

— Aimes-tu mieux que je parle à notre oncle?

— Il sait tout. Tu es la troisième personne à laquelle je fais ma confession. Notre oncle m'a donné 600 fr. Je dis donné, et non pas prêté, tu entends? Mais il m'a fait un long sermon qui m'a gâté sa générosité. Ma tante ne m'a rien donné ni rien prêté; mais elle m'a fait de grands reproches, que je lui ai renvoyés peu poliment. Toi, Emma, tu as mis à ma disposition tout ce que tu possèdes, tu veux emprunter pour compléter la somme qu'il me faut, et tu ne m'as pas adressé une parole sévère.

— Tu as trop de chagrin pour que je veuille t'affliger encore.

— Merci, je prends ton argent ; je te le rendrai je ne sais quand ; mais je ne t'en emprunterai plus; car je te promets que je ne ferai plus de dettes.

— C'est moi qui te remercie, ma sœur. Je ne croyais pas que ces quelques pièces d'or me procureraient tant de joie.

— A quoi les destinais-tu ? demanda Gabrielle, en prenant la main d'Emma.

— Je n'en savais rien encore ; ainsi je ne m'impose pour toi aucune privation.

— Tu avais une idée cependant, quand tu les déposais une à une dans ce charmant porte-monnaie ?

— J'en avais plusieurs entre lesquelles je n'avais pas encore choisi.

— Dis-les-moi, et je me charge de deviner celle qui aurait obtenu ta préférence.

— Je voulais donner à Charles quelques-uns de ces beaux et savants livres qu'il aime tant, orner son cabinet de quelque bronze d'art, m'acheter un joli service de table, un grand tapis pour mon salon, ou plutôt quelque petit tableau de prix, ou bien, ou bien.... Mais la liste est assez longue, et je te défie de dire à quoi je me serais arrêtée.

— Je penche pour les beaux livres ou le groupe artistique, à moins que tu ne m'aies pas tout dit. Mais il y a une chose que je suis plus curieuse encore de savoir. Ta dot et la mienne sont égales, comme la fortune de nos maris ; si l'un des deux gagne plus que l'autre, c'est le mien ;

comment se fait-il donc que nous n'ayons pas la même aisance ?

— Tu le sais aussi bien que moi, ma chérie. Pourquoi veux-tu que je te le dise ?

— Ce n'est pas à mes dépenses personnelles qu'il faut attribuer cette différence. Tu me crois plus prodigue que je ne le suis : c'est à peine si depuis six mois je me suis acheté deux ou trois toilettes. S'il y a du déficit dans ma caisse, c'est la faute de mon mari ; il m'a pour ainsi dire forcée à prendre une cuisinière qui m'a ruinée. Mais c'est fini, dès demain je la congédie et je deviens avare comme Harpagon.

— A merveille, dit Emma en riant ; mais ce qui serait mieux encore, ce serait de faire en sorte que ton mari ne s'aperçût pas du changement.

— Henri comprendra la nécessité d'une réforme, et il n'osera pas se plaindre en voyant que je me refuse sévèrement le moindre colifichet.

— Comment feras-tu pour être si sage ?

— Je n'en sais rien ; mais je le serai du moins jusqu'à ce que j'aie payé ma dernière dette. Tu verras si j'ai du cœur, bien que Mme Sertier prétende le contraire.

— Ce n'est pas la première fois que notre tante te dit des choses désobligeantes ; mais, en ton absence, elle te porte aux nues.

— Je lui prouverai qu'elle a eu tort de me traiter si mal aujourd'hui ; elle était libre de me refuser de l'argent ; mais elle devait m'épargner des reproches qui ne pouvaient qu'ajouter à ma peine. Elle a tremblé pour sa bourse, c'est certain. Ah ! qu'elle se rassure, de ma vie je n'y aurai recours.

— Tu n'en auras pas besoin ; avec un peu d'économie,

tu seras riche ; car j'ai entendu parler hier encore des succès de notre cher Henri, et il me tardait de te voir pour t'en féliciter.

— Charles n'est pas non plus mécontent du résultat de son travail. On commence à vanter son savoir, sa prudence, l'intérêt qu'il porte à ses malades. Bientôt il sera cité comme la perle des médecins.

— Il travaille avec ardeur, il étudie sans cesse. S'il se présente quelque cas qu'il n'ait pas encore vu, il passera des heures entières à feuilleter ses livres, ou à consulter ses anciens professeurs ; car, lorsqu'il s'agit de soulager un de ses clients, il n'y a ni fatigues ni démarches qui puissent lui coûter.

— Je t'assure que tous ceux qui le connaissent lui rendent justice.

— Non, pas tous : il a des envieux ; il le sait, et il s'en attriste parfois.

— Il devrait s'en réjouir. On ne porte envie qu'au vrai mérite.

— C'est possible ; mais il s'étonne de ce qu'on cherche à lui nuire, tandis qu'il ne veut de mal à qui que ce soit.

— Qu'il ne s'en étonne ni ne s'en inquiète. Il aura toujours pour ennemis les médiocrités auxquelles son jeune talent porte ombrage.

— C'est ce que lui dit notre oncle et ce que moi-même je lui répète souvent.

— Et tu ajoutes, j'en suis sûre, que le témoignage de sa conscience doit lui être plus précieux que celui de ces hommes qu'il ne peut estimer.

— Quand ce serait même celui des hommes les plus estimables, reprit Emma en souriant.

— Tu devrais encore lui dire autre chose ; mais non ; c'est moi qui le lui dirais, si j'en trouvais l'occasion.

— Quoi donc ?

— Je lui dirais : « Mon bon ami, vous avez assez de raison, si ce n'est assez d'expérience, pour savoir qu'en ce monde on ne peut jouir de tous les bonheurs à la fois. Avec une femme comme vous en avez une, il me semble que vous n'êtes pas trop mal partagé. » Et je réponds qu'il ne me démentirait pas.

— Il est si bon et il m'aime tant, qu'il voudrait pouvoir me faire une brillante position. Puis il pense à l'avenir, aux enfants que Dieu nous donnera, je l'espère.

— Emma, Emma, où donc avais-je la tête ? s'écria Gabrielle. Tes économies étaient destinées à parer ton premier bébé, et peut-être, qui sait? à commencer la dot de ta fille.

XIV.

Malgré les belles résolutions de Gabrielle, il se passa près d'une année sans qu'elle pût rendre à Emma la somme qu'elle lui avait empruntée. Ce n'était plus sa cuisinière qui la ruinait ; elle l'avait remplacée par une petite paysanne fort gauche, mais incapable de détourner à son profit un centime de l'argent qu'elle lui confiait. La maison était mal tenue, la table mal servie, la cuisine mal faite ; mais il fallait passer sur tout cela, disait Gabrielle ; car jamais on ne retrouverait une fille aussi probe.

Henri fit d'abord quelques observations ; mais, las de parler en vain, las surtout de voir régner autour de lui une négligence, un désordre auquel il n'avait point été habitué, il prit peu à peu son ménage en dégoût, et tantôt sous un prétexte, tantôt sous un autre, il finit par ne plus rentrer chez lui que vers le soir.

Gabrielle s'en inquiéta peu ; elle gagnait à cette absence une plus grande liberté, et elle trouvait Henri moins difficile, moins exigeant, moins grondeur, en un mot, depuis qu'il passait presque toutes ses journées dehors. Dès qu'il était rentré, on dînait, et Gabrielle s'habillait pour qu'il la conduisît en soirée ou au théâtre ; car depuis sa querelle avec Mme Sertier, elle se dispensait volontiers d'aller chez sa tante quand elle savait n'y pas trouver nombreuse compagnie.

Pour sortir ainsi chaque jour, il fallait faire toilette, et Mme Lenglet ne voulait pas que son mari pût rougir d'elle s'il rencontrait quelque riche client ou quelque confrère jaloux. Sa grande ou plutôt son unique préoccupation était d'éclipser toutes les femmes avec lesquelles elle se trouvait ; et pour y arriver, elle ne pouvait, à son avis, dépenser trop de temps ni trop d'argent. Courir les magasins, s'entendre avec les couturières et les modistes, après avoir étudié la coupe des vêtements recommandés par les meilleurs journaux, choisir tous les accessoires d'une toilette, en assortir les nuances, essayer les robes, y faire retoucher, en changer les ornements, se coiffer et s'habiller sans l'aide d'une femme de chambre, c'est une tâche laborieuse, et l'on aurait tort de s'étonner de ce qu'il ne restât pas à Gabrielle une heure à donner aux soins de son ménage. Les journées sont courtes d'ailleurs pour les personnes qui vont dans le monde : on se couche si tard, qu'on ne peut se lever bien matin.

L'argent d'Emma avait plusieurs fois été mis de côté, grâce à des efforts inouïs ; mais au moment où Gabrielle allait s'en dessaisir, il lui devenait si impérieusement nécessaire, qu'elle avait été forcée d'y toucher. Un jour entre autres, elle allait entrer chez sa sœur lorsqu'elle vit passer en calèche découverte une femme dont l'élégante toilette la frappa.

— J'en aurais une semblable, se dit-elle, si Emma n'avait pas besoin de ce que je lui dois.

Elle monta, et, sans dire qu'elle rapportait la somme, elle parla des difficultés qu'elle éprouvait à la réunir.

— Ne t'en mets donc pas en peine, répondit gaîment Emma, puisqu'il est convenu que ce sera le noyau de la dot de ma fille. Un argent qui t'a fait plaisir devra lui porter bonheur.

— Qu'il me fasse donc plaisir encore une fois, pensa Gabrielle, qui se hâta d'aller l'échanger contre les charmantes étoffes qu'elle avait admirées.

Il arriva toutefois un moment où la coquette s'acquitta sans bourse délier. Henri, à qui elle n'avait pas fait mystère de cet emprunt, lui dit un soir, en rentrant :

— Prépare tes écus, Gabrielle. J'ai rencontré Charles il y a cinq minutes, il va venir t'annoncer qu'il est père.

— Emma a une fille ? demanda la jeune femme.

— Non, c'est un garçon. Elle en est heureuse, parce que Charles désirait un fils.

— En ce cas, rien ne presse, les garçons n'ont pas besoin de dot, reprit Gabrielle.

— Tu n'es donc pas en fonds ?

— Je n'ai pas 20 fr. à ma disposition. Vous devenez avec moi d'une parcimonie....

— Ma pauvre Gabrielle, tu viendrais à bout des revenus d'un empire, dit Henri. Malgré mon odieuse parcimonie, je payerai pour toi. Je suis trop heureux du bonheur de mon frère pour te chercher querelle ; mais je ne veux pas que le cher enfant trouve dès son arrivée en ce monde des débiteurs insolvables.

Gabrielle allait relever ce mot, qui sonnait mal à ses oreilles, quand Charles entra tout radieux.

— Je viens vous chercher, petite sœur, lui dit-il, Emma veut vous embrasser. Viens aussi, ajouta-t-il en s'adressant à Henri. Mon oncle tient à ce que nous buvions chez lui à la santé du nouveau-né, dont il doit être le parrain, et à qui il a déjà souhaité le bâton de maréchal.

Mme Henri n'était pas habillée, mais le docteur avait une voiture, on partit aussitôt.

Gabrielle s'extasia franchement sur la force et la beauté du marmot; ce qui ne l'empêcha pas de demander à sa sœur dans quel village elle comptait l'envoyer en nourrice.

— Je le garde, répondit Emma; je ne pourrais déjà plus m'en séparer.

— A quoi penses-tu? reprit Gabrielle. Tu te crois donc assez forte pour ce dur métier?

— Y a-t-il donc quelque chose qu'on ne puisse faire pour son enfant?

— Tu ne songes pas aux mauvaises nuits qu'il te faudra passer?

— Je ne songe qu'au bonheur d'avoir près de moi ce cher ange que Dieu m'a donné dans sa bonté, et je ne voudrais pas qu'il dût à une étrangère les soins que je lui refuserais.

— Voilà, permets-moi de te le dire, des sentiments exagérés.

— Penses-tu que la femme à laquelle je le confierais l'aimerait autant que moi, qu'elle veillerait sur lui avec la même sollicitude, qu'elle n'essaierait pas de se soustraire aux fatigues que tu redoutes pour moi?

— Qu'est-ce que ces fatigues pour des gens habitués aux plus rudes travaux ?

— Tu ne sais donc pas quelle affreuse mortalité pèse sur les enfants qu'on met en nourrice aux environs de Paris ? D'où vient cette mortalité, si ce n'est des soins insuffisants que reçoivent ces pauvres petits ? Quand tu seras mère à ton tour, tu comprendras que pour rien au monde je ne voudrais le laisser arracher de mes bras.

— L'air de la campagne vaut mieux que celui de Paris. Quand je serai mère, je m'en souviendrai.

— J'espère qu'alors vous m'écouterez, ma chère Gabrielle, dit Charles, qui assistait à l'entrevue des deux sœurs. L'air de vos appartements vastes, élevés, proprement tenus, ne vaut pas celui qu'on respirerait à la campagne dans les mêmes conditions ; mais il vaut mieux que celui des pauvres demeures, souvent obscures, sales, enfumées, où la nourrice laissera votre enfant, seul ou sous la garde d'une fillette de quatre ou cinq ans, pendant qu'elle ira travailler aux champs, et où toute la famille revient s'entasser le soir. En l'absence de la nourrice, l'enfant a jeûné ; pour apaiser la faim qui le dévore, on lui donne une soupe grossière, des légumes, des aliments qui ne conviennent point à la délicatesse de ses organes. Il souffre, il pleure ; le repos de la nuit est menacé ; cependant il faut qu'on dorme ; car on doit se lever avant l'aube et porter tout le jour le poids de la chaleur et du travail. On prépare un breuvage pour l'enfant, on le lui fait avaler, et le voilà qui dort aussi, sous l'influence d'un poison insuffisant pour le tuer tout d'un coup, mais dont l'action, si lente qu'elle soit, n'en est pas moins funeste.

— Cela se voit, j'en conviens, dit Gabrielle; mais pour éviter ces inconvénients, il ne s'agit que de bien choisir ceux auxquels on confie ce cher trésor. Toutes les nourrices ne sont pas pauvres et surchargées de travail.

— Elles sont donc avides, si elles privent de leurs soins leurs propres enfants pour les donner à un étranger. Si l'amour de l'argent les fait agir ainsi, vous me permettrez de douter de leur dévouement.

— Mais enfin, quand on est trop délicate pour supporter tant de fatigue?...

— Pensez-vous, demanda Charles, qu'Emma soit moins forte que vous?

— Au contraire, il me serait impossible de faire tout ce qu'elle fait.

— Vous savez, chère sœur, que le mot impossible n'est pas français. Je ne crois pas qu'Emma fasse rien qui soit au-dessus de vos forces; mais si cela est, je n'admets pas qu'il y ait pour elle le moindre danger à garder son enfant. Vous parlez des mauvaises nuits qu'il lui fera passer; les vôtres sont-elles meilleures? Vous les passez en grande partie dans des salons trop étroits pour la foule qui s'y presse, et où l'on respire un air vicié par la respiration de tout le monde, par le parfum des fleurs, par la combustion des bougies. Quand vous sortez de cette atmosphère brûlante, vous sentez un frisson courir dans vos veines et vous vous blottissez toute transie dans la voiture qui vous attend. Si vous mangez en rentrant, vous vous couchez l'estomac chargé; si vous ne mangez pas, vous souffrez; dans l'un comme dans l'autre cas, vous ne goûtez pas le bon sommeil qu'une longue soirée de fatigue rendrait nécessaire. Remarquez, je vous prie, que je n'attribue qu'à des circonstances toutes physiques le trouble de votre sommeil, que je vous suppose l'esprit et le cœur en paix, quoique souvent on rapporte de ces réunions plus d'un motif de jalousie, de dépit, de colère ou de haine, choses qui ne peuvent donner que de pénibles insomnies.

— Ah ! cher docteur, quel moraliste vous faites ! dit Gabrielle, un peu blessée de voir ainsi critiquer ses habitudes.

— Non, répondit Charles, je reste dans mes attributions ; c'est tout simplement un petit cours d'hygiène que nous faisons ; et si vous n'en profitez pas maintenant, ce qui serait pour moi un succès trop flatteur, il viendra un jour où vous vous rappellerez qu'en donnant tous ses soins à son enfant, une femme conserve sa santé plutôt qu'elle ne la risque. Il y a des exceptions, j'en conviens ; mais en cela comme en tout le reste, l'exception confirme la règle.

— Et pour empêcher que le premier sourire du chérubin ne s'adresse à une étrangère, on risquerait beaucoup, s'il le fallait, dit Emma. Puis, qui sait si, en le confiant à une inconnue, on ne l'expose pas à sucer avec le lait de mauvais instincts dont il sera difficile de le débarrasser ? Ne te rappelles-tu pas avoir vu à Longpré, quand nous étions encore tout enfants, un petit chat qui nous léchait les mains, parce qu'il avait été nourri par notre grosse Diane, la belle chienne d'arrêt que notre père aimait tant ?

— Je n'y ai peut-être jamais pensé depuis, répondit Gabrielle ; mais voici que je m'en souviens. C'était une chienne noire marquée de feu, et le petit chat avait le poil blanc, long et soyeux.

— Oui, reprit Emma ; et jamais nous n'avons senti ses griffes, nous qui le taquinions sans cesse.

— C'était, crois-tu, parce qu'il avait pris un peu de la douceur de la bonne bête qui l'avait nourri ?

— Il me semble que cela ne peut laisser le moindre doute. Qu'en dis-tu, Charles?

— C'est mon avis.

— Donc, pour que mon cher bébé n'ait pas d'autres défauts que les miens, qui sont peut-être aussi grands que ceux de la nourrice que je lui donnerais, mais qui me blessent moins, je ne le confierai à qui que ce soit. Puis, vois-tu, Gabrielle, en ne me quittant pas, il restera sous les yeux de son père ; et au moindre symptôme de maladie, les soins les plus tendres lui seront prodigués.

— Puisque tu t'imposes sans regret une année au moins d'esclavage, tout est pour le mieux, répondit Gabrielle.

— Une année, dis-tu ; mais la vie d'une mère appartient tout entière à son enfant ; elle la lui consacre avec tant de joie, que ce n'est point un sacrifice ; et si Dieu t'envoie le même bonheur qu'à moi, tu ne comprendras plus rien aux objections que tu m'as faites.

Emma ne connaissait pas encore sa sœur. Huit mois après ceci, Gabrielle eut une fille ; malgré les prières de Henri, malgré les conseils de Charles, l'enfant partit pour la campagne le lendemain de sa naissance. La mère fit mille recommandations à la nourrice, lui promit de solides témoignages de sa reconnaissance si la petite Marie était soignée avec dévouement, embrassa l'enfant en laissant tomber quelques larmes, et la remit aux bras de l'étrangère en disant :

— Emmenez-la bien vite ; je ne voudrais plus vous la donner, et je sais qu'elle sera mieux chez vous qu'ici.

Gabrielle, il faut lui rendre cette justice, avait mis tous ses soins à chercher une nourrice qui réunît les conditions les plus propres à la rassurer sur le sort de sa fille, qu'elle aimait déjà ; car le sentiment maternel n'est ni l'indice de la vertu ni le fruit de l'éducation, mais une précaution de la nature, ou, pour mieux dire, de la Providence, qui veille à la conservation de tous les êtres. Ce sentiment, qu'on trouve chez les animaux les plus sauvages, s'était éveillé dans le cœur de Gabrielle ; toutefois, il n'y avait pas encore jeté d'assez puissantes racines pour triompher de ses goûts frivoles. Elle aurait pu sacrifier à sa fille le repos de ses nuits, mais non les vains succès que le monde décernait à sa vanité.

Henri vit partir l'enfant avec un chagrin qui refroidit beaucoup sa tendresse pour Gabrielle. Sa tristesse s'augmentait encore à la vue du bonheur de Charles et d'Emma. Le petit Eugène (c'est ainsi que le colonel avait nommé son filleul, en souvenir de son ami Granval) était si beau, si fort ; il annonçait un si bon caractère, une si précoce intelligence, que Henri l'aimait de tout son cœur et allait chaque jour passer chez son frère les heures dont il pouvait disposer. Tout en caressant ce blond chérubin, il pensait à sa fille, bercée sur un sein mercenaire ; et lorsqu'en rentrant chez lui, il voyait sa femme occupée de quelque nouvelle parure, il s'étonnait d'avoir pu la trouver aimable et belle ; car il croyait lire sur ses traits la sécheresse de son âme.

Au bout de quelques mois cependant, il reprit un peu de gaîté ; sa fille aussi venait à merveille, mieux peut-être que si elle fût restée auprès de Gabrielle. La nourrice la chérissait, et une douce enfant de quatorze ans veillait sur elle quand la mère de famille était obligée de s'absenter. Chaque semaine il allait la voir, soit avec Charles, soit avec l'oncle Marcel, qui trouvait au fond de son cœur pour les enfants de ses enfants des tendresses qu'il ne pouvait comparer à rien de ce qu'il avait éprouvé jusque-là.

Ces petits voyages étaient pleins de charme et devenaient de véritables fêtes, quand les deux jeunes mères et le joli bébé étaient de la partie. Personne n'osait plus penser que Gabrielle avait eu tort d'éloigner sa fille, et Henri se demandait par quoi il remplacerait ces délicieuses excursions quand il reprendrait Marie. Gabrielle ne semblait pas pressée de voir arriver ce moment. Mais le temps ne hâte ni ne ralentit sa course à notre gré, et un jour, sans l'en avoir prévenue, Henri ramena l'enfant à Paris, parce qu'elle lui avait paru un peu plus pâle qu'à l'ordinaire.

Charles le rassura ; mais il avait eu peur, et il laissa la nourrice repartir seule, après l'avoir généreusement récompensée. Gabrielle n'eût pas voulu d'ailleurs se séparer une seconde fois de sa fille.

Raphaël n'a pas fait figurer dans ses tableaux un plus bel ange que la petite Marie. Blonde et rose, avec de grands yeux bleus comme le ciel, une bouche rieuse et mutine, un adorable langage qu'on s'étudiait à comprendre, elle était charmante. Moins jolie, moins gaie, moins gracieuse, elle n'eût pas été moins aimée de son père ; mais pour Gabrielle, cette ravissante enfant était un ornement de plus. Quelle joie de la montrer et de la parer ! Quelle bonne occasion de remporter de nouveaux triomphes! Ce n'était plus seulement ses amies que Mme Henri Lenglet voulait éclipser, c'étaient leurs enfants. Elle pouvait donner un libre essor à sa coquetterie; qui donc l'en blâmerait? Son mari, qui lui avait reproché de trop s'occuper de chiffons, admirait autant qu'elle la mignonne Marie dans ses gentilles toilettes, et la sage Emma y mettait elle-même quelquefois la main. N'aimait-elle pas aussi à parer son Eugène? Son cœur ne battait-il pas d'orgueil autant que de bonheur quand, le voyant au milieu des autres enfants, elle disait à son mari : « N'est-il pas le plus beau de tous? »

Si la petite Marie donnait la main à Eugène, Emma mettait la phrase au pluriel, et toute la famille applaudissait.

Mais on se lasse vite d'un jouet, si charmant qu'il soit; et pendant qu'Emma sentait grandir dans son cœur l'amour qu'elle portait à son fils, Gabrielle commençait à trouver que sa fille ne lui laissait ni loisir ni liberté. Le babil et les caresses de Marie lui plaisaient encore par instants, mais plus souvent ils la fatiguaient, et elle se plaignait d'être obligée de s'occuper sans cesse de cette petite, elle qui n'avait jamais pensé à personne qu'à elle-même.

Elle avait eu la chance de trouver dans la fille de la nourrice une bonne sur les soins et sur l'affection de laquelle l'enfant pouvait compter. L'emploi d'Annette avait été d'abord une sinécure, Gabrielle ne pouvant se passer de Marie; mais peu à peu, la jeune femme, ayant beaucoup à faire, disait-elle, cessa de lui donner des soins et se dispensa de la garder à ses côtés.

— Annette s'entend mieux à l'amuser que moi, répondit-elle à Henri, lorsqu'il lui demanda si la présence de Marie ne commençait pas à l'ennuyer. Tu devrais comprendre d'ailleurs que si ses gentilles agaceries nous charment, les personnes que nous recevons s'en fatiguent; et nous nous rendrions ridicules en les forçant à partager l'excessive tendresse que nous portons à cette enfant.

— Je ne voudrais pas, pour plaire à des indifférents, me priver d'un de ses sourires ou de ses baisers, dit Henri; aussi je te prie de ne pas l'envoyer avec Annette pendant que je suis là.

Henri était bien plus assidu chez lui depuis que Marie l'y attirait; il voyait donc mieux ce qui s'y passait; et quand il comparait l'ordre qu'Emma faisait régner autour d'elle à l'abandon de toutes choses que Gabrielle ne remarquait même pas, il s'imposait une violente contrainte pour réprimer ses fréquents accès de mauvaise humeur. Cependant, quoiqu'il évitât de faire jamais l'éloge de sa belle-sœur, Gabrielle devinait à certains froncements de sourcils, à quelque parole échappée malgré lui, qu'il avait été voir son frère.

Un jour que Mme Sertier et Marcel parlaient devant lui de la difficulté que le jeune docteur éprouvait à parvenir, tandis que lui s'était fait si promptement un nom, il répondit avec une certaine amertume :

— Qu'est-ce que cela? Connu ou inconnu, qu'importe! Charles est le plus heureux des hommes.

Personne ne releva ce propos; mais Gabrielle prit un air piqué, et le soir elle reprocha vivement à son mari de se plaindre d'elle devant des étrangers.

Henri haussa les épaules et s'éloigna sans répondre. Il avait adopté ce parti, le plus sage de tous, depuis que sa femme, peu touchée de l'indulgence dont il faisait preuve, s'habituait à lui faire des scènes lorsqu'il témoignait le plus léger mécontentement.

Quelques jours après, au moment où il rentrait chez lui, avant même qu'il eût embrassé sa fille, Gabrielle lui dit :

— Charles était, la semaine dernière, le plus heureux des hommes ; mais aujourd'hui....

— Aujourd'hui ?... demanda Henri.

— Il a cessé de l'être.

— Que lui est-il donc arrivé ?

— Un simple accident.

— Mais parle donc. Ne vois-tu pas quelle inquiétude tu me causes ?

— Il soignait une pauvre femme atteinte d'un abcès au bras.

— Je le sais, il m'en a parlé comme d'une personne digne de tout intérêt. A-t-il été obligé de l'amputer, ou bien est-elle morte ?

— Ce ne serait rien : il n'y a pas de médecin qui ne perde des malades.

— Qu'est-ce donc ? Tu me fais mal avec toutes tes réticences.

— Eh bien ! en ouvrant cet abcès, Charles a reçu dans l'œil une goutte de sang corrompu.

— Cela peut-il avoir des suites ?

— Il est sûr de perdre cet œil, et borne ses désirs à conserver l'autre.

— Est-il possible ! Pauvre frère ! si bon, si courageux, si dévoué à la science et à l'humanité !

— Il faut convenir que sa bonne action ne lui a pas

porté bonheur. Cette femme était dans la misère ; il allait la voir par charité.

— Il pourvoyait encore à ses besoins. Mais je le connais, il ne regrette pas ce qu'il a fait, et j'espère encore que cet accident n'aura pas autant de gravité qu'il le suppose.

Henri se trompait. Charles avait bien jugé sa position : après de grandes souffrances, il perdit l'œil atteint par le virus, quoique tous les secours de la science lui eussent été prodigués.

Ce fut un chagrin pour la famille entière, à l'exception peut-être de Gabrielle, qui, sans oser se l'avouer à elle-même, était lasse d'entendre vanter la félicité de ce ménage modèle.

Emma soigna Charles avec toute la tendresse dont son cœur était rempli ; elle ne murmura pas une fois contre la Providence et se garda bien de faire la même remarque que Gabrielle, car elle savait qu'on doit adorer la volonté de Dieu quand il éprouve ses serviteurs aussi bien que lorsqu'il lui plaît de les récompenser. Elle priait à chaque instant pour la guérison de son mari, elle faisait prier le petit Eugène, et les pauvres qu'elle soulageait.

Enfin, les complications qu'elle redoutait furent écartées, et le jour où elle acquit la certitude que Charles n'aurait qu'un œil de moins fut encore un des beaux jours de sa vie.

— C'est à peine si l'on s'aperçoit de ce qui vous est arrivé, dit Gabrielle à son beau-frère ; cette petite tache blanche sur la prunelle ne vous défigure pas du tout.

— Qu'à cela ne tienne ! répondit Charles. Il vaudrait

mieux pour moi être un peu plus défiguré et avoir conservé mes deux yeux.

— On prétend que celui qui reste hérite de l'autre, dit Henri.

— Cela serait bien nécessaire, murmura le docteur, de manière à n'être pas entendu d'Emma ; mais quand ma vue n'aurait pas faibli, s'il se trouve quelques personnes pour le dire, il y en aura beaucoup pour le croire.

En effet, le bruit courut bientôt que le docteur Lenglet était presque aveugle, et la réputation dont il commençait à jouir comme chirurgien s'évanouit sans retour. Ses anciens professeurs, qui le choisissaient pour aide dans les opérations les plus diffficiles, n'osèrent plus se fier à lui, et c'en fut assez pour que chacun fût persuadé de son malheur.

Un semblable accident arrivé à un praticien connu depuis longtemps eût à peine diminué sa clientèle ; mais il devait briser l'avenir d'un jeune homme.

Il ne fallut pas une année à Charles pour reconnaître que ses brillantes espérances étaient anéanties : il pouvait vivre encore du fruit de son travail, mais il ne devait prétendre à rien au delà. Emma le vit aussitôt ; elle s'en affligea plutôt pour lui et pour ses enfants que pour elle-même. Nous disons ses enfants ; car elle venait de donner à Eugène une petite sœur, dont la naissance n'avait pas été accueillie avec moins de joie que quand il était permis à Charles de rêver une belle position.

Le colonel se révoltait contre l'injustice du sort envers ses enfants bien-aimés. Le même malheur arrivant à Henri l'eût affligé tout autant, mais l'eût beaucoup moins étonné. Il était du grand nombre de ceux qui se figurent que la vertu doit obtenir dès ce monde sa récompense, et il eût pensé que la vanité et l'égoïsme de Gabrielle avaient éloigné de son foyer les bénédictions de Dieu.

— Vous n'avez ni l'un ni l'autre mérité ce qui vous arrive, disait-il à Emma; comment donc peux-tu le supporter avec tant de résignation? Quant à moi, je trouve que c'est à faire douter de la Providence.

— Ah! mon oncle, répondait-elle, personne ne peut dire qu'il n'a pas mérité de souffrir; le meilleur moyen d'adoucir cette souffrance, c'est de croire qu'elle nous est envoyée par notre Père des cieux, qui sait mieux que nous ce qu'il nous faut.

— Tout cela est bon à dire; en attendant, voilà un homme de grand talent qui végétera dans l'obscurité, comme le moins capable des carabins. Quand un hasard aveugle gouvernerait le monde, les choses ne pourraient aller plus mal.

— Qui sait, mon oncle, si Charles devenu célèbre aurait été plus heureux? Qui sait si l'orgueil du succès ne lui aurait pas persuadé qu'il méritait mieux encore, et si l'ambition, qui s'empare du cœur tout entier une fois qu'elle y est entrée, ne l'aurait pas privé de tout repos? J'ai beaucoup réfléchi depuis quelque temps, et mes réflexions m'ont toujours amenée à dire : « Mon Dieu, que votre volonté soit faite! »

Marcel n'était pas convaincu; mais il ne pouvait qu'admirer le courage et la sagesse d'Emma. La jeune femme tenait à peu près le même langage à son mari; il ne surprenait sur son visage aucun signe d'abattement, il lui semblait même qu'elle n'avait jamais été plus aimable, plus empressée à lui plaire, plus satisfaite de sa condition.

Le temps s'écoulait sans rendre au docteur la vogue

qu'il avait perdue ; mais rien autour de lui n'avait changé. Emma, ne s'étant jamais permis de dépenses inutiles, n'en avait point à supprimer; et comme elle veillait à tout, comme elle prenait sa part des travaux du ménage, Charles était de tous points mieux servi que son frère, à qui la fortune continuait à sourire.

Chaque soir, pendant que Gabrielle entraînait son mari dans le monde, le docteur passait de douces heures entre sa femme et ses enfants. Avant de se retirer avec eux, pour le laisser à son travail, Emma prenait sur ses genoux la petite Marcelle, dont elle tenait les mains jointes entre les siennes. Eugène, agenouillé à ses pieds, répétait après elle les saintes paroles de la prière ; et ce n'était jamais sans un profond attendrissement que Charles entendait cette humble supplication, dans laquelle la mère mettait toute son âme :

— Donnez-nous aujourd'hui notre pain quotidien !

Quelquefois une larme roulait sur les feuillets du savant livre qu'il consultait, une douce larme qui disait à Dieu :

— Vous ne pouvez rejeter les vœux de trois âmes si pures. Oui, donnez-nous le pain qui doit nourrir notre corps, mais surtout la paix et l'amour qui nourrissent et consolent le cœur.

Emma ne voyait plus guère sa sœur. Gabrielle avait obtenu, après de longues instances, que son mari choisît un appartement plus vaste et plus beau, dans un quartier plus élégant. Henri, qui tenait à ne pas s'éloigner de ceux qu'il aimait, avait lutté autant qu'il pouvait lutter, puis, de guerre lasse, il avait cédé. Comme il trouvait encore le temps de venir chaque semaine voir son frère et son oncle, Emma souffrait peu de l'absence de Gabrielle. Malgré toute son indulgence, il lui avait été impossible de ne pas remarquer que le malheur de Charles, auquel Henri avait pris une part si sincère, avait à peine ému sa femme.

Depuis ce moment, la mutuelle affection des deux frères semblait encore avoir grandi. Henri ne parlait jamais de ses succès ; on eût dit qu'il s'en reconnaissait bien moins digne que le jeune docteur et qu'il en était confus ; mais Charles s'y intéressait et s'en réjouissait comme s'ils eussent été les siens.

Quant à Gabrielle, elle ne trouvait pas une parole de sympathie pour sa sœur, et elle ne l'entretenait que des fêtes auxquelles elle était invitée, des toilettes qu'elle y devait porter, ou des meubles, des tableaux, des ornements de toutes sortes dont elle comptait embellir son nouvel appartement.

Emma n'était pas jalouse ; mais elle trouvait, et nous pensons que tout le monde serait de son avis, que ce sujet de conversation indiquait, de la part de Gabrielle, sinon un mauvais cœur, du moins une délicatesse fort douteuse. Elle s'efforçait de l'écouter avec patience, se grondait elle-même de vouloir qu'on s'apitoyât sur ses peines ; mais après chacune de ces visites, elle sentait qu'elle aimait moins sa sœur ; aussi ne s'affligeait-elle pas de les voir devenir de plus en plus rares.

La gêne était encore loin de la maison du docteur ; il était même à peu près certain qu'elle n'y entrerait jamais, tant il y avait d'ordre et d'économie, lorsque M. Lefebvre reçut du père Henry une lettre ainsi conçue :

« Monsieur le colonel, mon ami,

« La présente est pour vous demander des nouvelles

de votre santé et de celle de toute la famille, sans oublier les trois chers enfants, et aussi pour vous prier de rendre un grand service aux habitants de Longpré. Je vous dirai, monsieur, que depuis cinquante ans nous avons eu pour médecin M. Mercier, un bon et brave homme bien charitable, et qui passait pour être bien adroit dans son temps. Mais à quatre-vingts ans qu'il avait, quand il vient de mourir, il y a deux mois, on n'est plus ce qu'on a été dans sa jeunesse; j'en sais quelque chose, moi qui vous parle, quoique le bon Dieu m'ait jusqu'à présent gardé de maladies et d'infirmités.

« Notre ville est donc sans médecin pour le moment. Notre conseil municipal, d'accord avec mon fils aîné, qu'on a fait maire malgré lui, a décidé qu'il fallait tâcher de s'en procurer un le plus tôt possible. A cette fin, ledit conseil a voté une somme de 800 fr. qui sera payée annuellement au médecin, pourvu qu'il prenne l'engagement de rester à Longpré pendant cinq ans, et de soigner les indigents qui pourraient tomber malades. Les communes des environs y ajoutent 600 fr., ce qui fait déjà 1,400 fr. assurés au nouveau docteur; plus une bonne clientèle; car il n'y a pas de médecins à plus de deux lieues à la ronde.

« Comme on ne savait pas à qui s'adresser, parce que, bien entendu, nous voudrions un homme savant et un honnête homme, j'ai offert d'écrire à M. le docteur Lenglet, pour le prier de nous choisir ce qu'il nous faut. Il ne doit pas manquer à Paris de jeunes médecins qui n'ont pas autant de besogne qu'ils en voudraient. Que votre cher neveu veuille donc nous en envoyer un; sa recommandation suffira pour qu'il soit le bienvenu.

« Il y a encore une chose qui pourrait aider un jeune

homme à se décider : c'est que chez nous on vit à bon marché, et qu'on trouve facilement à se bien loger. Ainsi, depuis la mort du médecin, la maison Granval, une maison superbe, vous le savez, monsieur le colonel, est à louer pour 300 fr., et rien n'empêcherait le successeur d'y entrer tout de suite. J'ajouterai encore qu'il n'y a pas de pharmacien à Longpré ; et que le père Mercier m'a dit plus d'une fois que sans vendre plus cher que les pharmaciens de Verdun, il se faisait avec ses drogues un joli revenu.

« Je compte sur votre obligeance, monsieur le colonel, pour recommander nos intérêts à M. Lenglet, et lui dire que ce serait un bien grand bonheur pour notre commune s'il peut nous envoyer un homme qui lui ressemble.

« Je vous remercie d'avance, et lui aussi, en vous priant, monsieur et cher ami, d'embrasser pour moi les enfants et les mamans, que j'ai vues bien petites, au temps du bon M. Granval, et de donner de ma part une bonne poignée de main aux jeunes messieurs.

« En attendant votre réponse, monsieur le colonel, j'ai l'honneur d'être avec respect votre serviteur et ami.

« Pierre HENRY. »

M. Lefebvre remit la lettre à Charles, qui, après l'avoir lue, la passa à Emma.

— Penses-tu pouvoir rendre ce service à notre vieil ami ? lui demanda-t-elle.

— Je l'espère, dit le docteur. Je connais quelqu'un dont je pourrais répondre et qui se déciderait sans peine à quitter Paris.

— En ce cas, c'est une affaire arrangée.

— Pas tout à fait : le jeune homme a une femme qu'il aime et qu'il hésite à séparer de sa famille.

— Si elle l'aime, elle n'hésitera pas à tout abandonner pour le suivre.

— Tu ne m'as pas compris, chère Emma. Mon ami a une femme accomplie ; il n'y a pas de sacrifice qu'elle ne soit prête à lui faire ; mais il serait au désespoir de lui causer le moindre chagrin.

— Je t'ai compris parfaitement, reprit Emma en se jetant dans les bras de son mari. Allons à Longpré, Charles ; tu y seras aimé, honoré comme tu le mérites ; tu y seras heureux ; et si nous n'y faisons pas fortune, nous laisserons du moins une honnête aisance à nos enfants.

Henri apprit avec un véritable chagrin la résolution prise par son frère ; mais elle lui parut si sage, qu'il n'essaya pas de l'en détourner. Gabrielle, à qui le départ d'Emma ne causait pas la moindre peine, feignit d'en avoir beaucoup. Mme Sertier pleura, parce qu'elle commençait à souffrir souvent, et qu'il lui paraissait cruel de perdre un médecin en qui elle avait toute confiance.

Quant à Marcel, il dit que Paris l'ennuyait fort, que son rêve avait toujours été de se retirer à la campagne, et qu'entre toutes les résidences où on lui offrirait de se fixer, il n'y en avait pas une qui pût lui plaire autant que Longpré.

— J'avais tort, dit-il à Emma, de murmurer contre la Providence ; elle te récompense aujourd'hui de ta soumission. Charles s'épuisait à lutter ici contre mille difficultés. Qui sait s'il n'aurait pas fini par mourir à la peine ? Et quand il aurait vécu, vous vous seriez vus forcés d'entamer votre capital pour subvenir à l'instruction de vos enfants. Je voyais tout cela, et par moments je me sentais bien triste.

— Moi aussi, mon oncle, je le voyais, répondit Emma ; mais j'espérais que Dieu ne nous abandonnerait pas.

— Il n'y a qu'une chose qui me chiffonne, reprit Marcel : je ne voudrais pas qu'on pût penser là-bas que le docteur Lenglet quitte Paris parce qu'il n'y peut pas vivre.

— On le dirait peut-être si rien ne nous y rappelait ; mais je suis née à Longpré, mon père et ma mère y sont enterrés ; il n'y a rien d'extraordinaire à ce que je désire y retourner.

— Et cela ne peut que flatter énormément les braves gens de ce pays. Donne-moi de quoi écrire.

Emma obéit gaîment, et le colonel adressa ces quelques lignes à son vieil ami :

« Vous pouvez, cher monsieur Henry, proposer au conseil municipal de votre ville le docteur Charles Lenglet. N'essuyez pas vos lunettes, mon ami, vous avez bien lu. Oui, le docteur Lenglet consent à quitter sa nombreuse clientèle, à renoncer aux plus sérieuses espérances, pour devenir un simple médecin de campagne ; mais vous cesserez de vous en étonner quand vous saurez que la santé de sa femme exige ce sacrifice. Il faut à ma chère Emma un air pur et vivifiant, l'air de Longpré où elle est née.

« Quant à moi, partout où elle ira, j'irai. Donc, mon cher ami, j'aurai le plaisir d'être encore quelquefois votre compagnon de promenade ; j'irai l'hiver faire la causette au coin de votre feu ; et quand je mourrai, j'espère avoir une place auprès d'Eugène Granval.

« Tout à vous.

« LEFEBVRE. »

XV.

Ce qu'Emma regrettait le plus au moment de quitter Paris, c'était d'y laisser sa chère Marie, dont elle était la tante et la marraine. Elle s'y était attachée comme à ses propres enfants, non-seulement parce que la petite fille était charmante, mais parce qu'elle la voyait trop souvent oubliée de sa mère. Tant que les deux frères Lenglet avaient habité la même rue, Marie avait passé la plus grande partie de ses journées à jouer avec Eugène, qu'elle appelait son frère, soit chez l'oncle Marcel, qui les adorait l'un et l'autre, soit chez sa maman Emma, qui les aimait peut-être encore davantage, quoiqu'elle les gâtât moins.

Depuis que Gabrielle avait changé de quartier, la gentille enfant s'ennuyait ; elle devenait maussade, et ses belles couleurs s'effaçaient. Quand son père voulait se donner une heure de joie, il prenait une voiture et conduisait Marie dans cette chère maison où elle avait laissé sa vraie famille. Mais un jour, au lieu de cette joie que lui causaient les transports de la fillette, il y versa des larmes bien amères.

— Sais-tu, mignonne, dit Eugène à sa cousine, que nous allons nous en aller bien loin, bien loin, et que tu ne nous verras plus?

— J'irai aussi loin que tu voudras, dans une belle voiture, n'est-ce pas? J'aime tant à aller en voiture.

— Oh! toi, tu ne viendras pas avec nous.

— Pourquoi donc?

— Je n'en sais rien; mais maman l'a dit.

— C'est qu'elle croit que j'ai été méchante, murmura Marie, dont les yeux se remplirent de larmes. Papa, papa, ajouta-t-elle en se jetant au cou de Henri, dis donc à ma petite mère Emma que je suis bien sage et que je veux partir avec elle.

— Mais ta maman et moi nous restons ici, chère enfant, répondit le père. Voudrais-tu nous y laisser seuls?

— Allons-nous-en tous, papa, je t'en prie.

— Ah! si cela se pouvait! fit Henri avec un grand soupir.

— Est-ce que tu n'es pas le maître? demanda la petite fille.

— C'est mon travail qui me retient à Paris. Quand j'aurai assez travaillé, nous irons retrouver ta mère Emma et ton frère Eugène.

— Laisse-moi partir avec eux, papa; tu viendras plus tard, quand tu pourras.

— Tu ne m'aimes donc pas autant qu'eux?

— Oh! si, papa, je t'aime de tout mon cœur; mais tu ne rentres que le soir, maman n'a jamais le temps de jouer avec moi, et Annette pleure toujours à présent, parce que sa mère est malade. Emmène-moi, je t'en prie, maman Emma.

— Nous ne partons pas encore, ma chérie, dit la jeune femme ; et si nous partons sans toi, tu nous auras bientôt oubliés.

— Jamais, répondit Marie d'un ton résolu. Est-ce que tu m'oublieras, toi ?

— Jamais, répéta Emma en la serrant dans ses bras.

Eugène avait assisté silencieusement à cette petite scène ; il tira Marie à l'écart et lui dit :

— Essuie tes yeux, chère mignonne, et viens jouer ; je serai si sage et j'étudierai si bien, que, quand je demanderai à maman de t'emmener, elle ne pourra pas me refuser.

Cette promesse rassura l'enfant, qui retrouva aussitôt sa belle humeur et ses frais éclats de rire. Mais la tristesse d'Emma et de Henri ne devait pas se dissiper aussi vite.

— Ne dirait-on pas que la pauvre petite sent déjà ce qu'elle va perdre ? demanda Henri. Je comptais sur vous, chère sœur, pour lui donner cette première éducation qui influe sur toute la vie et qui me paraît être la plus sûre garantie du bonheur.

— Il viendra un moment où Gabrielle sentira la nécessité de s'en occuper.

— Gabrielle !... dit Henri, avec une amertume qui faisait de ce seul nom la complète histoire de ses chagrins.

— Il n'y a pas à désespérer, votre femme n'a que vingt-cinq ans.

— Et vous, Emma, quel âge avez-vous donc ?

Emma rougit de n'avoir trouvé rien autre chose à

dire pour excuser sa sœur. Heureusement, Charles, qui rentrait, emmena Henri pour l'aider à choisir les livres qu'il devait emporter; puis il le retint à dîner.

Les deux frères passèrent ensemble quelques heures, puis il fallut se quitter : Mme Henri Lenglet avait reçu pour ce soir-là une invitation qu'elle désirait depuis longtemps; son mari avait promis de l'accompagner, il ne voulait pas lui manquer de parole.

Marie alla embrasser sa tante.

— Avant d'aller bien loin, bien loin, lui dit-elle, tu viendras nous dire adieu. C'est pour cela que je m'en vais. Si tu devais partir cette nuit, je resterais avec toi.

En route, la pauvre petite fut toute rêveuse; en descendant de voiture, elle se plaignit d'avoir mal à la tête; et pendant que sa mère s'habillait, elle s'endormit au coin du feu; mais elle s'éveilla encore avant que cette toilette fût achevée.

— Tu vas donc sortir, maman? demanda-t-elle.

— Oui, mignonne. Je vais au bal chez la baronne de Rothschild.

L'enfant ne savait pas ce que c'était que la baronne de Rothschild; mais Gabrielle, en prononçant ces mots, laissait échapper la joie dont son cœur débordait.

— Cela doit être bien beau, reprit Marie. Veux-tu que j'y aille avec toi?

— Quand tu seras grande, je t'y conduirai.

— Mais je suis déjà très-grande, dit Marie en se dressant sur le bout de ses pieds.

— Oui, tu le seras bientôt assez; mais ce n'est pas encore aujourd'hui. Va dire à ton père que je suis habillée, et que je vais l'attendre au salon.

Marie alla faire la commission et rentra au salon en

donnant la main à son père. Gabrielle, debout devant la cheminée, avait ôté les fleurs de sa coiffure et cherchait une autre manière de les disposer.

— Je croyais que tu étais prête à partir, dit Henri. Mais je ne suis pas fâché que tu ne le sois pas ; la voiture que j'ai retenue n'est pas encore arrivée.

— Voilà qui est fini. Comment me trouves-tu ?

— Très-bien, comme toujours.

— Il est vrai que tu me fais toujours la même réponse.

— Elle doit te satisfaire.

— Je ne serais pas bien exigeante ; car elle ne prouve que ton indifférence.

— Que veux-tu ? Je ne me connais pas en colifichets, et il me semble que tu t'en occupes assez pour nous deux.

— Je m'en occuperais moins si vous me donniez une femme de chambre.

— Qui t'empêche d'en prendre une ?

— Est-ce avec l'argent que vous me remettez pour les dépenses de la maison, que je puis en choisir une comme je la désirerais ?

— Tout ce que je gagne te passe par les mains. Je ne puis faire davantage.

— Et moi, c'est à force de calcul et d'économie que je parviens à joindre les deux bouts.

— Il est certain que tu es la femme la plus soigneuse et la plus économe que je connaisse.

— Croyez-vous que ces continuelles railleries puissent m'être agréables ? Vous vous tromperiez fort ; mais votre erreur serait encore plus grande, si vous pensiez me corriger par ce moyen.

— Il y a longtemps que j'y ai renoncé.

— Papa, j'ai bien mal à la tête, dit Marie, en posant la main de son père sur son front brûlant.

— Tu as trop joué avec Eugène, répondit Gabrielle, il faut aller dormir.

— Veux-tu m'y conduire, maman ?

— Annette te couchera tout aussi bien que moi.

— Oh ! si tu voulais venir me mettre au lit, je n'aurais plus mal du tout, reprit l'enfant.

— Vas-y, dit Henri, tu en as le temps, puisque la voiture n'est pas arrivée.

— Allez, mademoiselle ; je ne suis pas disposée à céder à vos caprices.

— Puisque papa dit que tu as le temps, insista l'enfant.

— Votre papa ne sait ni ce qu'il dit ni ce qu'il veut ; il me reproche sans cesse de vous gâter, et il me conseille de vous obéir. Il ferait bien mieux de me donner un petit coupé que de m'obliger à attendre le bon plaisir d'un cocher de remise.

— Patience ! dit Henri, tout vient à point à qui sait attendre.

— Et cette fortune que vous m'aviez promise, quand donc viendra-t-elle ? Quand je ne serai plus d'âge à en profiter.

— Madame, dit Annette en ouvrant la porte, la voiture est en bas.

— Emmenez Marie, reprit Gabrielle en mettant au front de l'enfant un baiser froid et distrait, et en la congédiant sans même remarquer qu'elle pleurait.

Henri la serra sur son cœur.

— Ayez bien soin d'elle, Annette, dit-il ; je crains

qu'elle n'ait un peu de fièvre. Nous rentrerons de bonne heure.

A minuit, le bal était dans toute sa beauté; mais Henri, poursuivi par une inquiétude qu'il ne pouvait maîtriser, pressa Gabrielle de se retirer. Elle ne lui répondit qu'en inscrivant sur son carnet les quadrilles qu'elle venait de promettre. A une heure, Henri revint à la charge sans plus de succès; mais au moment où deux heures sonnaient, il menaça Gabrielle de la laisser seule, si elle n'était pas encore disposée à l'accompagner.

— Allez, ma tante se chargera de me reconduire, dit la jeune femme, qui savait oublier ses griefs contre Mme Sertier quand celle-ci pouvait lui être utile.

Henri, regrettant vivement de n'avoir pas plus tôt pris ce parti, promit un large pourboire au cocher s'il le menait bon train; mais quoique les chevaux fussent vigoureusement stimulés, il trouva le chemin si long, que, lorsqu'il arriva, de grosses gouttes de sueur perlaient à ses tempes.

Il vit de la lumière dans la chambre de Gabrielle et dans la petite pièce où couchait sa fille; et en montant rapidement l'escalier, il crut sentir une odeur de pharmacie. La porte de l'appartement était ouverte, il entra sans rencontrer personne, et il vit Charles agenouillé près de la petite Marie, qu'Emma tenait dans ses bras.

— Ma fille!... s'écria-t-il. Ma fille est morte!...

— Non, dit Charles. Courage! nous la sauverons.

— En réponds-tu?

— Je l'espère.

— Marie! mon enfant!... Elle ne me reconnaît pas. Mais qu'a-t-elle donc, mon Dieu!

— Le croup, dit Emma. Nous avons eu grand'peur ; mais elle va mieux.

Une heure à peine après le départ de ses maîtres, Annette, qui venait d'achever sa prière, crut remarquer que le souffle de l'enfant n'était pas régulier comme à l'ordinaire. Marie dormait, et ses joues vivement colorées avaient l'apparence de la santé ; pourtant, au lieu de se coucher, la jeune fille s'assit auprès d'elle et prit sa main, qu'elle trouva brûlante. Elle se rappela que la mignonne s'était plainte d'un grand mal de tête ; se sentant inquiète, elle se mit à réciter dévotement son chapelet, afin qu'il plût à la bonne Vierge d'éloigner de cette enfant chérie tout mal et tout péril. Mais elle n'avait pas fini la première dizaine, qu'il lui sembla que la respiration de Marie devenait rauque et sifflante.

Que faire? Prévenir au plus tôt le père et la mère ; mais où les trouver? Par bonheur, l'idée lui vint d'envoyer chercher le docteur Lenglet. Emma et Charles veillaient encore; ils accoururent, et le danger fut conjuré. Mais Henri frémit en songeant que sans l'heureuse inspiration d'Annette et sans les habiles soins de son frère, il n'eût trouvé qu'un cadavre dans ce petit lit où tant de fois il avait regardé dormir l'objet de ses plus chères affections.

Quand Gabrielle rentra, Emma était retournée auprès de ses enfants ; mais Charles causait encore avec Henri.

— Vous deviez donc m'apprendre que vous aviez rendez-vous avec votre frère, dit-elle à son mari ; j'aurais compris votre impatience de quitter la fête, et j'y aurais peut-être cédé.

— Madame, répondit Henri, mon impatience était un

pressentiment. Remerciez Charles : sans lui et sans Emma, vous n'auriez plus de fille.

Gabrielle saisit la lampe et regarda l'enfant qui reposait paisiblement.

— Vous ne vous corrigerez jamais, je le vois, de la manie de faire des scènes, reprit-elle avec ironie. Dites-lui donc, cher docteur, que cette habitude de tout exagérer est bien ridicule.

— Henri n'exagère pas, répondit Charles. Il est vrai qu'en votre absence la chère petite a couru un sérieux danger.

— Oui, continua Henri, pendant que vous dansiez, pendant qu'on vous admirait, votre enfant, pour laquelle vous n'aviez pas une pensée, quoique vous l'eussiez laissée souffrante, votre enfant a failli succomber.

Henri avait un peu élevé la voix ; Marie s'éveilla en sursaut, et d'une voix encore faible et voilée elle appela :

— Maman ! maman !

— Me voici, chérie ! dit Gabrielle en l'embrassant.

— Oh ! pas toi, pas toi, murmura l'enfant. C'est ma mère Emma que je veux.

— Voilà votre récompense, dit Henri à voix basse, en passant près de Gabrielle. Ta bonne mère Emma n'est plus là, mignonne, ajouta-t-il en baisant les blonds cheveux de sa fille.

— Où est-elle donc ? Est-elle partie bien loin, bien loin ?

— Non, dit Charles en s'approchant à son tour. Elle dort, et il faut que tu dormes aussi, ma gentille Marie. Bonsoir !

— Bonsoir, mon oncle ! répondit-elle. Bonsoir, papa! Je voudrais vous embrasser tous les deux.

— Et ta maman, dit tout bas Charles, en se penchant vers elle.

— Embrasse-moi aussi, maman, reprit la petite fille. N'est-ce pas que tu me laisseras partir avec ma mère Emma?

— Emma ! toujours Emma ! Tout le monde l'aime ; mais moi.... Oh ! moi, je me réjouis de la voir partir, pensait Gabrielle, tandis que Henri, pour contenter Marie, lui promettait tout ce qu'elle voulait.

Gabrielle n'avait jamais éprouvé pour sa sœur qu'une médiocre affection, par la raison toute simple qu'elle s'aimait elle-même beaucoup trop pour qu'une large part de son cœur pût rester aux autres. Depuis longtemps d'ailleurs, depuis qu'Emma, l'enfant terrible, était devenue docile et studieuse, on la lui avait si souvent proposée pour modèle, que cette affection avait peu à peu cédé la place à un sentiment voisin de la jalousie, et il avait fallu toute la modestie d'Emma, toute sa tendresse, tout son dévouement, pour empêcher ce sentiment de devenir une haineuse envie ; il avait fallu surtout que Gabrielle se crût supérieure à sa sœur par l'esprit, la grâce et la beauté, pour qu'elle lui pardonnât de l'emporter sur elle par les sérieuses qualités que les jeunes filles estiment généralement assez peu.

Si le mariage l'eût séparée d'Emma, peut-être eût-elle retrouvé, dans ses premiers souvenirs, un peu de cette amitié qui ordinairement unit deux sœurs nées le même jour, au point de n'en faire en quelque sorte qu'une seule âme ; mais en épousant les deux frères, les demoiselles Granval commencèrent face à face une nouvelle existence, dans laquelle la conduite d'Emma fut chaque jour la censure de celle de Gabrielle.

A propos de tout, on lui citait l'exemple de sa sœur ; de quelque côté qu'elle se tournât, elle n'entendait prononcer qu'avec éloge le nom d'Emma.

Emma était vigilante, économe, laborieuse ; Emma n'avait d'autres volontés, d'autres goûts, d'autres plaisirs que ceux de son mari ; Emma savait se contenter de tout et faire gaîment au bonheur des siens les plus grands sacrifices. Il n'y avait qu'une voix là-dessus ; c'était à qui, de l'oncle Marcel et de Mme Sertier, chanterait le plus haut les louanges de cette femme incomparable. Mais ce n'eût rien été, si Henri ne se fût joint à eux, Henri que Gabrielle avait choisi comme le meilleur et le plus insouciant des maris, Henri qui se fût trouvé bien chez lui, ou qui du moins se fût résigné aux petits ennuis qu'il y rencontrait, en se figurant qu'il en était ainsi chez les autres, s'il n'avait eu sous les yeux l'heureux et paisible ménage de son frère.

Par-dessus tout cela, Gabrielle voyait sa fille lui préférer cette Emma ; et quand elle entendait sortir de la bouche de l'enfant le cri que nous arrache la souffrance : Maman ! maman ! ce n'était pas à elle que ce tendre cri s'adressait, mais à Emma, qui avait disputé la chère petite à la mort, pendant qu'elle, sa vraie mère, dont la place était là, savourait à longs traits l'encens offert à sa vanité.

Aussi de quel ton Henri avait dit : « Pendant que vous dansiez, madame, pendant qu'on vous admirait, votre enfant a failli mourir.... »

Et Charles, que devait-il penser ? Que dirait-il quand

il se retrouverait avec Emma? Il ne pouvait faire moins que de lui dire :

— Que m'importe d'aller vivre au fond d'une campagne? Que m'importerait même d'y végéter dans la pauvreté? Ne suis-je pas mille fois moins à plaindre que mon frère? Il n'a que la fortune et la gloire; moi, j'ai le bonheur.

Ces pensées se heurtaient dans le cerveau de Gabrielle. Assise près du lit, la tête appuyée sur sa main, elle ne prenait aucune part à la conversation des deux frères; et quand Charles l'engagea à aller se reposer, en lui disant qu'il passerait le reste de la nuit près de l'enfant, elle refusa de s'éloigner.

Le grand jour la trouva encore en toilette de bal; elle n'avait pas changé de position, et le docteur, la croyant plongée dans de salutaires réflexions, n'avait point osé lui adresser la parole.

Marie s'éveilla en entendant entrer Emma, qui, après quelques heures d'un sommeil agité, venait s'assurer par elle-même de l'état de la malade. La bonne Emma embrassa Gabrielle.

— Pauvre amie, lui dit-elle, que tu as dû souffrir!

Gabrielle répondit froidement à cette étreinte.

— Grâce à Dieu, reprit Emma, tout va bien, n'est-ce pas, Marie?

— Regarde, petite mère, on a jeté des fleurs sur mon lit, dit l'enfant en montrant les débris du bouquet de Gabrielle, qui s'était effeuillé sans qu'elle y prît garde. Sais-tu pourquoi?

— Le sais-tu donc, toi, mignonne?

— Oui; c'est parce que j'étais morte; mais tu m'as prise dans tes bras, tu m'as tant caressée et tu as tant prié le bon Dieu, que me voici revenue à la vie. Aussi je t'aime bien, va, je t'aime de tout mon cœur.

— Si tu m'aimes tant, ta maman sera jalouse, dit Emma, qui ne croyait pas si bien deviner.

— Oh ! cela ne fait rien à maman, répondit Marie.

— Pourquoi ? demanda Gabrielle.

— Parce que tu aimes les belles robes, les plumes, les fleurs, bien plus que tu n'aimes ta petite fille.

— Ne crois pas cela, chérie, dit Emma. Il n'y a rien au monde que ta mère aime autant que toi.

— Est-ce vrai, papa? demanda l'enfant à Henri, qui venait d'entrer.

— Ta mère Emma ne dit-elle pas toujours la vérité ? répondit-il.

— Oh ! oui, toujours. Et toi aussi, père ?

— Moi aussi.

— Quel bonheur ! Je m'en irai avec Eugène et Marcelle, bien loin, bien loin, où ira maman Emma. Tu me l'as promis.

— Ce voyage est impossible, dit Gabrielle.

— Il est nécessaire, reprit Henri, sans s'expliquer davantage. Quand pars-tu ? ajouta-t-il en s'adressant à son frère.

— Dans trois jours. D'ici-là, Marie sera complétement rétablie. Adieu, mignonne ; sois bien sage, et bois sans faire de grimace la tisane qu'on t'a préparée.

L'enfant prit la tasse que Gabrielle lui présentait ; mais elle regarda sa mère, se mit à rire et dit :

— Va donc te déshabiller, maman, tu as l'air d'une danseuse de corde.

Gabrielle sortit sans répondre ; elle se sentait cruellement mortifiée; car elle avait vu Henri regarder son frère avec un malin sourire. Elle ôta sa robe, la foula aux pieds et prit plaisir à la déchirer en maint endroit. Elle venait d'en jeter les lambeaux sur un fauteuil quand elle vit entrer Emma.

— Je viens t'aider, dit la douce jeune femme.

— Encore toi! toujours toi! répondit Gabrielle, sans pouvoir maîtriser sa colère. Mais tu veux donc que je te haïsse?

— Me haïr! reprit Emma, aussi surprise qu'affligée de cet accueil. Est-ce bien toi qui me fais une semblable menace? Ah! Gabrielle, tu es donc bien malheureuse?

— Oui, bien malheureuse! Que me restera-t-il quand tu m'auras enlevé ma fille?

— Ma sœur, ma Gabrielle, je te comprends, je te pardonne. Tu crois que c'est moi qui veux te priver de ton enfant; mais tu te trompes. C'est Eugène qui a tout fait. Il a annoncé notre départ à sa petite amie; elle a pleuré, elle a supplié son père de la laisser venir avec nous; il lui a résisté hier; mais il ne peut rien lui refuser aujourd'hui.

— Et tu ne vois pas qu'en accordant cette permission, il prétend m'imposer un châtiment!

— Henri ne songe, sois-en sûre, qu'à faire plaisir à Marie; et comme peut-être il serait dangereux de la contrarier, ne t'oppose pas à ce caprice d'enfant gâté. Fais mieux encore, viens avec elle; quand elle sera parfaitement rétablie, tu nous la reprendras.

— Non, dit Gabrielle; Longpré ne m'a pas laissé d'assez bons souvenirs; et je trouve qu'il te faut du courage pour aller t'y enterrer.

— Mais, chère amie, je n'y vivrai pas plus retirée qu'à Paris. Quant aux souvenirs auxquels tu fais allusion, ils ont cessé de m'être pénibles; et ce sera même une joie pour moi de penser que ceux qui ont un instant maudit le nom de mon père seront forcés de bénir celui de mon mari.

— Ah! ma pauvre Emma, tu es bien la femme la plus romanesque qu'il y ait au monde.

— Soit! mais je ne le suis pas encore assez pour rêver le bonheur de t'enlever l'amour de ta charmante fille. Vol pour vol, je me croirais moins coupable de te dépouiller de ton argent.

— Il ne faut pas faire attention à ce que je te dis, reprit Gabrielle; le malheur qui a failli arriver cette nuit m'a troublé l'esprit.

— Ecoute, chère sœur, si tu ne veux pas absolument que j'emmène Marie, je refuserai de m'en charger, et personne ne saura que je t'obéis.

— Henri le devinerait. Il vaut mieux que je me résigne à sa volonté.

— La privation ne durera d'ailleurs qu'autant qu'il te plaira. Je connais Henri; il ne s'opposera pas à ce que tu viennes reprendre ta fille, car elle lui manquera comme à toi, et je devrai à cet arrangement la joie de revoir bientôt ma bonne Gabrielle.

— Ta bonne Gabrielle.... Ah! que tu te trompes en me jugeant d'après toi-même! Si tu pouvais un instant voir ce qui se passe dans mon cœur, tu serais effrayée de voir combien je suis méchante.

— Je crois qu'il s'y trouve en ce moment un certain dépit dont j'ai ma part comme tout le monde, et qui vient uniquement de ce que tu n'es pas contente de toi. Je m'en réjouis plutôt que je ne m'en afflige ; car il ne faut qu'une bonne résolution pour changer ce dépit en la plus douce joie qu'il y ait au monde. Nous allons nous séparer, ma Gabrielle; mais de loin comme de près tu auras en moi la plus sincère amie. Veux-tu qu'avant de te dire adieu, je te donne un conseil?

— Donne. Ne serai-je pas toujours libre de le suivre ou de l'oublier?

— Si tu tiens à être heureuse, pense aux autres plutôt qu'à toi-même.

— Merci, répondit sèchement Gabrielle, frappée de l'à-propos de ce conseil.

Elle n'était pas méchante, comme elle venait de le dire à sa sœur; elle voulait bien se calomnier, sûre qu'elle était de se voir aussitôt démentie ; mais elle souffrait de se voir si bien devinée.

Le nombre des méchants est bien plus restreint qu'on ne le croit généralement. Il y a des gens pour lesquels la souffrance d'autrui, sous quelque forme qu'elle se présente, est un sujet de joie, surtout lorsqu'ils l'ont causée; il y en a qui se font un cruel passe-temps de détruire la réputation ou la fortune des autres, de diviser les familles, de faire naître la haine entre deux amis, d'amener de sanglantes querelles, de causer des malheurs irréparables ; mais il y en a peu qui fassent ainsi le mal pour le mal ; et comme on les connaît bientôt, comme on s'en méfie, leurs mauvais projets sont souvent déjoués.

Une autre classe, bien plus nombreuse, contre laquelle on ne se met point en garde, est celle des égoïstes. Ceux-là ne se réjouissent pas du malheur des autres ; ils en sont même parfois émus ; et à entendre leurs exclamations, vous les croiriez doués d'une extrême sensibilité. S'ils sont témoins de quelque accident, une larme vient à leur paupière ; s'ils entendent le récit de quelque catastrophe, vous les voyez frémir ; mais c'est l'affaire d'un instant. Ils laisseront à qui voudra s'en charger le soin d'aider et de consoler ceux sur le sort desquels ils se sont apitoyés. N'ont-ils pas fait tout ce qu'ils devaient, en leur donnant, comme témoignage de sympathie, cette larme ou ce frisson d'horreur ?

Comment voulez-vous qu'ils s'occupent de secourir ceux qui souffrent loin d'eux ? Ils n'ont pas le temps d'y penser ; leur esprit et leur cœur sont si remplis d'eux-mêmes, qu'ils ne voient ni les désirs ni les besoins des êtres qui vivent sous leurs yeux, nous allions dire de leur propre vie. Ils les aiment cependant, du moins ils le prétendent ; mais nous sommes tentés de croire qu'ils ne les aiment que pour ce qu'ils en retirent. Ils sont l'idole à laquelle tout doit se rapporter, et qui, à leur avis, est seule digne de recevoir l'encens et les sacrifices.

Ces gens-là ne sont pas méchants ; mais ils font peut-être plus de mal que les méchants, parce qu'on ne les croit pas dangereux, et qu'on se livre à eux sans se douter du sort qu'on se prépare. Ils s'arrangent une existence suivant leurs goûts ; ils en écartent tout ce qui leur déplaît ; ils ne doivent rien à qui que ce soit ; mais en revanche ils s'arrogent le droit de tout exiger.

Ils ne tiennent pas à vous faire de la peine, non vraiment ; ils sont bien trop bons pour vous affliger à plaisir ; quel avantage y trouveraient-ils ? Les visages attristés leur déplaisent, les plaintes les fatiguent et les reproches les irritent ; mais tant pis pour vous, si vous trouvez qu'ils manquent d'égards et si vous doutez de leur tendresse. N'êtes-vous pas trop heureux, puisqu'ils daignent vous permettre de les aimer et de les servir ?

Il est vrai que l'amour et le dévouement méritent d'être payés par le dévouement et par l'amour ; il est vrai que celui qui ne veut rien donner ne devrait pas tant exiger ; mais faites donc à un égoïste le plus beau des discours sur la justice, et vous verrez que s'il a des oreilles, c'est pour ne point vous entendre.

Non, Gabrielle n'était point méchante ; mais elle ne pensait qu'à elle-même. Elle avait pour mari un homme de talent ; elle en était fière ; elle se parait de sa gloire comme d'un diadème qui doublait l'éclat de son beau front ; et s'il devait une fortune à ce talent, il ne ferait, en la mettant à ses pieds, que s'acquitter d'un engagement d'honneur. En attendant, ce qu'il gagnait était bien à elle. Qu'était-ce que cela, en comparaison de ce qu'il avait promis, et qui sans doute viendrait trop tard pour qu'elle en pût tirer toutes les joies, tous les triomphes qu'elle rêvait? N'était-il pas d'ailleurs assez payé de ses travaux, quand, appuyée à son bras, elle entrait dans un salon, où il la voyait éclipser les autres femmes par sa grâce, son élégance et sa beauté?

Henri n'avait pas été tout d'abord insensible à ces petites jouissances d'amour-propre ; mais elles avaient bientôt cessé de le satisfaire. C'est quelque chose assurément que la beauté ; c'est un don qu'il ne faut pas mépriser, car il vient de Dieu, qui est la véritable et éternelle beauté ; mais il ne faut pas croire non plus qu'elle puisse tenir lieu d'autre mérite. Henri, qui s'était senti heureux de voir admirer Gabrielle, avait désiré bien des fois depuis qu'elle eût des traits moins réguliers, un teint moins pur, des manières moins remarquables, mais un cœur plus tendre et plus dévoué. Il lui semblait que le reflet de cette tendresse, de ce dévouement qui manquaient à sa femme, embellirait le visage le plus vulgaire, tandis qu'il ne voyait sur celui de Gabrielle que froideur et vanité.

On l'eût surprise pourtant, cette jeune femme, si on lui eût dit qu'elle n'aimait ni son mari, ni son enfant; elle eût protesté sincèrement; car elle ne savait pas que l'amour est un sentiment généreux, désintéressé, qui fait qu'on s'oublie soi-même pour ne penser qu'à ceux qu'on aime; elle ne voyait pas que son mari, que son enfant, ne trouvant dans son cœur rien qui répondît aux leurs, se détournaient d'elle avec tristesse; ou si elle le voyait, c'était pour se croire victime d'une odieuse injustice.

Emma venait donc de lui donner le plus sage de tous les conseils. Elle savait bien, la bonne et douce Emma, que toute la force d'une femme est dans son amour, que c'est par l'amour qu'elle fait régner la paix à son foyer, qu'elle le rend cher à son mari et à ses enfants, qu'elle prend sur eux un empire salutaire, qu'elle gagne leur confiance et les habitue à chercher auprès d'elle des encouragements et des consolations.

Sans elle, sans ses douces paroles, sans sa pieuse résignation, Charles, voyant son talent méconnu, son avenir brisé, eût succombé peut-être à l'amertume dont son cœur était rempli, ou peut-être, ce qui eût été plus triste encore, eût-il cherché à rendre aux autres les douleurs qu'on lui faisait subir. Ce qui est certain, c'est qu'avec Gabrielle, il ne se fût pas consolé de voir s'envoler la réputation et la fortune auxquelles il pouvait prétendre, et qu'il eût préféré la mort à la cruelle nécessité d'aller s'ensevelir dans une campagne, face à face avec une femme qui regretterait sans cesse les légitimes espérances dont il l'aurait bercée.

Qu'on nous pardonne ces réflexions, qui sont venues d'elles-mêmes se placer sous notre plume et dont chacun peut reconnaître la justesse, en jetant un regard autour de soi. Dans tout ménage paisible et heureux, il y a une femme aimante, dévouée, toujours prête à s'oublier, à se sacrifier; disons mieux, il y a une femme chrétienne.

Quand Gabrielle rentra dans la chambre de sa fille, Henri était seul près du petit lit, qu'il n'osait quitter; car Marie venait de se rendormir en lui tenant la main. Mme Lenglet fut-elle touchée de ce tableau, voulut-elle s'imposer un sacrifice, ou choisit-elle tout simplement le moyen qui lui paraissait le plus propre à conjurer ce qu'elle appelait une scène? Nous laissons au lecteur le soin de se prononcer; toujours est-il que, s'inclinant vers ces deux mains réunies, elle y mit un long baiser.

Henri releva son front sur lequel il n'y avait plus ni colère ni sévérité, et il lui dit à voix basse :

— Si elle était morte!

— Si elle était morte, reprit Gabrielle, je ne me le serais jamais pardonné,

---

XVI.

On a dit souvent que les existences heureuses ne se racontent pas; cela est vrai ; car nous pouvons en quelques lignes faire l'histoire des trois années qui suivirent l'arrivée du docteur Lenglet à Longpré. L'accueil le plus sympathique l'y attendait; car on le connaissait de réputation. La province ne perd pas de vue ses enfants ; par désœuvrement, par curiosité, par jalousie, par intérêt, elle les suit à travers les différentes phases de la vie, et ne les oublie ni dans la misère ni dans la prospérité.

Tout le monde savait que cet officier de haute mine qu'on avait vu plusieurs fois à Longpré, et qui avait payé si généreusement les dettes de l'ancien notaire, son parent et son ami, avait marié les deux demoiselles Granval, dont il était le tuteur, à deux frères qui étaient aussi ses pupilles et qui, outre l'aisance qu'ils tenaient de leur famille, s'étaient créé par leurs talents une belle position.

Le père Henry, qui avait assisté à ce double mariage,

et qui depuis avait fait deux fois le voyage de Paris, pour être témoin du bonheur des deux jeunes ménages, avait rendu bon compte de tout ce qu'il avait vu ; et quand, au lieu d'offrir à la municipalité un médecin choisi par M. Lenglet, il annonça M. Lenglet lui-même, on l'attendit à bras ouverts.

Plusieurs cures auxquelles le vieux docteur avait renoncé ayant été obtenues par les soins de Charles, on ne parla plus que de lui dans tout le pays ; et il n'eût pu suffire à sa laborieuse tâche, si la joie de se voir enfin rendre justice n'eût doublé ses forces. Plein de zèle, de conscience et de charité, il était toujours prêt à marcher ; il ne s'inquiétait de la position de fortune de ceux qui le faisaient appeler que pour ne pas se montrer envers eux trop exigeant ; et quand il rencontrait quelque malade qui s'efforçait de dissimuler sa pauvreté, il trouvait moyen de fournir à ses besoins sans blesser sa fierté.

Quand il rentrait fatigué par de longues courses, ses enfants accouraient au-devant de lui, le comblaient de caresses et de gentilles prévenances ; ils s'asseyaient autour de son fauteuil, attendant qu'il s'informât de leur application, de leur docilité, et qu'il leur accordât pour récompense une tendre parole ou un baiser. Leur vue, leur aimable babil, les bons témoignages que leur rendait Emma, reposaient l'excellent père et lui donnaient un nouveau courage.

Les enfants cédaient ensuite la place à leur mère, et ils s'éloignaient, pour ne pas troubler par leurs jeux bruyants la douce causerie qui achevait de délasser leur père. Emma s'occupait de ce que Charles avait fait, des malades qui lui donnaient de sérieuses inquiétudes, de ceux pour lesquels il concevait quelque espérance, et de ceux surtout qui avaient besoin qu'elle les secourût. Puis elle prenait le calepin sur lequel il inscrivait ses ordonnances ; elle pesait, empaquetait, étiquetait les médicaments que le docteur pouvait se dispenser de préparer, et elle y apportait une telle attention, que Charles se fiait à elle comme à lui-même.

Emma s'était chargée de ce travail pour que son mari pût donner chaque jour au repos ou à l'étude quelques instants de plus ; si elle eût voulu se l'épargner, Charles eût souvent été obligé de prendre sur ses nuits pour que les remèdes attendus pussent être distribués à temps.

Cette vie si active devint bientôt agréable au docteur ; sa santé, loin d'en souffrir, se fortifia visiblement. Quant à Emma, son embonpoint et ses fraîches couleurs ne permettaient plus de croire aux inquiétudes qui avaient engagé le docteur Lenglet à quitter Paris ; aussi se demandait-on avec une certaine crainte s'il ne songerait point à y retourner. Son départ eût été regardé par toute la population comme un véritable malheur.

Emma était fière de voir son mari aimé, béni, honoré comme il le méritait ; elle jouissait avec reconnaissance de la part de considération qui retombait sur elle, et elle remerciait Dieu, qui, après les avoir éprouvés, les comblait de ses bienfaits. Cependant il y avait quelqu'un qui jouissait encore plus qu'elle des succès de Charles et de l'heureuse paix de sa famille : c'était Marcel Lefebvre.

Nous n'en voulons pour preuve que cette lettre qu'il écrivait à Henri au commencement de l'année 1870 :

« Merci des bonnes nouvelles que tu me donnes, mon cher fils. Tu viens de gagner un procès dans lequel de très-sérieux intérêts étaient engagés ; et ce triomphe t'est d'autant plus précieux, que tu craignais de ne pouvoir faire passer dans l'esprit des juges la conviction du bon droit de ton client, que ses opinions un peu avancées rendaient suspect. A mon avis, la politique n'a rien à démêler avec l'austère Justice, qu'on nous représente un bandeau sur les yeux. Je ne suis donc pas étonné de ce qu'elle se soit prononcée en faveur de celui qui avait su te convaincre de la bonté de sa cause ; mais je n'en suis pas moins satisfait, et toutes les félicitations que tu reçois trouvent de l'écho dans mon cœur.

« Tu demandes ce qu'on fait ici. On nage en plein bonheur. On travaille beaucoup ; mais on a ce qui fait accepter gaîment le travail, l'estime de tous et le contentement de soi-même. Ajoute à cela l'avantage de vivre largement du produit de ce travail, et d'en joindre encore une bonne part au revenu d'un capital qu'on aurait été forcé d'entamer bientôt, si l'on s'était obstiné à demeurer à Paris. Il n'y a pas à six lieues à la ronde un médecin plus renommé que ton frère, et il n'y a pas de sœur pharmacienne qui connaisse mieux son métier qu'Emma, ni qui l'exerce avec plus de charité.

« Elle trouve du temps pour tout, même pour donner, en l'absence de son mari, des consultations aux pauvres gens qui n'ont souvent pour maladie que les privations de toutes sortes, le dénûment et l'ignorance absolue de toute précaution hygiénique. Aux bons conseils, aux sages encouragements, elle ajoute du linge, des vêtements, des provisions. Comme elle n'y pourrait suffire, elle s'est adjoint une vingtaine de dames qui mettent à sa disposition les objets les plus nécessaires aux malheureux.

« Ne va pas te figurer que l'instruction de ses enfants soit négligée, ou qu'elle ne les surveille qu'imparfaitement. Ce serait une erreur. Eugène entrera l'année prochaine au collége et ne sera pas le dernier de sa classe, j'en réponds ; Marcelle lit et écrit aussi bien que moi, et ta Marie est un petit prodige.

« D'abord, elle vient à souhait ; elle est si grande, si forte, si belle (pourquoi te refuserais-je le plaisir de lire ce mot-là ?), que tout le monde l'admire et que personne ne veut croire qu'elle n'ait pas neuf ans. Moi-même, je crois me tromper sur son âge, quand je l'entends causer avec Eugène ou faire de la morale à la petite Marcelle, qu'elle traite comme son enfant. Tu rirais bien, ou plutôt tu te sentirais ému, si tu voyais avec quel soin elle imite le langage, le ton, les gestes de sa mère Emma ; aussi trouve-t-on qu'elle lui ressemble. Quant aux traits, je ne garantis pas cette ressemblance ; mais ce sera la même raison et surtout le même cœur.

« Je ne sais si tu as toujours l'intention de la reprendre. Je le regretterais pour l'enfant, pour moi, pour nous tous ; mais si Gabrielle tient à l'avoir auprès d'elle et croit trouver le loisir de s'en occuper, tu feras bien, cher Henri, de venir la chercher au printemps ; car il serait trop cruel pour Emma de la perdre en même temps qu'Eugène, qui doit, comme je te l'ai dit, endosser au mois de novembre la tunique du collégien.

« Si Gabrielle voulait suivre mon conseil, elle nous laisserait encore la mignonne pendant deux ou trois ans. D'ici-là, Marie continuerait à s'instruire, à devenir raisonnable, et sa mère, qui aurait trente ans bien sonnés, comprendrait sans doute qu'en renonçant à de vains plaisirs pour s'occuper de sa charmante fille, elle ferait une excellente affaire.

« Adieu, mon cher enfant. Que tu reprennes Marie ou

que tu nous la laisses, je compte sur ta visite aux vacances de Pâques. Je n'ai pas besoin de te dire que tout le monde ici la désire autant que moi ; mais j'ai promis une mention particulière au père Henry, qui me parle souvent de toi, de ta femme, et qui est fou de ta mignonne.

« Tout à toi.

« LEFEBVRE. »

On s'étonnera peut-être de ce qu'après trois ans écoulés Marie habitât encore Longpré. C'est pourtant une chose facile à expliquer. Henri ne s'en était pas séparé sans déchirement de cœur ; il l'aimait par-dessus tout et n'avait de bonheur qu'auprès d'elle ; mais sa tendresse était assez profonde, assez vraie, pour que l'intérêt de l'enfant dominât en lui tout autre sentiment ; et il savait que la chère petite trouverait près d'Emma des soins, des leçons, des exemples qu'elle ne rencontrerait jamais dans sa propre maison.

— Gabrielle en fera ce qu'elle est elle-même, se disait-il ; elle la rendra vaine, capricieuse, égoïste ; tandis que sous les yeux d'Emma, elle deviendra modeste, pieuse, aimante, dévouée, et pourvue de tout ce qu'il faut pour trouver le bonheur au milieu des plus pénibles devoirs. J'aime son bon caractère, son naturel charmant ; ici on me la gâtera, en lui donnant de sottes prétentions, si l'on s'en occupe, ou bien on laissera sans culture cette fleur précieuse, et les mauvaises herbes l'étoufferont, tandis que là-bas, elle sera l'objet des soins les plus intelligents et les plus assidus.

Quant à Gabrielle, le départ de sa fille lui avait coûté quelques larmes ; mais elle s'était bientôt réjouie de la liberté qu'il lui laissait, et il ne lui avait fallu que peu de temps pour s'habituer à l'absence de la douce enfant. Elle sentait qu'au milieu des fêtes, le souvenir du danger que Marie avait couru la troublerait, et qu'après un si terrible avertissement, elle serait forcée de se priver de sortir chaque fois que l'enfant paraîtrait légèrement indisposée.

Les premières lettres venues de Longpré la trouvèrent toute consolée ; aussi ne se pressa-t-elle pas de reprendre la mignonne. Elle se contenta d'aller la voir chaque année et de passer quelques jours auprès d'elle. Henri faisait plus souvent ce voyage, et jamais il ne s'arrachait sans un vif regret du sein de cette famille, qui avait si tendrement adopté son enfant et dont tous les membres lui étaient si chers.

— Le plus beau jour de ma vie, disait-il à Charles, serait celui où il me serait permis de venir me fixer auprès de toi. Le bonheur n'est pas dans une vaine renommée. Ni la réputation ni la fortune ne contentent le cœur ; elles ressemblent aux liqueurs qui excitent la soif au lieu de la calmer. Vivre modestement au milieu de ceux qu'on aime, n'avoir ni une pensée ni un sentiment qui ne trouve de l'écho dans leur âme, s'entendre avec eux pour faire chaque jour un peu de bien, voilà ce qui s'appelle le bonheur.

Un soupir complétait la phrase. Henri savait bien qu'il y avait à l'accomplissement de ce vœu un obstacle insurmontable : si Gabrielle se décidait à venir habiter la campagne, ce serait bien tard, quand le monde la délaisserait ou plutôt quand elle s'apercevrait de cet abandon, sur lequel sans doute elle s'obstinerait longtemps à fermer les yeux.

Ce moment que désirait Henri semblait fort éloigné ;

jamais Gabrielle n'avait été mieux accueillie dans les plus brillantes réunions, jamais elle n'avait excité plus de jalousie ; ce qui prouvait qu'elle n'avait rien perdu de ce qu'on admirait en elle. Il est vrai qu'elle n'avait pas d'autre étude que de faire valoir ses avantages par toutes les recherches de la toilette, et que le prix d'un objet qui devait assurer son triomphe ne lui paraissait jamais exorbitant.

Henri avait déjà beaucoup travaillé sans que sa position de fortune se fût améliorée. Son capital était resté intact, grâce au soin qu'il avait eu de le soustraire aux attaques de Gabrielle, et à la fermeté avec laquelle il en avait à plusieurs reprises défendu l'intégrité.

— Cet argent nous vient de nos parents, lui disait-il, nous n'avons pas le droit d'y toucher, ce sera l'héritage de nos enfants. Si nous n'avons pas le courage de l'augmenter, nous n'aurons pas du moins la lâcheté de les en dépouiller.

Gabrielle vivait dans une gêne perpétuelle, malgré ses revenus et malgré les fortes sommes que son mari lui remettait à chaque instant. On peut être à l'aise avec peu de chose, et l'on peut être pauvre avec une fortune ; tout dépend de la manière d'administrer ce qu'on possède. Quiconque ne sait rien se refuser se verra quelquefois réduit à manquer du nécessaire. Henri, instruit par l'expérience, s'était mis à l'abri de ces vicissitudes en prélevant sur ses honoraires une certaine part, qu'il mettait en réserve pour s'en servir quand il ne trouvait plus chez lui ce dont il avait besoin, ou quand il ne pouvait se dispenser de payer quelque dette de ménage.

Il avait tout fait pour obtenir de Gabrielle plus d'ordre et d'économie ; mais quand une femme s'est mis en tête de ne rien écouter, le mari peut compter qu'il y perdra son temps et ses peines ; aussi notre avocat, après avoir dépensé cent fois plus d'éloquence chez lui qu'au palais, avait été forcé de s'avouer vaincu.

Quand Mme Lenglet voyait sa bourse vide, il lui prenait des accès de mélancolie pendant lesquels la présence de sa fille lui manquait. Elle voulait aller la chercher, elle écrivait qu'on la lui ramenât; elle demandait à Henri s'il n'était pas tout simple qu'une pauvre femme privée de son enfant cherchât au dehors quelque distraction, et s'il fallait lui en vouloir de ce que ces distractions étaient ruineuses. La condamner à demeurer seule avec son chagrin, c'était vouloir la faire mourir; mais elle devait vivre, vivre pour sa fille, que personne n'avait le droit de garder malgré elle.

Henri la laissait dire, sans beaucoup s'en émouvoir. Il connaissait le moyen de changer ses dispositions : aussitôt que Gabrielle avait de l'argent, elle recommençait à faire des emplettes, à s'occuper de sa toilette, et sa tristesse, feinte ou réelle, se dissipait comme par enchantement.

Elle était dans un de ces sombres quarts d'heure lorsqu'elle écrivit à Emma la lettre à laquelle M. Lefebvre faisait allusion dans celle que nous avons rapportée. Henri répondit qu'il ne songeait point à reprendre sa fille, que sa seule joie était de la sentir en des mains si sages et si habiles; car il voulait qu'un jour elle pût faire le bonheur d'un honnête homme.

Ces simples paroles en disaient plus que des plaintes amères. Henri n'avait pas rencontré ce bonheur qu'il méritait si bien, et il souhaitait du fond de son cœur à Marie tout ce qui manquait à Gabrielle. Il promettait d'aller vers Pâques à Longpré ; mais une affaire importante lui étant survenue, il remit son voyage au mois d'août suivant.

Il ne savait pas, personne ne savait quels désastreux événements s'opposeraient à ce qu'il remplît sa promesse.

L'année 1870 s'était annoncée paisible et prospère. Les esprits étaient tranquilles, le commerce florissant, la France puissante et respectée. Il y avait bien quelques ambitieux qui s'agitaient dans l'ombre, qui rêvaient à leur profit la chute du gouvernement ; mais de tout temps il y a eu chez nous des mécontents qui se prétendaient beaucoup plus sages, plus éclairés, plus capables que personne de préserver des écueils le vaisseau de l'Etat. Nous dirons même qu'il faut qu'il y en ait, pour signaler au pouvoir les fautes et les abus. N'y avait-il pas à Rome, derrière le char du triomphateur, un homme chargé de lui rappeler qu'il n'était qu'un simple mortel?

Nul ne songeait que de formidables préparatifs de guerre se faisaient de l'autre côté du Rhin, où, depuis longues années, on méditait une éclatante revanche des succès dont nous avions à peine gardé la mémoire. Nul n'y songeait ; mais il faut dire que, quand des difficultés s'élevèrent entre la France et la Prusse à propos de la couronne d'Espagne, qui peut-être n'eût pas tenu plus solidement sur la tête d'un Hohenzollern que sur celle d'Amédée de Savoie, personne ne s'effraya de la perspective d'une guerre. On avait vaincu récemment en Crimée, en Italie ; l'armée française était la première du monde ; que pouvait-on craindre ?

Cependant quelques esprits d'élite, quelques hommes moins présomptueux que les autres, parce qu'ils étaient moins ignorants, se dirent que l'armée française, si brave et si hardie, pouvait rencontrer des adversaires dignes d'elle; qu'il ne s'agissait plus d'aller guerroyer au loin, pour les Turcs ou pour les Italiens ; mais que le terrible duel allait avoir lieu sur les frontières des deux puissances belligérantes, et que la promptitude des armées à se mettre en marche déciderait seule du point sur lequel aurait lieu la sanglante rencontre.

La France voulait-elle la guerre? Fit-elle pour l'éviter tout ce qu'elle pouvait faire sans manquer à sa dignité ? Nous laissons à d'autres le soin difficile d'éclaircir cette question. Mais nous pouvons dire que, même dans les départements les plus exposés à l'invasion, nul ne pensait qu'elle fût possible. Les anciens qui avaient vu par deux fois les Cosaques racontaient les misères de ce temps. Mais on répondait que si l'étranger avait mis le pied sur notre sol, c'est que de longues guerres avaient épuisé nos forces, et qu'avant de revoir pareille chose, il faudrait perdre bien des batailles.

Cependant, lorsqu'on annonça que les difficultés semblaient aplanies, il y eut un soulagement général : on se disait qu'après tout la guerre est un reste de la barbarie des vieux âges, et que dans notre siècle de civilisation, il n'est pas permis de la désirer. Nous croyons vraiment que si l'on se réjouissait de penser que la paix ne serait point troublée, c'était par un sentiment d'humanité pour ces pauvres Prussiens, que nos armées ne pouvaient manquer d'écraser.

Cet espoir d'accommodement ne fut pas de longue durée : la nouvelle de la déclaration de guerre suivit immédiatement les dépêches qui permettaient de croire au maintien de la paix.

Longpré, que nous avons ainsi désigné pour cacher le véritable nom de la petite ville où Mme Granval étalait son faste, aux dépens des créanciers du notaire ; Longpré, peu éloigné de la frontière et entouré de places fortes, s'attendait à voir passer une multitude de soldats français, et se disposait à leur offrir, pour quelques heures, une cordiale hospitalité. Les jours, les semaines s'écoulèrent sans qu'un seul uniforme y parût, si ce n'est celui des jeunes gens en congé qui recevaient l'ordre de rejoindre leurs corps. Ils partaient en chantant la *Marseillaise,* les *Adieux des Girondins* ou les strophes d'Alfred de Musset sur le Rhin allemand, qui allait devenir un fleuve français.

On s'étonnait bien un peu de ne pas voir un seul régiment, et l'on commençait à trouver que les conscrits se pressaient beaucoup de crier : « A Berlin !... à Berlin !... » Mais on se disait que les troupes voyageaient en chemin de fer, et des gens qui passaient pour raisonnables assuraient qu'il y avait déjà trois cent mille Français sur la frontière prussienne, et qu'avant six semaines la paix serait signée à Berlin.

Le colonel Lefebvre n'était pas tout à fait de cet avis ; il savait que l'armée ennemie était nombreuse, aguerrie, pourvue d'un formidable matériel d'artillerie, et que la discipline, qui ne s'obtenait chez nous qu'avec peine, y était rigoureusement observée. Il ne disait pas tout ce qu'il pensait ; dans l'intimité même, il n'exprimait aucune crainte, parce qu'il ne voulait pas effrayer Emma, qui ne songeait que trop aux maux terribles que la guerre traîne après elle.

Un matin, le courrier qui amenait les dépêches de Verdun fut salué d'enthousiastes applaudissements. Un petit drapeau tricolore avait été arboré à sa voiture, en signe de victoire, et à tous ceux qui se pressaient sur son passage, il disait :

— Sarbruck est à nous! A demain Sarrelouis !

Emma, qui s'était élancée sur le perron, rentra vivement pour porter la bonne nouvelle à Marcel.

— Voilà bien les Français, dit le colonel. Sarbruck est à nous, je veux le croire, mais ce n'est pas demain que nous aurons Sarrelouis.

Pendant plusieurs jours la diligence passa sans drapeau. Enfin les journaux, qu'on attendait avec une fiévreuse impatience, annoncèrent une victoire. C'était un dimanche. Emma se rendait à la messe avec ses enfants; elle s'arrêta près du juge de paix qui lisait tout haut le compte rendu de ce beau fait d'armes, et, le cœur plein de joie, elle remercia le Seigneur en versant des larmes.

Hélas! le lendemain, la victoire s'était transformée en une terrible défaite, qui avait nom Reischoffen, et le roi de Prusse faisait savoir à la reine Augusta que Dieu avait béni ses armes. Les Français avaient fait des prodiges de valeur; mais dès cette première bataille les hommes et les munitions que le maréchal Mac-Mahon demandait avec instance, lui avaient fait défaut, et, après avoir lutté avec un courage héroïque contre des forces sans cesse renouvelées, il avait été forcé de se replier sur Nancy, laissant la frontière ouverte à l'ennemi victorieux.

Cette nouvelle, succédant à la joie causée par une erreur qu'on cherchait vainement à s'expliquer, produisit l'effet d'un voile de deuil brusquement jeté sur tous les visages. Bientôt le doute se fit jour dans les cœurs; on aima mieux suspecter la sincérité des dépêches du roi que de croire à un échec, et l'on en était à peine persuadé quand on apprit que des éclaireurs prussiens se montraient dans des villages peu distants de Longpré.

On traita d'imposteurs et de poltrons les premiers qui firent courir ces bruits ; mais Charles, appelé dans un de ces villages, confirma le fait à M. Lefebvre, qui trouvait tout simple que l'ennemi s'avançât, puisque personne ne pouvait lui tenir tête.

Ce même jour, on afficha une dépêche par laquelle l'empereur et l'impératrice faisaient appel à tous les Français, en déclarant que la patrie était en danger.

Ces mots, qui, pendant la première révolution, avaient réuni sous les drapeaux des savants, des magistrats, des prêtres, des artistes, des ouvriers, et en avaient formé l'héroïque armée qui, sans vêtements, sans vivres, sans chaussures, repoussa l'étranger, n'eurent pas ce magique effet. Quelques corps de volontaires s'organisèrent sous le nom de francs-tireurs ; mais dans un grand nombre de localités les engagements pris ne purent être remplis : on manquait d'armes, de munitions, de chefs, et le découragement se glissa dans tous les cœurs.

Emma vit de sa fenêtre la plupart des hommes valides de Longpré entrer à la mairie, où l'on recevait les signatures, et elle s'étonnait de ce que Marcel ne s'y fût pas présenté le premier, quand il vint lui faire ses adieux.

— Vos adieux, mon oncle! dit-elle. Où donc allez-vous?

— Rejoindre mon ancien régiment, qui est maintenant à Metz.

— Pensez-vous donc qu'on ose attaquer une si forte ville?

— Je ne sais; mais ma place est au milieu de mes

braves camarades. Ce n'est pas toi qui voudrais m'empêcher de la reprendre.

Emma baissa la tête en silence.

— Laisse-moi partir, mon enfant, reprit le colonel avec tendresse. Dans quelques semaines, dans quelques jours peut-être, les Prussiens seront ici. Epargne-moi la douleur de les y voir.

— Je comptais sur vous pour nous défendre, dit Emma, sans cependant se flatter de retenir Marcel.

— Ta faiblesse te défendra mieux que je ne pourrais le faire ; quant à Charles, il ne sera pas inquiété : les vainqueurs, aussi bien que les vaincus, traînent derrière eux des blessés qui ont besoin de secours.

— Ah ! mon oncle, si vous partez, Charles voudra vous suivre.

— Charles ne s'appartient plus. Il a une femme, des enfants, et tous les habitants de Longpré ont des droits sur lui. Je ne veux d'autre protection que tes prières. Demande à Dieu que je vive, s'il lui plaît de sauver la France ; mais s'il la livre à ses ennemis, prie-le de me rappeler à lui.

En ce moment, Charles rentra ; il était pâle et agité.

— Tu as de mauvaises nouvelles à nous apprendre, dit Emma. Et moi aussi, Charles : notre meilleur ami veut nous quitter.

— Il a raison. Je venais lui conseiller de partir, répondit le docteur, en serrant la main du colonel. Oui, mon oncle, partez aujourd'hui même. J'arrive de Dun ; les Prussiens y sont entrés ce matin ; demain ils seront à Longpré. Ils se feront livrer les armes et les chevaux, ils garderont les routes, et l'on ne pourra plus voyager librement.

— Merci, dit Marcel. Demain, je serai déjà loin. Mais vous, mes enfants, vous verrez votre maison envahie, votre foyer souillé par la présence de ces étrangers. Il faudra les recevoir, la mort dans l'âme et le sourire aux lèvres; il faudra les servir, les faire asseoir à votre table, et vous taire, s'il leur plaît d'embrasser vos enfants. Ah ! vous êtes plus malheureux que moi ; et si je cours des dangers, si j'endure des privations et des souffrances, je n'oserai me plaindre en songeant aux humiliations dont vous êtes abreuvés.

— C'est une cruelle épreuve, dit Emma. Que Dieu nous donne à tous la force de la supporter, et qu'il vous ramène bientôt au milieu de nous.

Les enfants jouaient dans la cour, avec toute l'insouciance de leur âge ; la jeune femme les appela. Marcel les embrassa, en leur recommandant d'être toujours studieux et dociles.

— Pourquoi pleures-tu ? lui demanda Eugène.

— Parce que je m'en vais et que je ne sais pas si je vous reverrai.

— Tu vas à la guerre, reprit Eugène. Ah ! si j'étais grand, j'irais aussi, moi, et je ne pleurerais pas.

— Il aurait plus de courage que moi, fit le colonel en souriant.

— Mon oncle ne va pas à la guerre, il retourne à Paris, dit Marie.

— S'il y allait, répondit Emma, je le prierais de t'emmener.

— Mais moi, petite mère, je ne voudrais pas m'en aller.

— Pourquoi ? demanda Marcel.

— Parce que si les Prussiens voulaient faire du mal

à maman ou à mon oncle Charles, je les en empêcherais.

— Chère enfant ! dit Emma en la serrant dans ses bras; j'ai toujours été heureuse de t'avoir ; mais je donnerais beaucoup pour te sentir à Paris, entre ton père et ta mère.

— Moi aussi, ajouta Charles; mais il est trop tard pour y songer.

— Qui sait si elle n'est pas mieux encore ici qu'à Paris? dit Marcel. Vous avez de mauvais jours à traverser, sans doute; mais que nous essuyions encore deux ou trois défaites, et Paris sera le théâtre d'une révolution. Ne te chagrine donc pas, chère Emma, si Marie partage votre sort. Tu n'as pas cessé de croire, j'espère, que ce que Dieu fait est bien fait?

— Non, mon oncle, non; j'y crois aussi sincèrement que jamais. Les mauvais jours se passeront; Dieu nous sauvera, nous, nos enfants, notre pays, et il vous ramènera sain et sauf.

— Moi, je dirai tous les jours ma prière pour que tu reviennes bien vite, dit la petite Marcelle en grimpant sur les genoux de son oncle, et je serai très-sage, parce que maman dit que les enfants sages sont des petits anges, auxquels le bon Dieu ne peut rien refuser.

— C'est la vérité. Je pars plus tranquille, mes enfants. La bénédiction du ciel est sur la maison que dirige une si pieuse et si sage mère, dit le colonel en baisant les blonds cheveux de la gentille Marcelle.

Une heure après, il partait sur un chariot que le père Henry avait voulu conduire lui-même jusqu'à Etain, et qui, malgré son apparence débonnaire, allait grand train, attelé qu'il était des quatre meilleurs chevaux de l'écurie du millionnaire. Le colonel s'était récrié sur ce luxe ; mais en arrivant à Etain, il sut que deux de ces chevaux lui étaient destinés ; il se défendit vainement de les accepter.

— Aimez-vous mieux que les Prussiens les emmènent ? lui demanda le bonhomme. Ce n'est pas à vous que je les donne, c'est à l'armée que vous allez rejoindre, et où il ne conviendrait pas qu'un ancien colonel arrivât comme un simple pousse-caillou.

Les deux amis ne se séparèrent pas sans émotion.

— Nous ne nous reverrons sans doute plus, dit le père Henry ; il ne faut pas un grand chagrin pour enlever un homme de mon âge, et Dieu sait si j'en ai lourd sur le cœur. Mais il y a un autre monde où les honnêtes gens se retrouvent. Je vous y donne rendez-vous, mon colonel.

— En attendant, répondit Marcel, veillez un peu sur ceux que j'ai laissés là-bas.

— Comptez-y. Je me ferais tuer pour la chère dame et pour ses charmants enfants. Et vous, monsieur Lefebvre, si le plus grand des hasards vous fait rencontrer mon fils, dites-lui que je l'aime, que je le bénis, mais que pour rien au monde je ne voudrais l'empêcher de faire son devoir.

Nous avons dit qu'en faisant donner à ses enfants beaucoup plus d'instruction qu'il n'en avait reçu, le père Henry n'avait d'autre ambition que d'en faire de bons cultivateurs. L'aîné avait pris goût à ces travaux, en les partageant avec lui ; mais le plus jeune s'était engagé ; il avait obtenu l'épaulette six mois seulement avant la guerre. La dernière fois qu'il avait écrit, son régiment partait pour Metz.

Le bon vieillard se remit en route, après avoir accordé à son attelage quelques heures de repos. Il allait rentrer à Longpré lorsqu'il dépassa six grandes voitures sur lesquelles flottait le drapeau tricolore.

— Enfin, dit-il, voici des Français!

Et il se découvrit avec un respect attendri devant ce drapeau, que de sanglants revers lui rendaient encore plus cher et plus sacré.

Toutes les têtes s'inclinèrent pour répondre à ce salut. Il n'y avait parmi les voyageurs qu'un petit nombre d'uniformes; presque tous étaient des jeunes gens portant un brassard blanc sur lequel se détachait une croix rouge. C'était le personnel d'une ambulance.

Les voitures s'arrêtèrent sur la place de Longpré, qui bientôt se trouva couverte de monde. Il était nuit; mais le maire n'eut point à s'occuper de faire délivrer des billets de logement : c'était à qui emmènerait sous son toit les chirurgiens, les infirmiers, les cochers et les chevaux. On se sentait bien près du théâtre de la guerre, en voyant arriver ces immenses voitures chargées d'un matériel dont l'idée seule donnait le frisson; mais le lendemain de grand matin, elles continuèrent leur route vers Montmédy, et ce fut la dernière fois que de toute la guerre on vit à Longpré le drapeau de la France.

A peine avait-il disparu, qu'une trentaine de uhlans arrivèrent du côté opposé.

Les portes et les fenêtres se fermèrent sur leur passage, après qu'on eut fait à la hâte rentrer les enfants qui jouaient dans les rues, et pour qui la vue de ces cavaliers était un curieux spectacle. Il y eut des gens qui se barricadèrent chez eux, pour cacher leur argent et leurs provisions; car on s'était refusé jusqu'au dernier moment à croire à l'approche de l'ennemi ; et comme les uhlans passèrent ce jour-là sans s'arrêter, beaucoup rirent de la frayeur qu'ils avaient éprouvée et s'imaginèrent que les Prussiens ne reviendraient plus.

On aurait vraiment peine à s'expliquer la persistance avec laquelle chacun niait les succès de l'ennemi, si l'on ne songeait que nous avons tous été bercés du récit des victoires du premier Empire, que dans les écoles on nous a bien plus parlé des succès de nos armes que de leurs revers, et que nous avions vu jusque-là l'épée de la France, trop prompte à sortir du fourreau, faire pencher la balance en faveur de ceux pour lesquels on la tirait.

Les journaux n'arrivaient plus régulièrement. Ceux qu'on parvenait encore à se procurer parlaient de sanglants combats livrés autour de Metz ; et ce qu'ils disaient du nombre des Prussiens restés sur le champ de bataille permettait de croire que l'avantage avait été pour nous.

Le colonel, arrivé à temps pour prendre part à cette grande lutte, en était sorti sain et sauf. Un billet apporté par un soldat blessé en informa la famille du docteur ; mais ce même billet chargeait Emma d'annoncer à M. Henry que son fils était mort, en faisant vaillamment son devoir, le jour où l'on s'était battu entre les forts de Queulen et de Saint-Julien, sous les murs de Metz.

Mme Lenglet s'acquitta de cette tâche avec tous les ménagements que peut inspirer l'amitié. Elle trouva le vieillard plus calme, plus résigné qu'elle ne l'espérait. On était si malheureux alors, qu'on regardait la mort comme une délivrance et qu'on n'osait s'affliger outre mesure de la perte des êtres les plus chers.

XVII.

Bientôt on eut, par les Prussiens eux-mêmes, des nouvelles de ces combats. Pour éviter l'encombrement des ambulances voisines de Gravelotte, de Mars-la-Tour, de Saint-Privat, champs de bataille où ils avouaient avoir perdu beaucoup de monde, ils amenèrent jusqu'à Longpré ceux de leurs blessés pour lesquels le voyage était sans danger. Ils se firent ouvrir l'hôtel-de-ville, la gendarmerie, les écoles, et sommèrent les habitants d'y transporter un certain nombre de lits.

Il va sans dire qu'une garnison suffisante pour veiller à la sûreté des blessés y avait été envoyée d'avance. Elle était en outre chargée de pourvoir aux besoins des troupes de passage et de faciliter les réquisitions de chevaux, de voitures, de fourrage, de vivres, que venaient faire presque tous les jours des officiers de divers corps.

Riche ou pauvre, chaque maison avait ses hôtes à demeure, sans compter ceux qui arrivaient sans être attendus, et qui, malgré les soins de la municipalité, entraient souvent où bon leur semblait et refusaient obstinément d'en sortir. Lorsqu'ils n'étaient pas trop exigeants, et même lorsqu'ils l'étaient beaucoup, il fallait les supporter ; car on ne gagnait rien à porter plainte. Les chefs écoutaient en souriant ce qu'on reprochait à leurs soldats ; pour toute réponse, ils haussaient les épaules et disaient :

— Que voulez-vous ? c'est la guerre.

Les deux chirurgiens qui avaient procédé à l'installation de l'ambulance en laissèrent le soin au médecin de Longpré, leur présence étant nécessaire ailleurs. Bientôt des chariots de prisonniers blessés arrivèrent, escortés par des Bavarois et des Saxons. Il fallut rapprocher les lits pour en placer de nouveaux, et les plus malades seuls furent admis à les occuper. Quant aux autres, un peu de paille semée dans les salles de la justice de paix fut tout ce qu'ils purent obtenir. Ils n'avaient à y passer que le reste de la journée et la nuit suivante ; dès le lendemain on devait les emmener plus loin.

Ils étaient nombreux, et la plupart d'entre eux avaient besoin de prompts secours. Quelques jeunes gens avaient offert leur aide au docteur, incapable de les panser tous en si peu de temps, et les dames de Longpré, encouragées par Emma, se chargèrent de ceux dont les blessures inspiraient le moins d'inquiétude.

On a dit que dans toute femme, quelle qu'elle soit, il y a l'étoffe d'une sœur de charité. C'était réellement une chose touchante de voir avec quelles précautions ces nouvelles infirmières, surmontant tout dégoût, enlevaient les bandes posées à la hâte deux ou trois jours auparavant, imbibaient d'eau fraîche les plaies brûlantes, remplaçaient la charpie desséchée, et terminaient le pansement en offrant aux soldats du lait, du vin ou du bouillon qu'on apportait pour eux de tous côtés.

Mais il y avait encore quelque chose de plus touchant : c'était de voir ces pauvres soldats, qui tous souffraient cruellement, s'éloigner des mains charitables déjà tendues vers eux, et de les entendre dire :

— Pansez d'abord mon camarade, je vous en prie ; sa blessure est plus grave que la mienne. Mon tour viendra, s'il vous reste du temps.

De grands mouvements de troupes prussiennes avaient lieu ; jour et nuit on faisait bonne garde ; on entendait les officiers prononcer avec une visible inquiétude le nom de Mac-Mahon, et des bruits divers circulaient sur la marche suivie par le corps d'armée de ce maréchal. On ne recevait plus aucunes nouvelles ; les postes françaises ne circulaient plus, et l'on était réduit à envier l'exactitude avec laquelle les lettres d'Allemagne étaient distribuées à la garnison.

La grande voix du canon retentissant à distance vint annoncer enfin qu'une rencontre sérieuse avait lieu du côté des Ardennes. On apprit vers dix heures du soir que les Français avaient été battus à Beaumont ; et dès le lendemain, on commença à voir défiler des prisonniers qui se disaient vendus par leurs chefs ; car on aime encore mieux en France crier à la trahison que d'avouer une défaite.

On entassa ces prisonniers où l'on put, dans les écuries, dans les granges, dans toutes les maisons où il restait quelque place vacante. Chacun s'empressa de pourvoir à leurs besoins.

Mais quelques jours après, il ne fut plus possible de

leur offrir un abri. Toute l'armée de Sedan était prisonnière !...

Le commandant de place en porta la nouvelle à l'ambulance.

— Mesdames, dit-il, la guerre est finie. Votre empereur a rendu son épée à notre roi Guillaume.

On savait qu'il n'était pas homme à causer à la légère ; mais un tel désastre semblait tellement impossible, qu'on le supposa mal informé, et qu'il ne fallut rien moins, pour dissiper les doutes, que l'arrivée d'une multitude de prisonniers, harassés de fatigue, mourants de faim, et le cœur plein d'un mortel découragement.

Il pleuvait à torrents; mais où les faire entrer? La petite ville n'eût pu les contenir, quand on en eût renvoyé les habitants et les ennemis. On les parqua dans les champs, dans les prés, et on les conduisit par détachements à l'église, où une maigre pitance devait leur être distribuée.

Les vainqueurs les chassaient devant eux comme un vil troupeau, et souvent ils repoussaient avec des injures et des menaces ceux qui s'approchaient pour leur offrir des secours. Beaucoup cependant réussirent à s'évader, grâce aux habits bourgeois qui leur furent glissés à la faveur des ténèbres; et plusieurs, malades ou blessés, furent recueillis et soignés en cachette, dans des maisons remplies de Prussiens.

Le passage des prisonniers dura dix jours, offrant aux bonnes gens de Longpré un spectacle de plus en plus affligeant. Les premiers souffraient de la faim ; mais les derniers, hâves et décharnés, se traînaient à peine, affaiblis par un long jeûne ; la commandature prussienne n'avait plus rien à leur donner. Il fallut faire dans les communes voisines des réquisitions de pommes de terre. Le maire de Longpré les fit distribuer à tous les ménages, avec recommandation expresse de les faire cuire pour les prisonniers, à qui on les portait à l'heure indiquée. Rien n'était plus navrant que de voir avec quelle avidité ils se jetaient sur cette grossière et insuffisante nourriture.

Enfin, on ne vit plus passer que des officiers de tous grades et de toutes armes. Liés par leur parole, ils suivaient, sans gardiens, la même route que leurs soldats ; ils ne trouvaient guère mieux à se loger, toutes les maisons étant occupées par les Prussiens. Il est juste de dire qu'on n'avait pas pour eux la même pitié que pour le reste de l'armée ; on leur reprochait intérieurement de s'être rendus, comme s'ils eussent été appelés à donner leur avis dans cette affaire. Peu s'en fallut que les officiers supérieurs, défilant sur des chariots, ne fussent insultés par la population.

Quand les soldats, les officiers, le matériel de guerre, tristes épaves d'un désastre sans exemple, furent enfin passés, la garnison prussienne quitta Longpré, pour se porter sur Montmédy, qui, attaqué une première fois, et ne présentant plus qu'un monceau de ruines, allait avoir à subir un nouveau bombardement.

L'empereur s'était rendu avec son armée; mais la guerre n'était pas finie, comme les Prussiens l'avaient espéré. La chute de la dynastie napoléonienne avait donné naissance à un gouvernement qui ne voulait céder ni un pouce de notre territoire ni une pierre de nos forteresses. Nous n'avons point à juger ce langage, qu'on a depuis sévèrement blâmé ; mais quoique l'événement ait prouvé qu'il était plus présomptueux que sage, nous sommes forcés d'avouer qu'il fut bien accueilli, même dans les pays les plus éprouvés par cette terrible guerre.

Longpré n'eut pas longtemps à se réjouir du départ des Prussiens. Presque chaque jour de nouvelles troupes y arrivaient, se dirigeant sur Montmédy ou sur Verdun, dont le siége, abandonné faute d'une artillerie suffisante, allait encore être repris. On entendait retentir le canon ; les nouvelles les plus contradictoires étaient colportées de tous côtés ; mais on commençait à n'accueillir les bonnes qu'avec méfiance, tandis que les autres étaient acceptées sans hésitation.

Les réquisitions continuaient d'ailleurs ; et comme il devenait de plus en plus difficile d'y faire face, on craignait à chaque instant le pillage et l'incendie. On se demandait le matin quel malheur on avait à redouter pour la journée, et l'on se couchait sans savoir si l'on ne serait pas obligé de s'enfuir au milieu de la nuit.

Outre ces craintes, qui étaient le partage de tous, outre le chagrin qu'il éprouvait de la mort de son fils, le père Henry était sans cesse harcelé par les habitants, qui se plaignaient d'avoir à loger trop de soldats, par les gens des environs qui venaient réclamer contre les fournitures exigées de leurs communes, enfin par les Prussiens auxquels il avait à répondre en l'absence du maire, dont la place était au sein du conseil, presque toujours assemblé. La maison que le vieillard partageait avec son fils aîné ne désemplissait pas ; souvent Emma entendait la nuit frapper à coups redoublés à la porte et aux volets du millionnaire.

C'était lui qui se levait et qui répondait, trop heureux d'épargner à son fils les injures et les menaces des cavaliers qui demandaient un gîte et des vivres, ou des chevaux, des voitures et des conducteurs. Plus d'un officier, frappé de son air vénérable, s'inclina devant ses cheveux blancs et adoucit par une nuance de respect la sévérité des ordres dont il était chargé ; mais la plupart ne virent dans ce vieillard qu'un paysan avec lequel les moindres égards seraient superflus. Il y en eut qui le menacèrent de l'emmener comme otage ; d'autres tirèrent pour l'effrayer le grand sabre qui leur battait les talons. Mais il paraissait insensible à tout, et il l'était réellement.

— J'ai trop vécu, disait-il quelquefois à Mme Lenglet. Dieu n'aurait-il pas mieux fait de me prendre il y a un an ou deux que de me réserver tant de douleurs ?

La bonne Emma partageait ses chagrins, s'efforçait de le consoler, et finissait toujours par le ramener à la résignation.

Chacun de ces entretiens augmentait l'estime et l'affection qu'il portait à la jeune femme, auprès de laquelle il accourait lorsqu'il se sentait faiblir. Les enfants l'entouraient, le caressaient, le forçaient à rire avec eux ; Emma le traitait comme un ami auquel on ménage les émotions ; pour ne pas réveiller ses cruels souvenirs, elle ne lui parlait ni de l'armée de Metz ni des inquiétudes que lui causait le sort du colonel. Le brave père Henry avait promis à Marcel de protéger sa famille, et c'était lui qui en était protégé.

Emma, presque toujours seule avec ses enfants, dans une maison remplie d'ennemis, était admirable de courage et de convenance ; aussi n'avait-elle pas à se plaindre des procédés de ceux qu'une dure nécessité la contraignait à recevoir, et presque toujours elle réussissait à épargner à son mari la honte et le chagrin de les voir.

Le docteur faisait de longues tournées ; il ne se croyait pas autorisé à négliger ses malades pour veiller sur sa famille. Il avait gardé le brassard de l'ambulance, afin de pouvoir circuler librement sur les routes où il rencontrait presque chaque jour des détachements prussiens. Souvent il revenait tard et fort inquiet de ce qui s'était passé en son absence. Quand il n'apercevait dans la direction de Longpré aucun reflet rougeâtre, il se sentait à demi rassuré ; quand il voyait, du haut de la dernière côte, briller, comme un signal, une petite lumière à la fenêtre la plus élevée de sa maison, il remerciait Dieu d'avoir préservé ceux qu'il aimait.

Ce qu'Emma souffrait en l'attendant, lorsque la nuit était depuis longtemps tombée, on le devinera sans peine. Assise entre les deux lits où reposaient ses enfants, elle priait : la prière est le refuge de ceux qui croient, c'est la seule ressource qui ne manque jamais, la seule consolation véritable. Tout ce que les hommes peuvent dire pour calmer l'angoisse d'un cœur qui tremble pour ses bien-aimés vaut-il cette simple parole du Maître : « Il ne tombera pas un cheveu de votre tête sans la permission de votre Père qui est au ciel. »

Emma se la répéta bien des fois pendant une des dernières nuits du mois de septembre. Après en avoir compté toutes les heures, elle vit revenir le jour sans que son mari fût rentré ; et le jour se passa, comme la nuit, sans apporter aucunes nouvelles du docteur.

Où pouvait-il être ? Quel accident lui était-il arrivé ? Dans de telles circonstances, il était permis de tout craindre ; quoique personne ne sût rien, ou plutôt parce que personne ne savait rien, chacun faisait les suppositions les plus fâcheuses ; et, en passant par tant de bouches, elles se changeaient en désespérantes certitudes.

Une veillée plus triste encore que la précédente menaçait la pauvre Emma, qui, pâle, abattue, les yeux secs et brûlants, recevait les derniers baisers de ses enfants, après leur avoir fait réciter leur prière de chaque soir, quand on frappa rudement à sa porte. Elle courut ouvrir elle-même, et reçut des mains d'un sergent prussien un billet sur lequel elle reconnut l'écriture de son mari.

— Lisez, madame, dit-il, après s'être assuré que le papier lui était réellement destiné, et donnez-moi un mot qui prouve que j'ai fait ce que je devais faire.

« Tranquillise-toi, chère amie, disait Charles ; il ne m'est rien arrivé de fâcheux. Je suis en parfaite santé, sans autre peine que de penser à ton inquiétude, et de ne pouvoir te dire ni où je suis ni quand je pourrai te revoir. J'espère toutefois que ce ne sera pas long. A toi, à nos enfants pour toujours. »

Emma écrivit en réponse cette seule ligne :

« Merci, ami ; nous t'attendrons en paix. »

Elle voulut adresser quelques questions au sergent ; celui-ci s'excusa sur sa consigne, qui lui défendait de rien dire. Il sortit sans faire attention à Marie, qui le suivit, en tenant par la main la petite Marcelle, jusqu'au bas du perron, où deux soldats l'attendaient. Il leur donna en allemand l'ordre de rester où ils étaient, et il marcha vers la maison du maire, sur le seuil de laquelle on causait vivement.

Les deux soldats s'assirent sur la dernière marche de l'escalier et y frottèrent une allumette dont la clarté leur fit apercevoir les deux enfants.

— Que faites-vous là, mes belles petites? leur demanda le plus jeune, dont la figure, un moment entrevue, parut très-douce à la petite Marie.

— Nous sommes les filles du docteur, dit-elle. Avez-vous vu notre papa ?

— Oui, répondit le Prussien. Il a même pansé mon doigt ce matin, et je n'en souffre presque plus. Voulez-vous m'embrasser pour lui, mes enfants ?

— Nous vous embrasserons pour vous toutes les deux, répliqua Marie, si vous voulez nous dire où est notre papa.

Le soldat, qui avait reçu l'ordre de se taire, prononça un nom inconnu des deux enfants.

— Qu'est-ce qu'il fait là-bas? demanda Marcelle.

— Il soigne des blessés.

— On s'est donc battu près d'ici ? ajouta Marie.

— Chut ! fit le soldat en voyant revenir son chef.

Marcelle fit un mouvement pour s'enfuir.

— Vous ne m'embrassez donc pas ? dit-il.

— Si, répondit Marie, en retenant Marcelle et en présentant son front au Prussien. Il faut toujours payer ses dettes.

Les deux petites filles rentrèrent avant que leur mère, occupée à relire le billet de son mari, se fût aperçue de leur absence. Elles lui racontèrent ce qu'elles avaient appris. Emma se sentit encore plus tranquille : Charles n'avait rien à craindre, puisque ceux qui le retenaient avaient besoin de lui. Elle coucha les enfants. Quoiqu'il se fît déjà tard, elle ne voulut pas attendre au lendemain pour aller apprendre au père Henry que le docteur était en sûreté. Elle trouva la maison ouverte et remplie de gens qui causaient avec animation.

— C'est une horreur ! c'est une infamie !... Il est innocent comme l'enfant qui vient de naître.... Ils l'emmènent en Prusse.... Ah ! les monstres ! Quelle affreuse guerre !

Ces exclamations qui se croisaient en tous sens faisaient pressentir un malheur. Emma ne savait qui elle devait interroger, quand elle vit entrer le père Henry. Nu-tête, à demi vêtu, il se laissa tomber sur une chaise, couvrit son visage de ses mains et se prit à sangloter.

— Qu'y a-t-il donc ? demanda Emma à un domestique qui avait suivi le vieillard.

— Il y a, dit ce garçon, que notre maître vient d'être emmené par les Prussiens. Ils sont arrivés ici avec notre char-à-bancs, que nous ne savions pas ce qu'il était devenu depuis deux ou trois jours. « Est-ce à vous cette voiture-là? qu'ils ont dit. — Oui, qu'a dit le maître. — Eh bien ! montez dedans. — Pourquoi faire? — Montez toujours. » Et comme il ne montait pas assez vite, deux Prussiens l'ont poussé, la crosse dans les reins. Et fouette, cocher ! Comme ils tournaient le coin de la place, le père, qui était déjà couché, arrive en demandant qu'est-ce que ce bruit-là qui l'a réveillé. Et le voilà qui court après la voiture, et moi avec lui ; mais le cheval filait comme s'il avait eu le mors aux dents. Autant courir après la lune.

Emma s'approcha du vieillard et l'appela doucement.

— Ah ! madame Lenglet, quel malheur ! s'écria-t-il en la reconnaissant. Ils m'ont tué l'autre, et voilà qu'ils m'enlèvent celui-ci. Et je dormais, comprenez-vous ça? je dormais pendant qu'ils me le prenaient. C'est moi qu'ils devaient emmener ; la voiture est à moi et non pas à mon fils. Tout le monde le sait, tout le monde le dira.... Mais à qui le dira-t-on? Où sont-ils? Où vont-ils? Vous voyez bien que je suis fou.

— Calmez-vous, mon ami, je vous en prie, dit Emma. M. Henry n'est pas le premier qu'on emmène et qu'on remet en liberté au bout de quelques jours.

— Non ; mais d'où vient qu'ils ont ma voiture, et qu'ils emmènent mon fils, parce qu'ils croient qu'elle lui appartient ?

— Je n'en sais rien. Mais demain sans doute nous apprendrons quelque chose. Il ne faut pas vous désoler ainsi. Vous savez combien j'étais triste et inquiète depuis hier ; maintenant je ne le suis plus : j'ai des nouvelles de mon mari.

— Ah ! tant mieux, chère dame. Mais vous êtes un ange, vous ; il ne peut pas arriver malheur à ceux que vous aimez.

— S'il en était ainsi, vous n'auriez rien à craindre ; car je vous aime sincèrement, vous et votre fils.

— Je le sais ; vous êtes si bonne. Priez donc un peu pour lui.

— Priez aussi et attendez avec confiance. Demain peut-être M. Henry sera ici.

— Je voudrais vous croire, madame Lenglet ; mais s'il ne revenait pas, songez donc à ce que je ferais. Je n'ai plus que lui, et c'est un fils comme il n'y en a pas.

— Il faut tâcher de vous reposer un peu, mon ami ; si vous voulez vous mettre à sa recherche, vous aurez besoin de toutes vos forces.

— C'est juste, répondit le vieillard, se rappelant qu'après une nuit et une journée d'angoisses, Emma devait être épuisée.

Il se leva, la conduisit jusqu'à la porte, adressa quelques paroles d'amitié à ses voisins, qu'il congédia, s'assit au coin du feu de sa cuisine et y resta seul jusqu'au matin.

Dès que le jour parut, il attela une petite carriole et prit la route de Montmédy, espérant se procurer en chemin quelques renseignements sur le lieu où l'on avait pu conduire son fils; mais il arriva jusqu'aux premiers postes des assiégeants sans avoir recueilli aucun indice, et il revint chez lui, s'imaginant qu'il allait l'y retrouver. Espoir trompeur, suivi d'une amère déception.

La voiture qui emmenait le maire de Longpré n'avait pas longtemps suivi la route qu'on lui avait vu prendre; elle s'était engagée dans un chemin de traverse et s'était arrêtée devant une ferme dont les habitants avaient été chassés. Des soldats prussiens l'occupaient tout entière, à l'exception de deux vastes pièces du rez-de-chaussée, dont ils avaient fait une ambulance. Dans la plus belle de ces pièces, il n'y avait qu'un blessé, dont les traits altérés par la souffrance étaient couverts d'une pâleur mortelle; dans l'autre, quatre hommes légèrement atteints fumaient et jouaient aux cartes sur des matelas étendus à terre.

La ferme, située sur la lisière d'un bois épais, à quelque distance d'un gros village, était soupçonnée d'avoir abrité des francs-tireurs; et sans aucun doute elle eût été la proie des flammes, si l'on n'avait jugé plus avantageux d'y transporter un officier et quelques soldats blessés en traversant ce bois un peu avant la nuit.

Les fermiers déclarèrent avoir entendu des coups de feu; toutefois ils affirmèrent n'avoir vu passer personne et n'avoir donné l'hospitalité à qui que ce fût. Mais ils l'affirmèrent en vain; et, après avoir essuyé les plus mauvais traitements, ils s'estimèrent heureux de quitter leur demeure.

Le détachement avait battu tout le bois sans rien trouver qui indiquât la présence des francs-tireurs. Cependant eux seuls avaient pu guetter le passage des ennemis ; on en eut la preuve après deux jours de persévérantes recherches, en découvrant dans une voiture brisée et renversée au bord d'un fossé un vieux fusil tout chargé, dont la bourre portait en belle écriture ces mots accusateurs : « Les francs-tireurs devront être toujours prêts à se rendre où on les appellera. »

La plaque de la voiture avait été arrachée ; mais à quelques kilomètres de là on en ramassa une qui s'adaptait exactement à la place laissée vide, et qui indiquait comme maître du char-à-bancs M. Henry, cultivateur à Longpré.

Toutefois, avant de se livrer à ces minutieuses explorations, on avait dû s'occuper d'un soin plus pressant. Il n'y avait pas de chirurgien dans le détachement, et l'officier qui le commandait était très-grièvement blessé. Pendant qu'on le transportait à la ferme, deux cavaliers partirent ventre à terre avec l'ordre de ramener au plus vite un médecin. À peine arrivaient-ils sur la route, qu'ils rencontrèrent le docteur Lenglet qui retournait chez lui. Ils le reconnurent à son brassard, et le prièrent poliment de les suivre, sauf à employer d'autres moyens s'il hésitait à obéir.

Pour le médecin, un ennemi blessé n'est plus qu'un homme qui souffre et que l'humanité lui ordonne de soulager ; Charles n'essaya donc pas de résister ; peu d'instants après, ses guides le firent entrer à la ferme.

— Un Français! dit d'une voix mourante l'officier qui venait de reprendre connaissance.

Charles, sans faire attention à la défiance qu'exprimait ce mot, s'approcha du lit et souleva la couverture, pendant que le blessé fixait sur lui ses yeux presque éteints.

— Je suis un homme perdu, n'est-ce pas? dit-il, après avoir laissé au docteur le temps d'examiner la profonde blessure qu'il portait à la poitrine.

— J'espère que non, répondit Charles.

— Si vous me sauvez, reprit l'officier, vous me demanderez ce que vous voudrez. Je suis assez riche pour payer cher ma rançon.

— Je ferai de mon mieux, en attendant l'arrivée d'un de vos chirurgiens.

Le premier pansement fait, le docteur croyait obtenir la permission de se retirer; on le retint avec tous les égards imaginables, mais on le retint, sans même l'autoriser à donner des nouvelles à sa famille, dont il comprenait l'inquiétude. Ce ne fut qu'au bout de deux jours, lorsqu'il déclara que l'officier allait aussi bien que possible, qu'on lui dit qu'il pouvait écrire à Longpré, où sa lettre serait portée le soir même.

— Quand m'y laisserez-vous aller? demanda-t-il.

— Quand le chirurgien que j'ai fait prévenir sera ici, répondit le blessé. Mais je veux que vous dormiez cette nuit.

Charles, qui ne l'avait pas encore quitté, avait en effet si grand besoin de repos, qu'il ne s'éveilla qu'au jour. Il trouva son malade beaucoup mieux que la veille, et il le lui dit sans détour.

— C'est que je suis content, d'abord de vous faire

plaisir, répondit l'officier en lui remettant le billet d'Emma, puis de pouvoir me venger de celui qui m'a couché là.

— Le désir de la vengeance est un mauvais sentiment. Je vous engage à n'y point céder, reprit le docteur.

— La guerre a ses lois, dit le blessé, que Charles commençait à regarder comme très-élevé en grade, d'après le respect et les prévenances dont on l'entourait.

— Les lois de la guerre sont bien cruelles pour les francs-tireurs, reprit-il cependant. N'a-t-on donc pas le droit de défendre son pays, quand on n'appartient à aucun corps d'armée?

— Pour nous ce sont des assassins.

Le docteur craignait qu'on n'eût découvert dans le bois quelqu'un de ceux qui avaient si bien réussi d'abord à se cacher. Il n'en douta plus en entendant les soldats répéter à chaque instant ce nom de francs-tireurs. Toutefois il ignorait si on l'avait amené à la ferme ou si on l'avait dirigé vers le camp devant Montmédy.

Le lendemain il fut fixé sur ce point, en voyant une sentinelle se promener de long en large, le fusil au bras, devant un petit bâtiment dans lequel il n'y avait eu jusque-là rien à garder. Mais ce fut en vain qu'il épia le moment de s'en approcher, pour échanger quelques paroles avec ce malheureux Français, condamné sans doute à mourir.

Il y avait déjà six jours que le docteur était prisonnier quand il trouva près de son malade un homme déjà âgé, qui vint à sa rencontre en lui tendant cordialement la main.

— Voilà, dit l'officier, le chirurgien que j'attendais. C'est un savant maître et mon meilleur ami.

— Monsieur, ajouta le nouveau venu, vous avez soigné ce blessé, mon vrai ami, mieux que je ne l'aurais fait. Vous lui avez sauvé la vie, et je vous en remercie.

— Moi aussi, monsieur, je vous remercie ; car j'espère enfin recouvrer ma liberté.

— Pas avant que je vous aie payé du grand service que vous m'avez rendu, dit le blessé. A combien estimez-vous la vie que vous m'avez conservée?

— Je l'estime tant, répondit Charles, que tout votre or ne me suffirait pas.

— Que désirez-vous donc ? reprit l'officier avec étonnement.

— La vie du Français qui est enfermé là-bas.

— Impossible; avant une heure il sera fusillé.

— Il ne le sera pas ; car vous m'avez dit de vous demander ce que je voudrais, et je ne veux rien autre chose.

— Je vous répète que c'est impossible.

— On dit chez nous qu'un homme d'honneur n'a qu'une parole.

— Mais c'était de l'argent, beaucoup d'argent que je vous promettais.

— Encore une fois, je n'en veux pas, dit Charles en faisant quelques pas vers la porte.

— Je vous forcerai bien à l'accepter.

— Je vous en défie. Adieu !

— Mais moi je ne veux pas devoir quelque chose à un ennemi.

— Rien ne vous empêche de vous acquitter.

— Et si l'on me demande ce que j'ai fait de cet homme?

— Un prisonnier ne peut-il pas s'évader? Ne peut-on pas s'être trompé en le croyant coupable? Etes-vous sûr d'ailleurs que ce soit lui qui vous ait blessé?

— Je ne l'en accuse pas; mais c'est sa voiture qui a amené ici ces francs-tireurs maudits. Il dit qu'on a pris cette voiture sans qu'il en sache rien; mais il ajoute que si on la lui avait demandée, il ne l'aurait pas refusée. Vous voyez bien qu'il est coupable.

— Je vois, au contraire, qu'il ne l'est pas. S'il l'était, il l'avouerait sans détour, puisqu'il sait le sort qui l'attend, et que cette faute si grave à vos yeux serait loin d'en être une aux siens. Ne le pensez-vous pas comme moi, monsieur le docteur?

— Je le pense tout à fait, dit le chirurgien, quoique je n'aime pas les francs-tireurs.

Il ajouta en allemand quelques paroles, auxquelles l'officier répondit dans la même langue; puis il sortit et revint presque aussitôt avec le prisonnier.

— Vous! s'écria Charles en reconnaissant le maire de Longpré.

— Ah! monsieur Lenglet, dites-moi ce que fait mon père. Est-ce lui qui vous envoie? demanda M. Henry.

— J'étais ici avant vous, répondit le docteur. Je croyais ne pas connaître votre prisonnier, monsieur, dit-il en s'adressant à l'officier; mais je le connais, et je jurerais qu'il vous a dit l'exacte vérité. Donc, vous n'avez rien à lui reprocher, et votre conscience vous ordonne de lui rendre la liberté.

— Coupable ou non, je vous le donne. Faites-en ce que vous voudrez.

— Merci, monsieur, nous sommes quittes! dit le docteur en touchant la main que lui tendait le blessé.

Il trouva sa voiture attelée et y fit monter le condamné, à la grande surprise des soldats, qui toutefois restèrent silencieux; car le sergent qui avait amené M. Henry tenait lui-même le cheval par la bride, et le chirurgien adressait au maire aussi bien qu'au médecin force salutations.

Le père Henry, dont l'abattement était extrême, venait de se traîner jusque chez Mme Lenglet, pour savoir si elle avait des nouvelles de son mari, quand le cabriolet du docteur s'arrêta au bas du perron.

— Papa! papa et monsieur le maire! s'écria Marcelle, qui jouait près de la fenêtre.

A ce cri, le vieillard retrouva ses jambes, et il serrait son fils sur son cœur avant qu'Emma fût arrivée auprès de son mari.

— Voici mon sauveur, dit le maire en montrant M. Lenglet; sans lui, j'aurais été fusillé aujourd'hui même.

— Chacun à ma place en aurait fait autant, répondit Charles, pour couper court aux transports du pauvre père, qui lui baisait les mains en pleurant, pendant qu'Emma, non moins heureuse, le regardait avec une tendresse mêlée d'admiration.

Cette scène de joie fut troublée par un grand bruit qui retentit sur la place. Les Prussiens qui s'y étaient réunis pour l'appel jetaient en l'air leurs bonnets en criant hourra! Et leur enthousiasme semblait plus grand encore que lorsqu'ils avaient appris la reddition de l'empereur à Sedan.

Qu'y avait-il donc? On l'ignorait encore, et l'on tremblait de l'apprendre : la nouvelle qui leur causait une si vive allégresse ne pouvait que nous être funeste. Hélas! on ne la connut que trop tôt ; car elle plongea tous les vrais Français dans une douleur voisine du désespoir. Metz, la ville forte par excellence, la place imprenable, qui avait vu périr sous ses murs l'armée de Charles-Quint, Metz venait d'être livré à l'ennemi, avec nos derniers soldats aguerris.

Encore une fois le mot *trahison*, si souvent prononcé pendant cette terrible guerre, circulait de tous côtés, et l'on se répétait avec indignation les détails donnés, disait-on, sur ce honteux traité par des officiers qui, trompant la surveillance de leurs gardiens, avaient réussi à fuir, pendant que l'armée prisonnière faisait route vers la Prusse.

Qu'était devenu le colonel Lefebvre ? Depuis qu'il avait annoncé la mort du lieutenant Henry, on n'avait pas entendu parler de lui, quoique plusieurs jeunes gens du pays eussent envoyé par ballons quelques mots à leurs parents.

L'inquiétude qu'Emma et Charles s'efforçaient de se cacher mutuellement à son sujet grandit encore lorsqu'on apprit qu'il n'était pas défendu aux prisonniers français de faire connaître à leurs familles le lieu de leur résidence. L'oncle Marcel n'avait pas oublié ses enfants ; s'il n'écrivait pas, c'est qu'il était mort.

Ce n'était pas seulement au colonel qu'on pensait chez le docteur Lenglet. Charles avait son frère, Emma avait sa sœur à Paris ; et Paris, assiégé depuis longtemps déjà, allait voir se resserrer le cercle de fer qui l'étreignait. Les Prussiens n'avaient plus rien à faire devant Metz ; peu d'hommes suffisaient à garder une telle place ; aussi de nombreuses troupes traversaient Longpré, se dirigeant à la hâte vers la grande ville pour en achever l'investissement et rendre inutiles les généreux efforts des armées nouvellement créées dans le Nord et sur la Loire.

La famine avait décimé les soldats français bloqués à Metz ; en racontant ce que ces malheureux avaient souffert, plus d'un ennemi ne pouvait retenir ses larmes. La même chose n'arriverait-elle pas à Paris, quand l'investissement serait complet ? On ne pouvait raisonnablement supposer qu'on y pût réunir assez de vivres pour l'innombrable population qui s'y trouvait enfermée, et les officiers prussiens disaient avec assurance que s'ils ne prenaient point Paris par le fer et par le feu, ils le prendraient par la faim. Toutefois, ils ne pensaient pas que la lutte dût être si longue, car ils ajoutaient qu'ils passeraient gaîment l'hiver dans cette ville sans pareille.

XVIII.

Quelques jours après la déclaration de guerre, plusieurs journaux avaient envoyé à leurs abonnés une carte sur laquelle figuraient nos frontières de l'Est, avec l'Allemagne et la Prusse, qui devaient être le théâtre des exploits de notre armée. Au lieu de cela, la France était envahie et désolée comme au temps où la Providence avait suscité Jeanne d'Arc pour la sauver. Mais cette fois Dieu ne fit point de miracle pour délivrer Orléans et repousser l'étranger ; notre siècle présomptueux et incrédule ne le méritait pas, et sans doute il eût nié des prodiges opérés sous ses yeux.

Il y eut de courageux efforts, des luttes sanglantes, des résistances obstinées. Mais que faire contre tant d'ennemis, si bien renseignés sur tous les mouvements de nos troupes, si bien approvisionnés, quand nos soldats manquaient de tout ? L'armée de la Loire ne put empêcher Paris d'être entièrement bloqué ; la capitulation devint inévitable, et le succès ne fut plus pour les Prussiens qu'une question de temps.

Nous ne raconterons pas tout ce qu'eurent à souffrir les localités environnantes, les campagnes si riches et si belles. Le souvenir de ces malheurs ne s'effacera pas du cœur de la génération qui a été témoin de tant de hontes et de douleurs, et qui sans doute ne se croyait pas destinée alors à gémir sur des désastres plus terribles encore, et à rougir d'en nommer les auteurs.

Paris supportait héroïquement les plus dures privations ; mais il vint un moment où, les vivres, et quels vivres ! étant sur le point de manquer tout à fait, il fallut, sous peine de condamner des milliers de femmes, d'enfants, de vieillards, à mourir de faim, se résoudre à parler de capitulation. Mais si Paris ouvrit ses portes, ce fut avec de telles restrictions, que l'ennemi ne put s'enorgueillir de ce triomphe. Pendant les courtes heures qu'il y passa, il ne vit que des maisons fermées, des rues silencieuses et désertes ; et ceux qui s'étaient réjouis de s'y divertir ne virent pas arriver sans une secrète joie l'instant fixé pour en sortir.

Dès qu'on apprit en province qu'un armistice avait été conclu, que les communications avec Paris étaient rétablies, Charles écrivit à son frère pour le prier de venir passer quelque temps à Longpré, afin de se remettre de tant d'émotions et d'oublier tant de souffrances. Emma et la petite Marie joignirent leurs instances à celles du docteur pour que Gabrielle accompagnât Henri et le décidât à partir sans retard.

On attendit pendant quelques jours une réponse ; n'en recevant point, on prépara tout pour les chers invités. Mais ils n'arrivaient pas, et l'inquiétude revenait plus grande que jamais.

— Ils sont malades l'un ou l'autre, peut-être tous les

deux, dit Charles. Ils ont besoin de moi, je partirai demain.

A peine le docteur, assis au coin du feu, seul avec sa femme, venait-il d'exprimer cette résolution, qu'on frappa à la porte de la rue.

— On vient encore te chercher, dit Emma. Comment donc aller en route par une nuit si noire et un si mauvais temps ?

— Que veux-tu ? répondit Charles en allant ouvrir, le malade qui m'appelle est encore plus à plaindre que moi.

Un instant après, il rentra, suivi d'un homme enveloppé d'un manteau, et dont le visage disparaissait sous un énorme cache-nez. Emma se hâta de lui avancer une chaise ; car il semblait marcher avec peine ; mais, au lieu de s'asseoir, il joignit les mains en disant :

— Béni soit Dieu ! il ne leur est pas arrivé malheur.

— Mon oncle ! s'écrièrent à la fois le docteur et sa femme.

— Oui, votre oncle, mes enfants ! Ce n'est pas sa faute s'il revient : la mort n'a pas voulu de lui, ou plutôt la bonté divine m'a ramené près de vous pour que j'y meure en paix.

Le colonel était tellement changé, que des indifférents ne l'eussent pas reconnu. Non-seulement il était maigre et pâle, mais ses yeux brillants de fièvre étaient enfoncés dans leurs orbites, ses cheveux gris étaient devenus blancs, et une récente balafre coupait son front et sa joue droite.

— Combien vous avez souffert, mon ami, mon père ! dit Emma en sanglotant, et en portant à ses lèvres les mains de Marcel.

— Vous souffrez encore, ajouta Charles; mais si vous voulez m'obéir, vous serez bientôt guéri.

— Le plus grand mal est là, mon fils, répondit le vieux soldat en montrant son cœur; et si habile que tu sois, tu ne l'en arracheras pas. Quelle guerre! quelle horrible guerre!

— Ne sommes-nous pas trop heureux encore de nous trouver réunis! dit Emma. Venez-vous de Paris, mon oncle?

— Non; je faisais partie de l'armée de Bourbaki. J'étais en Suisse; mais j'ai eu peur d'y mourir; et comme mon âge ne permettait pas de me croire soldat, j'ai pu facilement rentrer en France. Ce qui était plus difficile, c'était d'achever le voyage, malade et sans argent. J'ai jeûné quelquefois, mais plus souvent on m'a donné l'hospitalité sans m'obliger à la demander. Vous avez des nouvelles de Henri?

— Nous l'attendons avec Gabrielle, répondit Charles, ne pouvant se décider à le troubler par une cruelle inquiétude.

Il était tard; Marcel tombait de fatigue; mais il avait tant à raconter, tant à interroger, que minuit était sonné depuis longtemps lorsqu'il consentit à se retirer.

Une grande force de volonté l'avait soutenu dans son pénible voyage; peut-être lui eût-elle permis d'aller encore plus loin, s'il l'eût fallu; mais cette énergie factice l'abandonna dès qu'il cessa d'en avoir besoin, et le lendemain il lui fut impossible de se lever.

— Ce n'est qu'un peu de fatigue, dit-il à Charles. Je ne suis pas malade.

Charles cependant ne voulut pas partir, et il eut

raison ; car en peu de jours l'état du colonel devint très-alarmant.

Le danger dura plusieurs semaines; alors il fut impossible au docteur de se rendre à Paris : la plus formidable insurrection qu'on eût jamais vue y régnait en maîtresse, et une armée française destinée à la combattre faisait le siége de cette malheureuse ville, à peine délivrée des Prussiens.

Toutes communications étaient encore une fois interrompues entre la province et Paris, courbé sous le joug d'un despotisme qui menaçait d'y ramener les plus mauvais jours de la Terreur. Des généraux dévoués à la cause de l'ordre y avaient trouvé la mort, et d'illustres otages attendaient sous les verrous l'heure du martyre.

Les insurgés disposaient de terribles moyens de défense ; les armes destinées à repousser l'étranger étaient restées entre leurs mains ; ils avaient des mitrailleuses et des canons, une armée qui de gré ou de force grossissait à chaque instant, des chefs qui ne reculaient devant rien, et pour aiguillon la soif de l'or et du pouvoir.

La paix avec l'ennemi du dehors était signée, la paix la plus ruineuse et la plus humiliante que la France eût jamais conclue, puisqu'elle lui arrachait une héroïque portion de son territoire et des sommes fabuleuses, pour la garantie desquelles six de ses départements devaient rester occupés par les vainqueurs.

Cette paix, si chèrement achetée, que tous les cœurs vraiment français en devaient porter un deuil éternel, devint le prétexte d'une lutte fratricide, d'une guerre impie dans laquelle périrent les monuments qui faisaient de l'orgueilleuse capitale la reine du monde entier.

Encore quelques jours, et l'opulente cité n'était plus

qu'un monceau de ruines sanglantes. La rage de détruire s'était emparée d'une foule de monstres à face humaine, au milieu desquels des femmes ou plutôt des furies soufflaient la haine et la vengeance.

Enfin, l'armée de l'ordre, formée des restes de nos vaillantes troupes, écrasées plutôt que vaincues par les Prussiens, fit ce que ceux-ci n'avaient osé tenter, malgré leur nombre et leur formidable artillerie : elle attaqua et prit Paris, trop tard pour le préserver de l'incendie et pour empêcher le sang des otages de crier vers Dieu, mais assez tôt cependant pour sauver la ville d'une ruine complète et des horreurs d'un massacre général.

On se battait encore quand le docteur Lenglet arriva à Paris ; mais l'insurrection n'était plus à craindre, et dans la plupart des quartiers la confiance était déjà rétablie. Toutefois il ne suffisait pas que les coupables fussent réduits à l'impuissance ; de tels attentats devaient être sévèrement punis, et l'on arrêtait sans pitié tous ceux qu'on soupçonnait d'y avoir pris part.

Pour se rendre chez son frère, Charles passa, l'âme navrée, devant l'Hôtel-de-Ville, les Tuileries, un grand nombre de belles maisons qui n'offraient plus aux regards que des débris fumants. Il frissonnait en pensant que la rue habitée par Henri pouvait avoir eu le même sort, et que si son frère et sa belle-sœur n'avaient pas péri, ils avaient dû chercher un asile où il lui serait bien difficile de les trouver.

Il n'en était rien : quelques magasins avaient été pillés, et deux maisons percées par les boulets ; mais celle où il avait laissé M. et Mme Lenglet était intacte. Il monta sans s'arrêter devant la loge déserte ; ce fut Gabrielle qui vint ouvrir, après l'avoir fait attendre longtemps.

Gabrielle n'était plus que l'ombre d'elle-même ; sa beauté, dont elle était jadis si fière, n'avait pu résister aux privations ni aux chagrins. Elle reconnut Charles et se jeta dans ses bras en fondant en larmes.

— Mon frère ! Où est mon frère ? demanda le docteur.

La jeune femme mit un doigt sur ses lèvres, fit entrer Charles, referma soigneusement la porte derrière lui et le conduisit en silence dans une pièce reculée, où il trouva Henri occupé à brûler des papiers.

— Qu'as-tu fait de ma fille ? demanda Henri, tout en embrassant son frère.

— Marie n'a pas souffert, et elle vous attend, répondit Charles.

— Tu me jures de continuer à lui servir de père ? reprit l'avocat.

— De grand cœur ; mais pourquoi ce serment ?

— Ecoute, dit Henri en baissant la voix, comme s'il eût craint quelque oreille indiscrète ; je suis dénoncé comme ayant pris part à l'insurrection ; dans quelques heures peut-être on m'arrêtera, et Dieu sait si je reverrai jamais mon enfant.

— Toi, Henri, toi, tu serais complice de ces crimes atroces !... Ah ! cela n'est pas, cela ne peut pas être.

— Non, Charles, ces crimes m'inspirent autant d'horreur qu'à toi-même. J'ai été dénoncé comme ayant des relations avec quelques chefs de la Commune ; mais je te jure que si je les connais de nom, j'ignorais absolument leurs projets.

— Mais tu ne seras peut-être pas inquiété ?

— Je suis sûr du contraire : un ami m'en a prévenu.

— Puisqu'il en est ainsi, il faut fuir au plus tôt.

— Fuir sans papiers, c'est hâter mon arrestation.

— Mais j'en ai, moi, prends-les ; va tout droit à Longpré, et de là passe en Belgique, dit Charles.

— Et toi ? demanda Henri.

— Ne t'inquiète pas de moi. Je n'ai plus de papiers ; mais je puis avoir perdu mon portefeuille, et je ne manque pas de répondants qui affirmeront qu'habitant loin de Paris, je suis absolument étranger à tout ce qui s'y est passé depuis deux mois.

— Oui, oui, dit Gabrielle, Charles a raison, Henri ; il faut partir au plus vite.

— Prends mon manteau et ma valise. Tu y trouveras de l'argent, si tu en as besoin ; mais, de grâce, ne perds pas un instant.

Henri hésitait encore : Charles et Gabrielle vainquirent sa résistance en lui parlant de sa fille, et en le mettant pour ainsi dire hors de la maison.

Il n'y avait pas une heure qu'il en était sorti quand un commissaire de police, accompagné de quatre soldats, s'y présenta et demanda M. Lenglet.

— C'est moi, monsieur, répondit Charles, en faisant signe à Gabrielle de ne pas le démentir.

— Monsieur, j'ai l'ordre de vous arrêter, reprit le commissaire.

— Puis-je savoir pourquoi, monsieur ? demanda le docteur.

— Vous êtes accusé d'avoir activement servi la Commune.

— C'est à tort, monsieur. Je déteste la Commune et ses actes ; mais comme vous n'êtes pas obligé de me croire, me voici prêt à vous suivre.

— Je vous crois, monsieur, répondit le commissaire,

frappé de la loyauté empreinte sur les traits du jeune homme, et j'espère que ceux devant lesquels vous aurez à vous expliquer vous croiront comme moi.

— Merci, monsieur, dit Charles. Adieu, Gabrielle, ajouta-t-il en embrassant sa belle-sœur, non moins pâle et non moins émue que si elle eût été sa femme.

— Mais, monsieur, s'écria-t-elle en s'adressant au commissaire, il est innocent, je vous le jure.

— Patience ! madame, il le prouvera, et bientôt il vous sera rendu.

— Me sera-t-il du moins permis de le voir ?

— Je l'ignore, madame.

— Non, dit Charles, je vais être mis au secret, c'est certain ; mais ne te chagrine pas, je t'en supplie. Adieu donc et courage !

Le commissaire se tenait sur le seuil, tournant le dos à son prisonnier. Celui-ci se pencha vers Gabrielle, comme pour l'embrasser une dernière fois, et lui dit tout bas :

— Si l'on me retient trop longtemps, faites-moi réclamer par le maire de Longpré.

— Adieu ! dit Gabrielle. Si je ne puis vous voir, je penserai à vous ; et s'il vous arrive malheur, j'en mourrai.

— Au revoir ! Dieu est juste, Gabrielle. J'ai confiance en lui, reprit Charles en suivant le commissaire.

— Mon Dieu ! mon Dieu ! s'écria Gabrielle en tombant à genoux, protégez-le, et moi aussi j'aurai confiance en vous.

Le docteur se laissa emmener sans autre crainte que celle d'être reconnu avant que son frère eût franchi la frontière ; mais comme il n'y avait pas encore de tribunaux chargés d'examiner les charges qui pesaient sur les insurgés, on le conduisit en prison. Là, il eut le loisir de songer aux suites possibles de son dévouement; mais il ne se repentit pas un instant de s'être exposé pour assurer le salut de son frère, qui, sans doute innocent comme lui, aurait toutefois plus de peine à se justifier qu'un provincial arrivé à Paris peu d'heures avant d'être arrêté.

Pendant les premiers jours il ne pensa qu'à Henri; puis, quand il le supposa hors d'atteinte, il se préoccupa de l'inquiétude qu'une absence si prolongée devait causer à sa famille, et peu à peu, ne communiquant avec personne, ne recevant du dehors aucunes nouvelles, il sentit une profonde tristesse envahir son cœur.

Henri, sorti de Paris sans encombre, était arrivé à Longpré le lendemain de son départ, à une heure assez avancée pour n'être pas remarqué. La joie qu'Emma éprouva en le revoyant fut de courte durée. Quoiqu'elle ignorât, comme lui, que Charles eût été arrêté à sa place, l'idée lui en vint aussitôt, et, craignant autant de la lui laisser deviner que de le voir compromis par un plus long séjour dans une petite ville, où rien ne pouvait rester caché, elle lui conseilla de partir cette nuit-là même pour la Belgique.

— Et ma fille? demanda Henri. Vous n'exigerez pas que je m'éloigne sans la voir.

Emma lui fit signe de la suivre et le conduisit près du lit où reposait Marie. Henri la contempla quelques instants, mit un baiser sur son front et sentit deux bras caressants se nouer autour de son cou. Il se dégagea doucement, et sortit en pleurant.

— Si elle n'est pas orpheline, dit-il à sa belle-sœur,

c'est à Charles qu'elle le devra ; mais elle vous doit plus encore, à vous qui lui avez servi de mère et qui sans doute l'avez rendue digne de vous.

Henri hésitait à voir le colonel, à cause des odieux soupçons qui pesaient sur lui ; Emma le rassura.

— Vous n'aurez même pas besoin de lui affirmer qu'on vous accuse injustement, lui dit-elle.

En effet, Marcel, apprenant que son cher Henri était obligé de fuir, se contenta de lui dire :

— Va, mon fils, nous te rappellerons quand tu pourras faire écouter ta justification.

Deux jours après, Gabrielle, que Mme Lenglet attendait avec Charles, arriva seule.

— Qu'as-tu fait de mon mari ? lui demanda Emma.

— Ce que j'en ai fait..., répondit-elle en se jetant aux genoux de sa sœur. Tu me dis ce que Dieu dit à Caïn après la mort de son frère.

— Charles est mort !... s'écria Emma.

— Non, non ; mais il est prisonnier à la place de Henri ; et comme c'est moi qui, par ambition, ai poussé Henri à se compromettre, c'est moi que tu dois accuser de ce que souffre ton mari. Pardonne-moi, Emma, pardonne-moi, je t'en supplie.

Emma avait entendu parler de la sévérité avec laquelle on traitait les insurgés ; peut-être même y avait-elle applaudi, dans son indignation pour les excès dont ils s'étaient rendus coupables. Elle frémit, car elle sentait que Charles avait tout à craindre. Cependant elle releva Gabrielle, en lui disant :

— Je te pardonne, pauvre sœur. Mais il faut le sauver.... Et comment ?

— En le faisant réclamer par le maire, dit Gabrielle. C'est lui-même qui l'a recommandé.

Emma courut chez M. Henry. La lettre, écrite aussitôt, contenait un tel éloge du docteur Lenglet, qu'elle ne pouvait manquer de le faire mettre immédiatement en liberté.

— Je la porterai moi-même à Paris, dit l'excellent maire ; je me chargerai de toutes les démarches à faire et je vous ramènerai votre mari, comme il m'a ramené à mon père, qui n'espérait plus me revoir.

— Ecoute, répondit le vieillard, non moins touché que son fils du chagrin de Mme Lenglet, si quelqu'un peut mener la chose à bien, c'est le colonel. Il fera valoir des titres que nous n'avons pas, et les portes qui resteraient fermées pour nous s'ouvriront devant lui.

Le conseil était sage. Marcel partit sans retard et ne s'épargna point ; cependant plusieurs jours se passèrent sans qu'il lui fût même possible de savoir où Charles avait été conduit. Ce point éclairci, il s'adressa aux généraux sous les ordres desquels il avait servi et dont plusieurs le traitaient en ami. Il s'en trouva un qui, blessé en Italie, se rappela les bons soins du jeune docteur et obtint qu'on l'interrogeât. C'était obtenir son élargissement. Aucune charge ne pesant sur lui, on reconnut, sans trop de peine, qu'il avait été victime d'une de ces erreurs malheureusement trop fréquentes dans des crises semblables à celles qu'on venait de traverser.

Il ne fut pas question de l'avocat Lenglet, Charles ne songeant pas à se vanter de s'être fait arrêter à la place de son frère. Heureux de le savoir à l'abri de toutes poursuites, il jugeait avec raison qu'avant de se présenter devant les tribunaux qui devaient l'absoudre ou le condamner, Henri ferait bien d'attendre qu'il fût possible aux juges d'examiner son dossier, sans le faire languir en prison pendant des mois et peut-être des années.

Emma, instruite des démarches, puis des espérances du colonel, reçut par le télégraphe la nouvelle de l'acquittement de son mari, acquittement accompagné des témoignages non équivoques de la plus haute considération.

Charles ne fixant pas l'époque de son retour, elle lui écrivit pour lui dire de se hâter, le maire de Longpré, dangereusement malade, réclamant ses soins. Le docteur trouva la lettre à son hôtel, en rentrant de chez Mme Sertier, qu'il n'avait pas vue depuis plusieurs années et dont il n'avait pu s'informer auprès de Gabrielle.

La pauvre femme, qu'il avait quittée encore jeune, grâce aux soins minutieux qu'elle prenait de sa personne, était arrivée promptement à la vieillesse, après le départ de Charles et d'Emma, dont la présence retenait autour d'elle un certain nombre d'amis. Gabrielle, qui la voyait encore de temps en temps, par égard pour sa sœur et pour le colonel, l'ayant abandonnée tout à fait à la même époque, elle s'était trouvée seule au milieu de ce Paris, objet des rêves de toute sa vie.

L'ennui, la tristesse, la maladie, enfin les malheurs des derniers temps, l'avaient conduite de la vieillesse à une décrépitude anticipée ; et quoiqu'elle eût quinze ans de moins que le colonel, on l'eût volontiers prise pour sa mère.

Charles ne put la retrouver ainsi sans une profonde pitié. Il n'oubliait pas qu'elle l'avait accueilli et soigné quand il se trouvait à Paris sans autre famille que son frère; sûr de n'être point désavoué par Emma, dont il connaissait le cœur, il proposa à Mme Sertier, qui se plaignait de son isolement, de venir habiter Longpré. Elle accueillit cette offre avec transport, et s'engagea à faire si promptement ses préparatifs de départ, que le docteur lui promit de l'attendre.

La lettre d'Emma vint le délier de sa parole, et Marcel, pour ne pas désespérer Mme Sertier, consentit à le laisser partir seul.

Charles trouva le père Henry plongé dans la douleur; il ne put même essayer de le consoler. Son fils, atteint d'une maladie causée, disait-on, par les transes, les émotions, les souffrances de toutes sortes qu'il avait supportées pendant la guerre avec un calme apparent, était dans un état désespéré.

— Ah! s'écria le pauvre père en serrant les mains du docteur, si vous aviez pu le soigner, il serait déjà guéri; mais puisque vous voilà revenu, vous le sauverez, n'est-ce pas?

— Non, dit le malade en ouvrant les yeux, il ne me sauvera pas; mais je mourrai content, puisqu'il est libre et que je le revois.

— Tant qu'il y a de la vie, il y a de l'espoir, mon enfant, reprit le vieillard. Est-ce que ce n'est pas vrai, docteur?

— Sans doute, répondit Charles, qui cependant n'osait en conserver aucun.

— Je ne regrettais en mourant que de vous laisser seul, mon père. Je pensais que si le docteur ne revenait pas, Mme Lenglet quitterait le pays. A présent je suis tranquille, ils ne vous abandonneront jamais.... Ce sont des amis, ceux-là.

— Des amis sincères et dévoués, je le sais.

— Et vous les aimez assez pour les regarder comme vos enfants, reprit le mourant.

— Vous vous fatiguez, lui dit Charles, il faut ménager vos forces.

— Si vous voulez rester près de moi, docteur, mon père ira se reposer un peu.... Allez, père, je vous en prie.

Charles insista ; le vieillard obéit pour ne pas contrarier son fils.

— Il ne faut pas qu'il me voie mourir, dit celui-ci, resté seul avec le médecin.

— Si la mort doit venir, elle est encore loin.

— Pourquoi me dites-vous cela, puisque vous savez le contraire ? La mort ne m'effraie pas. J'ai mis ma conscience en paix avec Dieu, j'espère qu'il me recevra dans sa miséricorde, quoique je n'aie pas fait autant de bien que je l'aurais dû.

— Vous n'avez rien à vous reprocher là-dessus, mon ami.

— Si Dieu m'avait laissé vivre, j'avais des projets.... un asile pour les orphelins, un hospice pour les vieillards.... Mais que sa volonté soit faite !... C'est Mme Lenglet qui m'a appris à dire ainsi.... Mme Lenglet est une sainte.... Elle consolera mon père....

La voix du malade s'affaiblissait de plus en plus, et une sueur froide baignait son visage.

— Je suis bien fatigué.... Je voudrais dormir, reprit-il en fermant les yeux après un assez long silence.

Il s'endormit en effet. Une demi-heure après, le docteur, qui lui tenait la main, la sentit se glacer dans la sienne. Il y avait à Longpré un honnête homme de moins et un millionnaire bien à plaindre ; car cette grande fortune qu'il eût si volontiers sacrifiée pour racheter la vie de ses enfants, était pour lui plutôt un fardeau qu'une consolation.

Quand trois mois eurent passé sur sa douleur, que les soins d'Emma, la bonne amitié du colonel, et surtout la certitude de n'être pas trop longtemps séparé de ceux qu'il pleurait, en eurent un peu adouci l'amertume, Charles lui parla des charitables fondations auxquelles avait songé son fils.

— Je suis trop vieux pour m'en occuper, répondit-il, mes héritiers s'en chargeront.

On ne lui connaissait que des parents éloignés, celui qui avait acheté la ferme de Constantine étant mort pendant la guerre. Charles ne put s'empêcher de penser que le vieillard avait pour ses arrière-cousins une bien haute estime; mais il ne crut pas devoir, en insistant, témoigner à leur égard une méfiance peut-être imméritée.

La famille Lenglet s'était beaucoup augmentée : le père Henry et Mme Sertier en faisaient réellement partie, quoique le bonhomme continuât d'habiter sa maison et que Charles en eût loué une pour sa tante. Chacun d'eux avait son chez-soi ; mais comme ils ne s'y plaisaient pas plus l'un que l'autre, la grande salle à manger du docteur était leur rendez-vous, aussi bien que celui du colonel. Emma y passait tout le temps dont elle pouvait disposer, et le plaisir qu'elle éprouvait à y voir ses amis, les bonnes paroles qu'elle savait leur adresser, sa présence seule, ce je ne sais quoi d'aimable et de charmant qui respirait dans ses moindres gestes, répandaient autour d'elle la paix et la joie.

Eugène était au collége ; Marie et Marcelle, déjà raisonnables, travaillaient auprès de leur mère, y étudiaient leurs leçons, y prenaient leurs récréations, et contribuaient par leur gentillesse à égayer la petite colonie.

Gabrielle assistait souvent à ces réunions. Elle parlait peu, et parfois laissait tomber le livre qui lui donnait une contenance ou l'ouvrage que Marie lui mettait entre les mains; elle se laissait aller à de longues rêveries; mais il eût été facile de remarquer que, quand sa sœur racontait quelque histoire aux enfants, leur adressait quelques conseils ou se mêlait à la conversation, elle prêtait une oreille attentive.

On comprenait et l'on excusait son silence, qu'on osait rarement troubler; on la plaignait sincèrement; car la cause de son chagrin n'était plus un secret pour Mme Sertier ni pour le père Henry. Quand le bon vieillard la voyait plus triste qu'à l'ordinaire, il lui proposait de la conduire en Belgique; toujours elle acceptait avec reconnaissance, mais elle ne manquait pas de revenir le lendemain; et comme Emma s'étonnait de ce qu'elle restât si peu de temps auprès de son mari, elle disait que Marie, dont elle se faisait accompagner, n'en avait point à perdre pour s'instruire.

Henri Lenglet s'était fixé à Virton, en attendant un moment favorable pour rentrer en France. Il y vivait en écrivant quelques articles pour les journaux de Bruxelles; car il avait perdu, dans des opérations financières auxquelles il n'entendait rien, et dont il ne s'était mêlé que dans l'espoir d'enrichir Gabrielle, une grande partie de ce qu'il possédait.

Lui aussi avait essayé d'abord de retenir sa femme et sa fille, afin que les joies de son intérieur lui rendissent plus supportables les ennuis de l'exil; mais sans doute

Gabrielle lui avait donné d'excellentes raisons pour le décider à renoncer à ce désir; car il n'en parla plus.

Il y avait près d'un an que cet exil durait quand Emma crut remarquer que sa sœur était moins taciturne, qu'elle s'occupait non-seulement de Marie, mais de la petite Marcelle, qu'elle devenait prévenante pour Mme Sertier, à qui elle avait jusque-là gardé rancune, qu'elle paraissait s'intéresser à ce qui se disait autour d'elle et ne dédaignait pas d'y prendre part.

Elle recevait souvent des lettres de son mari, et, au lieu de les faire lire à Emma, comme elle en avait pris l'habitude, elle les gardait pour elle seule, et se contentait de lui remettre les quelques lignes qu'il ne manquait jamais d'y ajouter pour son frère.

Bientôt ce changement, qui s'accentuait de plus en plus, doubla le charme des réunions quotidiennes. Gabrielle, en retrouvant son amabilité, reprenait ses fraîches couleurs, et, selon l'expression de Marie, elle redevenait belle comme autrefois.

La gentille enfant venait de faire ce compliment à sa mère; il était tard et l'on allait se séparer, quand Charlotte, ouvrant la porte d'un air effaré, annonça le nouveau juge de paix. L'ancien venait d'avoir de l'avancement, et l'on ne savait pas encore chez le docteur que son successeur fût arrivé.

— L'heure ne me paraît pas très-bien choisie pour une première visite, fit observer Emma.

— Elle est tellement pressée, reprit Charlotte, qu'il ne peut la remettre à demain.

— Qu'il entre donc au salon, dit le docteur, en affectant un calme qu'il n'avait pas; car, en pensant à son frère, il avait pâli, comme Emma et comme ses amis.

Il n'avait pas fait trois pas, que Henri se précipita dans ses bras.

— Toi! s'écria-t-il, sans pouvoir maîtriser son effroi. Imprudent, ajouta-t-il tout bas, le juge de paix est là.

— Le juge de paix, c'est moi, dit Henri; et pour que tu n'en doutes pas, voici ma commission.

Marie s'élança au cou de son père, et tout le monde se leva pour l'embrasser, pendant que Charles dépliait le papier.

— C'est bien cela, dit-il: «Paul-Henri Lenglet, juge de paix à Longpré.» Je ne sais si j'en dois croire mes yeux.... Ton procès?...

— L'accusation portée contre moi aurait pu me coûter la vie sans ton dévouement; mais elle est tombée d'elle-même avec le temps; car elle ne reposait que sur une dénonciation mensongère. Les hommes avec lesquels on avait incriminé mes relations, et qui n'étaient pas plus coupables que moi, occupent aujourd'hui de hautes positions. Avec leur appui, j'aurais pu beaucoup obtenir; mais je n'ai demandé qu'une modeste place; je ne veux rien autre chose que vivre désormais auprès de vous.

— Bien, Henri! dit le colonel. Il ne nous manquait que toi; mais qu'en pense ta femme?

— Du côté de la barbe est la toute-puissance, vous me l'avez souvent répété, mon oncle. Cependant, si Gabrielle n'avait pu se décider à vivre ici, je crois bien que j'y aurais renoncé.

— Tu y consens donc? demanda Emma, en serrant les mains de sa sœur.

— Je ne pourrais plus me séparer de ma fille, et je ne voudrais pas la priver de tes leçons, répondit Gabrielle.

— Tu verras qu'on peut être heureux partout.

— Je ne le croyais pas, dit Gabrielle ; mais je le sais maintenant.

— Il ne s'agit pour cela que d'y faire du bien, reprit M. Lefebvre.

— C'est vrai, ma petite, répliqua Mme Sertier en s'adressant à Gabrielle. Je n'ai été bonne que pour Charles, et j'en reçois la récompense.

— Qu'importe d'habiter la campagne, quand on ne cherche pas le bonheur hors de chez soi ? dit Henri.

— Et qu'on y peut réunir de vrais amis, ajouta le docteur.

— Oui, dit Emma ; mais pour se trouver heureuse, il ne faut pas non plus être trop exigeante.

— Mme Lenglet a raison, vous avez tous raison, mes amis, dit le père Henry. Il y a bien des peines ici-bas ; il y en a pour tout le monde ; vous le savez déjà, vous le saurez mieux encore, si vous arrivez à mon âge. Mais une bonne et digne femme, qui aime ses devoirs et qui s'oublie pour les autres, sait, même au milieu des épreuves, faire régner autour d'elle la paix et le bonheur.

Henri partage avec son frère l'estime générale, et Gabrielle, que les pauvres apprennent à bénir, n'a pas encore regretté sa détermination. Elle reconnaît qu'il vaut mieux être aimée qu'adulée, et elle sent que parents et amis s'attachent à elle de plus en plus.

Le colonel se partage entre les deux familles ; et si quelque chose pouvait adoucir pour lui les cruels souvenirs de la guerre, ce serait de se voir au milieu de tous ses enfants.

L'intelligence de Mme Sertier s'est beaucoup affaiblie. Le père Henry a conservé la sienne, malgré ses quatre-vingt-dix ans. Sa douleur s'est changée en une tristesse douce et résignée. Confiant en la bonté divine, il espère, en quittant ses amis, aller rejoindre ses fils ; il ne craint ni ne désire la mort ; mais comme il l'attend d'un jour à l'autre, il a fait son testament. Grâce à l'indiscrétion d'un des témoins, nous en connaissons les dispositions. Il laisse 100,000 fr. à chacun des petits-enfants de M. Granval, et au docteur Lenglet le reste de sa fortune, qu'il le prie d'employer en bonnes œuvres. Il n'entre dans aucun détail ; mais il est sûr que les bienfaisantes intentions du maire de Longpré seront remplies, et nous partageons sa confiance.

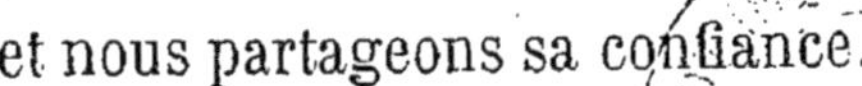

Rouen. — Imp. MÉGARD et Ce, rue Saint-Hilaire, 136.

www.ingramcontent.com/pod-product-compliance
Ingram Content Group UK Ltd.
Pitfield, Milton Keynes, MK11 3LW, UK
UKHW020321200726
13857UKWH00001B/247

9 782012 475953